本书为国家社科基金项目

"电子政务与政务信息资源共享机制研究"的最终成果

本书出版得到中山大学"985"项目三期的资助

地方政府与绩效管理创新研究丛书

# 电子政务应用中的
# 信息资源共享机制研究

DIANZI ZHENGWU YINGYONG ZHONG DE
XINXI ZIYUAN
GONGXIANG JIZHI YANJIU

蔡立辉 等著

人民出版社

# 目　录

# 序　言

## 一、研究的目的与意义

本书是国家社科基金项目"电子政务与政务信息资源共享机制研究"(项目批准号:07BZZ023)的最终成果。西方发达国家电子政务建设和应用的实践,以及20世纪90年代以来我国电子政务建设和应用的实践都表明,电子政务建设和应用的发展过程必然是从单机到联网、从分散到集成、从办公自动化到政务信息化的发展过程。

就我国的现实情况来说,在电子政务建设和应用的这个发展过程中,一是由于存在着部门分割、条块分割的管理体制障碍,导致各部门之间、各业务应用系统之间不能资源共享和互联互通,电子政务通过信息技术所固化的是原有办事方式和条块分割体制;二是由于各业务应用系统采取各自为政、分散建设的模式,缺乏统筹规划和统一、科学的标准规范,导致资源整合不力、重复建设和分散应用,导致各业务应用系统之间普遍存在着相互独立、互不兼容问题,难以完成系统间的动态交互和信息共享,妨害了政府部门之间、各应用系统之间的交换共享;三是电子政务建设过程背离了电子政务建设的目标,导致电子政务绩效很低。在传统政务管理模式下,一方面,一个事务的处理可能跨越不同的政府部门或同一政府部门的不同业务处室,以分工为基础实行分段式、分散式管理,造成整体效能低下;另一方面,公众要在多个机构之间寻找服务、要多次重复地递交相同的信息,办理一件事情要跑很多环节、经过很多政府部门、花费大量的时间和精力在政府部门之间来回折腾,即使如此还不一定能顺利办成,造成了传统服务方式的烦琐与不便。

因此,推进电子政务建设的根本目的就是要改变传统分散管理与分散提供服务的这种缺陷,提升整体效能和实现政府服务的高效便捷,就是要从根本上改革传统的行政管理体制和政务管理模式,提高行政效能和社会服务质量。但是,电子政务的建设,虽然建立了业务应用系统,虽然单独与一个部门办事的效率提高了;但所要办理的事项涉及若干部门的时候,由于系统采用的软硬件来自不同的厂商、技术标准规范存在着较大的差异、数据和报表格式互不兼容、用户界面各式各样,导致政府部门之间、各应用系统之间不能很好地共享信息;导致业务运作过程中,用户常常需要从一个系统切换到另一个系统,公众不得不进行多次的点击或者多次重复输入相同的信息,不得不在多个应用系统之间寻找服务等一系列问题。这样,不仅造成办事的整体效率低下、数据准确性差,而且在本质上没有给公众办事带来方便。

电子政务分散建设、分散应用、政务信息资源不能共享等问题的存在,已经成为深化电子政务应用、提高电子政务应用的水平和绩效的瓶颈问题,严重制约了电子政务的发展。这些问题越来越凸显,不能满足提高政府部门整体效能与服务能力的社会发展要求,也不符合当代电子政务实现业务与信息的集成整合、形成跨部门的网络化协同办公、提供一体化无缝式服务的发展趋势。"电子政务与政务信息资源共享机制研究"课题就是在这样的背景条件下进行的。

这都表明:因此,就研究目的而言,本课题的研究,就是要通过电子政务建设和应用过程中影响政务信息资源共享的各种要素及其相互关系的深入研究、电子政务建设和应用实践的总结梳理,以及对电子政务建设和应用过程中所表现出的政务信息资源不能共享问题及其原因的深入研究,从而探究建立健全政务信息资源共享机制的有效途径和方法,促进提高电子政务建设和应用的水平。

就研究意义而言,突破体制性障碍,整合信息资源、优化行政业务流程,实现跨部门网络化协同办公和业务协同,把面向社会公众的各类行政业务逐步通过互联网提供"一站式"电子化服务,已成为当代电子政务建设并实现政府管理创新、提高政府整体效能与服务质量、规范行政行为、促进行为公正的重要内容。因此,建立健全政务信息资源共享机制,对于进一步拓展电子政务的应用范围、深化电子政务应用和推进电子政务建设,对于提高电子政务应用绩效、提升政府管理和服务的能力,对于整合与共享资源以打破条块分割、部门分割的体制和促进深化行政体制改革,都具有非常重要的理论意义和现实意义,是大势所趋。

## 二、研究成果的主要内容

本研究成果从政务信息资源共享机制的概念内涵出发,以整体政府构建与集成整合为理论指导,以政务信息资源共享机制所包含的管理机制、保障机制和运行机制为基点,以深化行政管理体制改革、电子政务普遍推进和服务型政府建设的现实为背景,以电子政务应用绩效与政务信息资源共享机制之间的内在关联性为核心,以问题为导向,以揭示问题、分析论证问题和探索具有可操作性的政务信息资源共享机制建设路径为主要研究内容,以建立健全电子政务应用中政务信息资源共享机制、促进深化行政管理体制改革和提高电子政务应用绩效为目的。研究成果从多学科交叉渗透的知识体系出发,突出强调了政务与技术的有机结合,强调了电子政务应用中政务信息资源共享机制的建立不是纯粹的技术性解决方案。因此,研究成果在研究方法、研究运用的知识体系、研究提出的观点和结论等方面,都表现了强烈的时代性、科学性、可操作性、实用性和多学科交叉性,特色鲜明。

(1)在基本理论层面上,研究成果在比较深入的层次上围绕电子政务深度应用及其应用绩效与政务信息资源共享机制的内在关联性,从政务、技术两个层面上总结分析了电子政务应用绩效差与政务信息资源共享机制缺失的内在机理,回顾、梳理和评述了国际国内的相关学术研究成果,从电子政务分散建设、分散应用与政务信息资源分散、不能共享之间的内在联系上,论述了政务信息资源共享机制建立的体制环境——深化体制改革、构建整体政府,进一步丰富和拓展了我国政治学的理论研究;

(2)在基本方法层面上,研究成果注重多学科知识的交叉渗透,以实证研究为主要研究方法,通过案例分析、实地调查、问卷调查、统计分析、文献资料研究等方法,有效地支持了电子政务应用绩效与政务信息资源共享机制关联性上的系统研究,并分析和论证了电子政务应用深度和广度与政务信息资源共享之间、政务信息资源共享机制建立与深化行政改革、重组组织结构、优化行政流程之间关联度;

(3)在基本应用和操作层面上,研究成果在广泛、深入调查的基础上,从政务信息资源共享机制的缺失日益成为电子政务深度应用、广度应用和提高电子政务应用绩效的瓶颈这个现实问题出发,以政务信息资源共享机制所包含的管理机制、保障机制和运行机制为基点,系统阐述了健全政务信息资源共享机制:一要依靠有效的体制,明确各类主体在政务信息资源开发、利用和共享过程中的角色、权利与义务;二要依靠健全的制度,包括法律法规、政务规范和技术标准;三要依靠先进的网络信息技术;总结梳理了国际上的相关经验和我国的实践探索,以联合审批、医疗卫生服务综合信息平台两个具体应用为实例,从多学科交叉渗透的知识体系和实际操作上提出了电子政务与深化行政管理体制改革、政务信息资源共享与整体政府构建的解决方案。

# 三、主要观点与对策建议

## （一）主要观点

1. 对政务信息资源共享机制的性质特征和内涵、外延,进行了明确界定。在性质特征上,本成果明确提出了政务信息资源共享机制建设,不是纯粹的技术性解决方案(或者主要不是技术性解决方案),而是涉及政务、行政体制、行政业务处理和信息技术应用的复杂有机体,既有静态的各种要素及其组成结构,又有动态的各种要素之间的相互关系(表现为运行机制)。而在其所涉及的各种要素之中,政务、行政体制、行政业务处理是主要的,标准规范次之,技术模式及其应用为最后。因此,构建政务信息资源共享机制、解决政务信息资源共享问题的关键,就是要从强化管理入手,包括强化管理所涉及的组织、指挥、协调、控制和监督等一系列活动。

在具体内涵上,本研究成果明确提出了政务信息资源共享机制是各种政务信息资源应用主体之间的相互关系和实现条件,最重要的是各应用主体的角色(职责、功能定位)、权利义务、实现手段(技术与标准规范)和政务信息资源的开发利用与管理体制。管理体制、相关制度与标准规范、网络信息技术和运行机制,是相互联系、相互作用、相互渗透的有机统一体,共同构成了政务信息资源共享机制。信息化管理体制是影响信息化发展的关键因素,通过体制创新理顺电子政务发展和政务信息资源共享环境,才能促进电子政务健康有序发展和政务信息资源共享机制的建立。

2. 提出了科学、有效地建设政务信息资源共享机制的行动方案和策略。具体包括:(1)要转变电子政务建设和应用的观念与指导思想,由技术驱动、外延式的技术应用转变为技术应用与行政改革有机结合、政务信息资源公共数据库的建设与业务处理有机结合,政务信息资源公共数据库的建设只有与业务处理有机结合,才能提高政务信息资源开发利用的水平;(2)完善政务信息资源共享的环境条件,加强政务信息资源共享的基础工作,例如深化行政改革和进一步消除体制障碍、建立健全《政务信息资源目录体系》、《政务信息资源交换共享目录体系》、规范和优化业务流程、健全标准规范和各项制度、构建交换共享平台和公共数据库等;(3)从政务和技术两个方面,提出了健全政务信息资源共享的政务方案和技术方案;(4)先易后难、逐步推进,首先在一些业务应用领域开始试点,然后逐步推开的策略。

3. 研究成果实现了政务信息资源共享研究的方法和学科体系创新。研究成果从政治学、公共行政学、管理学、计算机科学、信息科学的视野对电子政务应用与政务信息资源共享机制的内在联系、网络信息技术应用与政府行政改革的内在联系、政务信息资源共享建立与深化行政管理体制改革的内在联系进行了深入研究,打破了以往政务信息资源共享机制建设研究单一的学科取向和技术驱动导向,有力地推进了电子政务应用中政务信息资源共享机制建设的理论研究与实际应用走向多学科化,从单纯的技术驱动模式走向政务为核心、政务与技术有机结合的综合模式。

4. 研究成果在大量实证调查研究的基础上,分析提出了影响政务信息资源共享的因素及其原因;针对影响政务信息资源共享的政务因素和体制障碍,研究成果提出了以整体政府建设和改革为政务信息资源共享机制建设的环境条件;同时,研究成果以联合审批、医疗卫生服务综合信息平台建设为实例,分析提出了政务信息资源共享对改革条块分割体制和促进整体政府建设、提升整体行政效能与社会服务质量的具体作用。

## (二)对策建议

1. 在政务信息资源共享机制建立的总的思路上,研究成果在比较宏观的层次上提出了政务信息资源共享机制的建立,一要依靠顺畅的体制,明确各类主体在政务信息资源开发、利用和共享过程中的角色、权利与义务;二要依靠有力的保障,包括健全的制度保障如法律法规、政务标准和技术规范,以及先进的技术保障;三要依靠以指导、服务的方式去协调各个主体间关系的运行机制等建设思路。

2. 在政务信息资源共享机制建立的政务发展环境上,研究成果在中观层次上从网络信息技术应用和深化行政改革的内在关联性出发,跟踪国际行政改革的前沿,运用整体政府理论提出了打破部门分割和条块分割、构建整体政府(包括实现不同行政层次和不同层级政府的整合、跨部门之间的政务协同、政府公共部门与其他社会主体之间的合作)的具体思路,通过体制创新理顺电子政务发展和政务信息资源共享环境,从而为政务信息资源共享奠定政务环境基础和体制条件,促进电子政务健康有序发展和政务信息资源共享机制的建立。

3. 在政务信息资源共享机制建立的具体工作内容上,研究成果在微观层次上从政务和技术两个方面,提出了健全政务信息资源共享的政务方案和技术方案,提出了建立健全《政务信息资源目录体系》、《政务信息资源交换共享目录体系》、规范和优化业务流程、健全标准规范和各项管理制度、构建交换共享平台和公共数据库等具体工作建议。

## 四、研究成果的价值

(1)在学术价值方面,研究成果在研究方法和学科取向上,坚持了多学科的研究取向和多学科交叉研究,进一步拓展了电子政务研究的视野。研究成果从政治学、公共行政学、管理学、计算机科学、信息科学的视野对电子政务应用与政务信息资源共享机制的内在联系、网络信息技术应用与政府行政改革的内在联系、政务信息资源共享建立与深化行政管理体制改革的内在联系进行了深入研究,打破了以往政务信息资源共享机制建设研究单一的学科取向和技术驱动导向,使电子政务应用中政务信息资源共享机制建设的理论研究与实际应用走向多学科化,从单纯的技术驱动模式走向政务为核心、政务与技术有机结合的综合模式。研究成果关于现代网络信息技术运用与深化行政改革、重组组织结构、优化行政业务流程、构建整体政府有机结合的观点,进一步拓展了政治学理论研究的内容,为进一步深化电子政务研究和科学认识政务信息资源共享机制建设、系统构建电子政务的知识体系提供了有力的理论指导。

(2)在应用价值方面,研究成果所运用的科学研究方法,所阐发的概念内涵,所提出的理论观点、对策建议和具体解决方案,对深化电子政务应用、提升电子政务的应用绩效和科学建立政务信息资源共享机制提供了有力的理论支持和咨询。研究成果提出的理念、理论观点、对策建议和解决方案,先后为《广东省企业信用信息公开条例》的制定提供了理论咨询;为广东省行政审批—电子监察系统的建设、肇庆市联合审批系统建设、《广州市政务信息资源管理办法》的起草、广州市番禺区政府信息化"十二五"规划、《关于加强广东省社会建设信息化的实施意见》的制定等提供了有力的智力支撑。

因此,本课题的研究,带动了一系列相关课题的研究。本研究成果作为应用研究、对策性研究的成果,具有揭示问题、分析论证问题和探索可操作性的解决问题的对策途径的鲜明特点,使电子政务应用中政务信息资源共享机制如何建立健全的思路更加清晰,为地方政府推进政务信息资源共享机制建设、建立健全相关的规范和管理制度提供了有力的咨询,为解决电子政务应用过程中电子政务应用绩效差、政务信息资源开发利用水平低的问题提供了有力的咨询。

在本课题研究过程中,广东省经济和信息化委员会邹生副主任(博士、教授级高级工程师)、广东省云浮市委副秘书长赵仲明博士,作为本课题的研究成员,不仅积极参与课题研究讨论,而且还提供了调查的方便。广东省经信委电子政务处万淑萍处长和董晋副处长、推进处神志雄处长,广州市科信局谢学宁局长,广州市番禺区龚红副区长、林伟长副区长,以及学术界的各位同仁和课题评审专家、人民出版社陈光耀编辑,为本研究成果所作的付出,在此表示最诚挚的感谢! 中山大学行政管理专业于刚强博士(第二章)、颜海娜博士,以及博士研究生刘晓洋(第七章)、吴旭红(第六章)、谭海波(第四章),积极参与到课题研究之中,并为课题研究付出了辛勤劳动,在此一同表示衷心的感谢!

蔡立辉

2011 年 10 月 1 日

# 第一章 导 论

## 一、研究问题的提出与研究意义

### （一）研究问题的提出

从 20 世纪中叶以来,在经济和社会的信息化进程中,新事物可以说层出不穷、比比皆是。电子政务(E-government)就是其中比较突出的一项,越来越多的政务活动已经在信息技术的影响和渗透中发生根本性的变化。特别是伴随着大范围计算机网络技术的普及,促进了传统工业和互联网的结合,对行政组织结构、公共事务管理活动及其业务流程都产生了深远的影响。传统官僚制基于分工的部门化行政组织结构和业务流程已经越来越不适应现代信息社会和网络经济的发展要求。① 西方发达国家为了迎接经济全球化、社会信息化、管理民主化、国际竞争日益加剧的挑战,为了摆脱财政困境、提高行政效率和公共服务质量,为了适应网络经济发展的要求,掀起了公共部门改革的浪潮。正如胡德(C. Hood)所说,公共部门改革成为 20 世纪 70 年代中期以后公共管理领域中出现的一种显著的国际性趋势。② 西方发达国家开展的这场行政改革被人们称之为"新公共管理运动(the movement of new public management)"。

---

① ［美］F. 吉拉得·亚当斯:《电子商务革命与新经济:com 崩溃后的网络经济》,叶秀敏、陈蔚珠译,中国人民大学出版社 2007 年版,第 8 页。

② C. Hood, A Public Management for all Seasons, *Public Administration*, 69 (Spring), 1991, pp. 3–9.

电子政务就是作为这场改革的一项重要措施而得以孕育和发展起来的。从西方发达国家的实践经验来看,电子政务作为一场公共管理革命,是政府再造的同义语。美国在 1993 年建立了"国家绩效评估委员会"(National Performance Review Committee,NPRC),提出了应用先进的网络信息技术克服美国政府在管理和提供公共服务方面所存在的弊端,构建"以顾客为中心"的电子政务、走向在线服务的政府改革目标。针对沉重的财政负担、政府低效率和公众对政府不信任的社会现实,副总统戈尔领导的全国绩效评估委员会通过对行政过程与效率、行政措施与政府服务品质的充分探讨,提出了《提高服务质量:建设一个花钱更少、服务更好的政府》和《运用信息技术改造政府》的报告,明确提出了借助先进的网络信息技术克服美国政府在管理和提供服务方面存在的弊端、革新政府、改善公众对政府的信任关系;借助信息技术实现政府信息化,并通过政府工作流程的再造使政府运作更加顺畅、节约政府管理的成本、提升政府生产力和效率等 13 项利用网络信息技术革新政府的建议,提出了建设以顾客为中心的电子政务的全新理念,把政府运作与运用网络信息技术全面、有机地结合起来。英国在 20 世纪 90 年代中期也出台了《政府现代化》白皮书和《政府信息服务计划》,提出以政府信息化服务达到政府现代化的目标。

因此,从电子政务的产生、发展过程及其价值目标来看,电子政务是公共部门为适应网络经济和管理民主化、减少橡皮图章的发展需要,运用网络信息技术等现代科学技术来提高行政效率、提升公共服务质量的一项根本性措施,具有不可逆转和循序渐进发展的特征,并迅速从发达国家向发展中国家蔓延。

电子政务自 20 世纪问世以来,各个国家纷纷从组织机构的建立、人员队伍配备、财政投入,甚至通过国家立法来强化电子政务的建设和应用。如果从绩效评估的视野来审视电子政务建设和应用的效果,人们会发现,从建设和应用两个层面来说,一方面,电子政务建设与应用经历了从单机到联网、从分散到集成、从办公自动化到政务信息化的发展过程；经历了从各部门根据不同需求的、各自为政的分散式建设与应用——发展到跨部门、跨领域、跨业务系统的集成整合——再发展到以数据中心形式实现的数据交换共享过程。各部门、各行政层级在完善网络平台的基础上，利用互联网和信息化基础设施实现跨部门之间、跨行政层级之间的互联互通；通过建立数据中心，建立和完善政务内网和政务外网两大基础网络，构建信息安全、系统管理和业务应用三大支撑体系，建立业务管理、办公管理、政务协作、公众服务四类应用平台，来实现分散的、各自为政的方式进行公共管理和提供公共服务模式向集中的、整体和无缝的方式进行公共管理和提供公共服务模式转变。同时，单一部门办事或局部效率得到了提高，公众办事的便捷性和效率也得到了提高，办事成本降低了。

但另一方面，电子政务建设和应用效果并没有达到预期的目标，建设（投入）远远大于产出（效益），电子政务应用的绩效水平低。主要表现为电子政务并没有促使政府公共部门自身事务管理和社会公共事务管理发生根本性变化，部门之间缺乏合作与协调日益固化了"碎片化"的体制结构，以职能为中心设置部门、层级节制的组织结构和行政业务流程并没有得到重组和优化再造，分散式、各自为政式的管理方式并没有得到改变，"跨部门协作"（Cross-agency Collaboration）、政务协同的整体政府（Holistic Government）并没有形成。同时，电子政务在改进公共服务提供方式、方便公众获取服务和提升公共服务质量等方面，也没有发生根本性的变化，正如佩里·希克斯所说，这种分散式管理存在让其他机构来承担代价、互相冲突、重复、导致浪费并使服务使用者感到沮丧、在对需要做出反应时各自为政、公众无法得到服务，或对得到的服务感到困惑等问题，所有这些问题正是治理中的一些协调、合作、整合或整体性运作想解决的。①

_____

① 竺乾威：《从新公共管理到整体性治理》，《中国行政管理》2008年第10期。

　　西方国家的情况普遍比我国要好得多,但尽管如此,分割问题、碎片化问题,也是西方国家当前行政改革面临的普遍性问题。因此,整体政府的理论应运而生,构建整体政府日益成为当代西方国家行政改革普遍的、现实的需求。新加坡从 2006 年到 2010 年,将构建整体政府作为政府信息化建设和应用的目标。

　　就我国的现实情况来说,在电子政务建设和应用过程中,一是由于存在着部门分割、条块分割的管理体制障碍,导致各部门之间、各业务应用系统之间不能资源共享和互联互通,电子政务通过信息技术所固化的是原有办事方式和条块分割体制;二是由于各层级政府、政府各部门在电子政务建设过程中各自为政、采取分散建设的模式,缺乏统筹规划和统一、科学的标准规范,导致重复建设和资源整合不力,导致各业务应用系统之间普遍存在着相互独立、互不兼容问题,难以完成系统间的动态交互和信息共享,妨害了政府部门之间、各应用系统之间的相互操作或交流;三是电子政务建设过程背离了电子政务建设、应用的目标,导致电子政务绩效很低。我国之所以要推行电子政务,就是因为在传统政务管理模式下,一方面,一个事务的处理可能跨越不同的政府部门或同一政府部门的不同处室,以分工为基础实行分段式、分散式管理,造成整体效能低下;另一方面,公众要在多个机构之间寻找服务、要多次重复地递交相同的信息,办理一件事情要跑很多路、经过很多政府部门、花费大量的时间和精力,即使如此还不一定能顺利办成,造成了传统服务方式的烦琐与不便。因此,从目标上说,推进电子政务建设的根本目的就是要改变传统管理与政府服务的这种缺陷,提升整体效能和实现政府服务的高效便捷。从公众角度说,就是要有利于他们更加便捷地获取政务信息与服务,降低他们的办事成本和提高办事效率;从政府公共部门角度说,就是要有利于政府公共部门通过技术手段促使行政行为规范化、办公网络化、业务处理协同化、政务公开化和决策科学化,就是要将工业化时期形成的“金字塔”式的组织结构通过网络扁平化,就是要使公共行政与公共服务从简单的手工劳动发展到行政模式创新和服务方式优化的新层次。

　　但是,为什么事与愿违?为什么我国的分割体制并没有因为电子政务的应用而使行政业务之间、政府各部门之间、各地方政府之间、垂直部门与地方政府之间、各行政层级之间的分割和"碎片化"的管理模式得到改进,甚至在有些情况下电子政务的应用为什么还进一步加剧了部门分割、垂直部门与地方政府的分割?为什么没有因为电子政务的应用而减少公众来回在部门之间折腾的环节,办事还是要面对那么多部门、还是要跑那么多路、还是要重复提交资料、还是没有减少社会交易费用和办事成本?为什么电子政务的应用绩效非常低下,既没有完全解决公共部门自身的管理问题,也没有从根本性上解决公共服务的成本、便捷问题?正是这些困惑促使我们研究电子政务应用中的信息资源共享机制问题。

　　政务信息资源共享机制,概括地说就是政务信息资源利用的各类主体,包括政府及其所属部门、公民、企业和其他社会组织,在开发利用政务信息资源过程中相互之间的关系,是由管理机制、保障机制和运行机制所组成的有机整体。政务信息资源共享机制是实现、确保政务信息资源共享的途径和条件。因此,围绕上述困惑,我们将"电子政务应用中的信息资源共享机制研究"的研究问题界定为:(1)研究政务信息资源共享机制建设对电子政务深度应用的作用,这主要是解决认识问题,为电子政务克服分散建设、分散应用提供科学的理论支撑——着重从政务优先、突出应用、强化管理等方面来阐述在政务信息资源共享机制建设;(2)研究政务信息资源共享机制建设本身是电子政务建设的重要内容,这主要是解决不同发展阶段上电子政务建设任务、建设重点有所不同的问题——着重从管理机制、保障机制方面来阐述政务信息资源共享机制建设;(3)研究电子政务如何为实现政务信息资源共享的具体解决方案——着重从运行机制建设来阐述政务信息资源共享机制建设。

　　通过对上述问题的研究,本研究将实现以下目标:

第一,结合我国电子政务建设历程,全面考察我国政务信息资源共享的现状,对政务信息资源共享的迫切性、重要性、价值等进行分析;运用电子政务具体应用中联合行政审批系统建设及其应用、医疗卫生服务综合信息平台建设及其应用等典型案例来对政务信息资源共享的管理机制、保障机制和运行机制进行研究分析;运用理性选择理论和建立在理性选择理论基础之上的部门竞争理论,以及整体政府理论,深入探究政务信息资源共享障碍的原因,对背后的因果关系机理进行研究,为研究提出解决方案提供理论基础。

第二,针对政务信息资源开发利用中所出现的"条块分割、各自为政、纵强横弱"等现象,从行政管理体制的角度考察我国政务信息资源共享机制建立的政务环境和体制条件,探讨如何构建与完善政务信息资源共享的组织体制以及政府部门之间信息资源共享的业务运行和处理机制,探讨如何建构政务信息资源共享的保障机制,从而为我国政务信息资源共享提供法律制度上、技术上的保障。

第三,借鉴美国、新加坡等国家在政务信息资源共享方面的立法和实践经验,对我国政务信息资源共享机制建设中遇到的问题以及出现的困境提出解决方案,对政务信息资源共享的模式及其效益进行比较分析,对政务信息共享所涉及的相关法律问题进行探讨,如政务信息资源共享与个人信息隐私权保护的关系、政务信息资源公开与保密的关系等。从法制保障的角度探讨政务信息资源共享相关政策法规的制定与完善,如《政府信息公开法》、《政务信息资源管理条例》、《个人信息保护法》、《隐私法》等,重点对《政务信息资源管理条例》的内容进行设计,为我国政务信息资源共享的法制化建设提供一定的理论指导。

## (二)研究意义

电子政务分散建设、分散应用、政务信息资源不能共享等问题的存在,已经成为深化电子政务应用、提高电子政务应用水平和绩效的瓶颈问题,严重制约了电子政务的深入发展。这些问题越来越凸显,不能满足提高政府部门整体效能与服务能力的社会发展要求,也不符合当代电子政务实现业务与信息的集成整合、形成跨部门的网络化协同办公、提供一体化无缝式服务的发展趋势。

就研究的理论意义而言,随着信息化应用的越来越普遍,政务信息资源共享问题作为一个新领域受到了普遍的关注。因为,信息化的广泛应用和深度应用,所受到的重大障碍就是信息资源不能共享。从国内外已有的研究来看,对信息资源共享的研究更多的是从图书馆学、档案学、情报学、传播学、计算机科学等学科的角度来研究,很少有学者从政务(公共行政学)的角度对政务信息资源共享进行系统的研究,这可以说是一个崭新的研究领域。

西方学者对政务信息资源共享问题的研究是在西方的行政体制、组织结构和制度背景下进行的;而我国有着与西方迥然不同的政治文化背景以及体制、制度环境,如何在借鉴西方国家最新研究成果的基础上,围绕着政务信息资源共享问题,对我国电子政务建设和应用过程中涉及的深层次的组织结构、行政体制以及制度等问题进行研究,我国在这些方面的研究相对比较匮乏。

政务信息资源共享问题是伴随着信息技术的迅猛发展以及电子政务在深度和广度上的应用而被提出来的一个亟待解决的"瓶颈"问题,也可以说是信息时代对工业革命时期所形成的官僚制行政模式的一种挑战。因为,传统官僚制之下的人们常常有着这样的顾虑:政务信息资源共享所带来的效率增长会给部门带来资源(如预算和人事)的损失,由于技术进步逻辑与官僚政治逻辑相冲突,政府部门缺乏理性利用信息技术的激励;政府的正式制度奖励是以部门为中心,不支持跨部门的活动,这又与虚拟政府内在的整合要求相背离。因此,"对政府部门及单位间的共享数据库、功能及程序进行组织和管理,需要改变有关监督、控制、预算及责任等领域传统的、20世纪的思路,因为这些领域均形成于一个相对自主的、等级式的官僚体系中"。①　但是,从目前国内已有的研究来看,很少有人从政务的角度来对信息技术背景下的政务信息资源共享问题进行研究,对"组织背景和网络化环境的互相渗透进行重新思考"。因此,从部门竞争理论、整体政府理论,对政务信息资源共享的非技术原因与障碍进行深究,并试图在组织设计和制度安排上有所创新和提出解决方案,这不能不说是本研究的特色和创新。

就研究的现实意义而言,政务信息资源共享是政务信息资源管理的重要内容。政务信息资源约占社会信息资源总量的80%,各国政府是最大的信息创建者、采集者、发布者和消费者。政务信息资源是一种具有重要价值的国家战略资源,促进政务信息资源共享是确保政府有效运转、提供整体效能的重要手段。政务信息资源在政府部门之间的广泛共享,使分散在不同信息资源生产领域的生产者不必重复进行信息的生产活动,用较低的代价来分享其他信息生产者生产的信息,可以达到应用目的,从而避免信息资源的重复采集和开发,降低行政成本,提高行政效率;同时,政务信息资源共享对于打破部门分割、垂直部门与地方政府分割,对于建设无缝隙政府、整体政府,对于优化再造行政业务流程,一句话,对深化行政体制改革,都具有非常重大的现实意义。因此,对政务信息资源共享机制进行研究,有利于促进形成有效的政务信息资源共享体制与运行机制,有利于进一步提高政务信息资源开发利用水平,有利于深化电子政务的应用和提高电子政务应用的绩效水平,有利于深化行政体制改革。

随着我国电子政务建设发展到现阶段,政务信息资源共享和开发利用问题,已经成为提升电子政务绩效的一大瓶颈问题,日益引起了中央以及各级地方政府的高度重视,并把政务信息资源共享机制建设作为国家信息化建设的重要组成部分。中共中央办公厅、国务院办公厅针对信息

---

① ［美］简·芳汀:《构建虚拟政府——信息技术与制度创新》,邵国松译,中国人民大学出版社2004年版。

资源共享问题专门出台了《关于加强信息资源开发利用工作的若干意见》，明确规定："根据法律规定和履行职责的需要，明确相关部门和地区信息共享的内容、方式和责任，制定标准规范，完善信息共享制度。当前，要结合重点政务工作，推动需求迫切、效益明显的跨部门、跨地区信息共享。继续开展人口、企业、地理空间等基础数据库共享试点工作，探索有效机制，总结经验，逐步推广。依托统一的电子政务网络平台和信息安全基础设施，建设政务信息资源目录体系和交换体系，支持信息共享和业务协同。规划和实施电子政务项目，必须考虑信息资源的共享与整合，避免重复建设。"

《2006—2020年国家信息化发展战略》把"推进电子政务"作为信息化发展战略的重点，明确规定："满足转变政府职能、提高行政效率、规范监管行为的需求，深化相应业务系统建设。围绕财政、金融、税收、工商、海关、国资监管、质检、食品药品安全等关键业务，统筹规划，分类指导，有序推进相关业务系统之间、中央与地方之间的信息共享，促进部门间业务协同，提高监管能力。建设企业、个人征信系统，规范和维护市场秩序。"

我国各省级政府出台的电子政务发展规划，都把"围绕部门间信息共享和业务协同，推进重点应用系统建设和整合，政务信息资源开发利用取得更大成效。进一步完善信息化支撑体系建设，法律法规、标准化和安全保障体系基本形成，各级电子政务协调、建设、运维和管理机制逐步完善"作为本省级未来几年电子政务建设的发展目标。

例如，《广州市国民经济和社会信息化发展"十一五"规划》把"加强信息资源的开发利用"作为未来五年信息化发展的主要任务之一，明确规定："政府引导，市场主导，建设信息资源共享工程，建立市、区、县级市政府数据资源管理中心，实现数据集约化管理。推广普及信息标准化和信息交换技术，建立较为完善的信息资源开发利用支撑环境体系，初步形成以应用服务为导向的基础数据库和专题数据库的信息资源共享机制，建立和完善支撑政府管理和社会服务的基础数据资源体系，提高信息资源共享和开发利用水平,发挥信息流对人流、物流和资金流的引导作用。"

《中华人民共和国国民经济和社会发展第十二个五年规划纲要》明确提出了"以信息共享、互联互通为重点,大力推进国家电子政务网络建设,整合提升政府公共服务和管理能力"。

《广东省国民经济和社会信息化发展"十二五"规划》提出了未来五年"建成全省互联互通的电子政务数据中心和政务信息资源共享平台,建立健全政府信息公开与共享机制,跨部门业务协同普遍开展。实现100%政务公开信息网上发布,80%以上的非公开政务信息政府部门共享"的发展目标;提出了"以政府资源整合带动社会资源整合,形成信息化发展的长效机制"的原则。

由此可见,在现阶段,政务信息资源共享问题是我国从中央到各级地方政府都高度重视的问题,是电子政务广泛应用和深度应用亟待解决的重大问题,是我国政府信息化建设发展到现阶段提高电子政务应用绩效的必然要求。建立健全政务信息资源共享机制,对于进一步拓展电子政务的应用范围、深化电子政务应用和推进电子政务建设,对于提高电子政务应用绩效、提升政府管理和服务的能力,对于整合与共享资源以打破条块分割、部门分割的体制和促进深化行政体制改革,都具有非常重要的理论意义和现实意义,是大势所趋。

# 二、研究文献回顾

## (一)相关研究的检索情况

### 1. 历年关于政务信息资源共享研究成果的情况

关于政务信息资源共享的研究是电子政务研究中新的研究课题,研究者在清华大学主办的中国学术期刊数据库(CNKI)中,选取"中国学术期刊网络出版总库","国家科技成果数据库","中国博士学位论文全文数据库"和"中国优秀硕士学位论文全文数据库"等四个数据库,论文的发表时间不限,以题名为"政务信息资源(中英文扩展)"或者题名为"政务信息(中英文扩展)",采取跨库检索的检索方式,精确匹配进行第一次搜索,共得到1168条记录;然后再以题名为"共享(中英文扩展)"或者题名为"共享(中英文扩展)",以"在结果中检索"的方式进行扩展搜索,共得到146条记录。

研究者在研究中发现,对于"政务信息资源"和"政府信息资源"两个概念的使用,虽然有些学者将其进行区分,但是大多数学者仍将两者混用。再者基于"政府信息资源"是"政务信息资源"的核心内容的考虑,因此笔者把关于"政府信息资源共享"的研究成果算作是"政务信息资源共享"的研究成果。研究者在中国学术期刊数据库中采用相同的操作方式进行文献搜索,第一次搜索共得到2178条记录,第二次搜索共得到71条记录。

研究者对237篇文献进行了全面的阅读分析,剔除其中的会议综述、新闻报道、书评等共计24篇,这包括关于"政务信息资源共享"研究的16篇和关于"政府信息资源共享"研究的8篇,保留研究成果共计193篇。自1999年以来,①我国关于"政务信息资源共享"的研究成果数量如图1-1所示。

从图1-1我们可以得知,自1999年以来,我国关于"政务信息资源共享"的研究成果数量总体上呈上升趋势,这表明,近年来我国对网络环境下政务信息资源共享问题的学术研究已经活跃起来。特别是从2004年以来相关研究成果增势较好,2004年至2009年的研究成果占自1999年以来的研究成果的90%以上。

---

① 最早对"政务信息资源共享"进行研究的是学者高柳宾和孙云川。他们于1999年在《中国信息导报》杂志上发表《对电子政府信息资源有效共享建设的建议》一文,在《情报科学》杂志上发表《浅谈电子政府信息资源有效共享建设》一文。

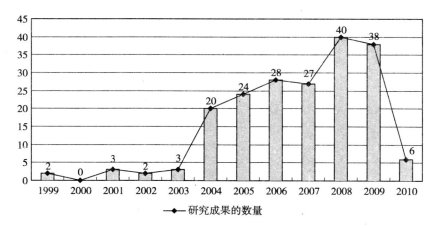

图1-1　1999年以来关于政务信息资源共享的研究成果数量的统计图

### 2. 历年关于政务信息资源共享的研究主题的情况

有关政务信息资源共享的研究中,我们将其从"必要性和动力机制"、"多学科的理论视角"、"共享的有效性"、"共享机制的内容"、"问题、制约因素和对策"、"共享的技术解决方案"、"共享模式或运作模式"、"共享的保障机制"、"实证研究"、"国外理论和经验介绍"和"研究综述"等11个主题来回顾国内学者关于政务信息资源共享的研究成果,各个研究主题的成果的比重如图1-2所示。①

从图1-2我们可以得知,在十一个研究主题中,学者们关注较多的"问题、制约因素和对策(E)"、"共享的保障机制(H)"、"实证研究(I)"、"多学科的理论视角(B)",其研究成果的比重分别是27.46%、12.95%、11.92%和10.36%,共计占总的研究成果的62.29%。其次是"共享的技术解决方案(F)"、"共享模式或运作模式(G)"、"共享机制的内容(D)"和"共享的有效性(C)",其研究成果的比重分别是9.33%、8.81%、

_____

① 说明:为方便作图,本研究在此用大写的"A、B、C……K"等11个英文字母按顺序代表以上的11个研究主题。

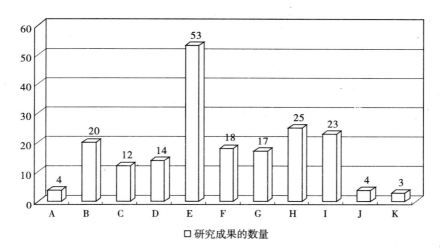

图1-2  1999年以来关于政务信息资源共享的研究主题的统计图

7.25%和6.22%,共计占总的研究成果的31.61%。关注最少的是"必要性和动力机制(A)"、"国外理论和经验介绍(J)"和"研究综述(K)",其研究成果的比重分别是2.07%、2.07%和1.55%,共计占总的研究成果的比重不到6.00%。

**(二)研究观点及其进步和局限性分析**

**1. 关于政务信息资源共享的必要性和动力机制的研究**

政务信息资源共享是实现政府和社会信息化的重要步骤,是提高政府行政效率、改善服务质量、重塑政府形象的重要保证。我国学者主要从政府体制改革的需求、政务信息资源共享的主体及其关系和动力机制自身包含的基本要素等方面对政务信息资源共享的必要性进行探讨和研究。

学者何振、姚志勇从政府体制改革的内在要求的角度探讨了政务信息资源共享的必要性,他们认为我国电子政务信息资源共享的必要性主要基于以下四个方面考虑:"(1)我国电子政务信息资源共建共享是适应电子政务建设内在要求的需要;(2)电子政务信息资源的共建共享是促进政府管理科学化、民主化和高效化的需要;(3)电子政务信息资源的共建共享是推进我国信息化、促进国民经济发展的需要;(4)电子政务信息资源的共建共享是适应我国应对加入世贸组织带来的挑战的需要"。①

学者文庭孝、罗贤春、刘晓英等则在分析了电子政务信息资源共享的内涵、本质、共享的主体及其关系的基础上,研究发现电子政务信息资源共享的动力机制,即电子政务信息资源共享的动力主要来自三个方面:"一是市场经济利益驱动;二是政府权力强制;三是社会公众力量推动"。② 其中社会动力包括社会需求、社会利益、政府权力、社会竞争和道德精神等,社会动力是对市场经济利益驱动和政府权力强制的补充,当前两者能力无法达到的活动领域,则需要公众舆论、社会道德和宗教信仰等来调节。

学者王树平从动力机制包括的四个基本要素对政务信息资源共享的动力机制进行了探索性研究,这四个要素是至指行动、事件、目的和观念。从行动纲领的角度而言,他认为:"行动纲领是从全局角度指明信息共享的实施方略"。③ "国家颁布了一系列相关政策,比如国家信息化领导小组关于我国电子政务建设指导意见(中办发[2002]17 号文件)、中共中央办公厅、国务院办公厅关于加强信息资源开发利用工作的若干意见(中办发[2004]34 号文件)、《2006—2020 年国家信息化发展战略》(中办发[2006]11 号文件)和《国家电子政务总体框架》(国信[2006]2 号)

---

① 何振、姚志勇:《我国电子政务信息资源共建共享的必要性和可行性》,《情报杂志》2004 年第 11 期,第 33—34 页。

② 文庭孝、罗贤春、刘晓英:《电子政务信息资源共享本质及其动力机制研究》,《图书情报知识》2008 年第 2 期,第 8—9 页。

③ 王树平:《电子政务信息共享的动力机制》,《中国信息界》2006 年第 20 期,第 29 页。

等,对政务信息资源的共享起到了指导和推动作用"。从事件驱动的角度
而言,他认为:"事件驱动则是突出信息共享实施进程中典型引路的作
用",①换而言之,就是在政务信息资源共享的实践中,开展典型案例与全
局的对话,是两者相互调整和改造,从而逐步实现预期目标。"最典型
的,而且比较成功的案例就是由海关、进出口检验检疫局、港务局、外经贸
委等多个部门的协作构建的口岸'大通关'"。② 从目的、观念转变的角
度而言,他认为:"目的、观念这两个动力机制要素实际上牵涉到电子政
务信息共享与政府管理创新的关系问题"。③ 作者从文化层次、组织整合
层次和方法手段层次等三个角度详细探讨了政府管理创新体系体制和政
务信息资源共享的动力机制问题。

**2. 基于多学科的理论视角对政务信息资源共享的研究**

政务信息资源共享是电子政务建设的重要话题,也是一个跨学科的
涉及面很广的课题,正因为如此,也引起不同学科的学者们的研究兴趣,
包括经济学、新制度经济学、管理学、计算机科学、哲学、数学等。

电子政务信息资源共享问题已经成为一个"老大难"问题,成为其信
息资源有效利用的"瓶颈",并且它不是一个静态工程,而是一项长久的
信息服务业务。那么,为什么要从经济学的学科角度来讨论政务信息资
源共享呢? 学者胡小明认为:"首先,解决'老大难'问题需要更新观念;
其次,政务信息资源共享作为可持续生存的长期业务,其经济学上的合理
性至关重要;最后,信息共享的方案选择是经济效率的选择,……信息共
享不是目的,对于电子政务而言,信息共享只是实现政务目标的工具"。④

公共物品理论是新制度经济学一个重要理论,也是研究政府经济行

---

① 王树平:《电子政务信息共享的动力机制》,《中国信息界》2006 年第 20 期,第 29 页。
② 王树平:《电子政务信息共享的动力机制》,《中国信息界》2006 年第 20 期,第 29 页。
③ 王树平:《电子政务信息共享的动力机制》,《中国信息界》2006 年第 20 期,第 30 页。
④ 胡小明:《电子政务信息资源共享的经济学研究(一)》,《中国信息界》2004 年第
17 期,第 14—15 页。

为的一个核心内容。根据公共物品理论中关于公共物品界定的标准,我们可以得知,政府信息资源实质上是一种公共物品,这样,公共物品理论中关于物品的分类供给模式对于我们构建政务信息资源的分类共享模式具有指导性意义。陈聪就是基于公共物品理论,分析得出政府信息资源是一种准公共物品,他在文中深入分析目前我国政府信息资源共享的状况、困境及其成因。他认为要突破这一困境,就需要做到以下几点:"一是树立多元化政府信息资源共享的新理念;二是构建政府信息资源的分类共享模式,包括健全纯公共信息资源的共享模式和优化准公共信息资源的共享模式;三是要从法律、技术、组织和人力资源等方面来完善政府信息资源共享的保障体系"。①

也有学者从管理学的角度,应用包括绩效管理、业务重组和服务型政府等理论来探讨政务信息资源共享的问题。学者樊博以绩效管理作为推进政务信息资源共享的助推器,他认为需要从机制层面、方法层面和工具层面等三个层面来开展研究。具体如下:(1)从机制层面上而言,"设计政务信息协同的绩效驱动机制,提出'信息股份'的思路,以克服跨部门政务协同面临的体制障碍,为推进政务信息协同共享提供制度安排";②(2)从方法层面上而言,"设计具有导向作用的绩效指标体系,为推进网络政务协同再造提供方法支持";③(3)从工具层面上而言,"提出基于知识管理的绩效信息系统,以发现政务信息协同共享的制约因素,为推进跨部门的电子政务提供工具保障"。④ 李卫东从业务重组来探讨政务信息

---

① 陈聪:《基于公共物品理论的政府信息资源共享研究》,湘潭大学硕士学位论文,2006年5月。

② 樊博:《绩效驱动的电子政务信息共享及协同应用》,《图书与情报》2008年第4期,第44—45页。

③ 樊博:《绩效驱动的电子政务信息共享及协同应用》,《图书与情报》2008年第4期,第45页。

④ 樊博:《绩效驱动的电子政务信息共享及协同应用》,《图书与情报》2008年第4期,第46页。

资源共享,他认为:"在控制其他因素下,通过业务重组降低业务关联度能有效减少城市政府信息资源共享的需求",①因此,科学合理地界定每项业务的具体内容和范围是降低信息共享需求的关键。他认为:"只要业务之间的耦合度足够低,不管两个业务被配置到同一部门还是被配置到两个不同的部门都能有效降低共享需求"。② 学者张蓝艺、赵晖则从服务型政府的理论视角来探讨政务信息资源共享。他认为:"随着我国政府职能从管理型向服务型转变,电子政务信息资源共享模式也应从知晓型向应用型转型"。作者在分析了我国现阶段电子政务信息资源共享的现状后,他认为,若要提高电子政务信息资源共享的有效性,实现服务型政府的社会公共利益的最大化,则需要做到以下几点:"其一,必须搭建信息资源共享平台;其二,推进电子政务大集中;其三,建立健全绩效考核机制和奖励补偿机制"。③

从计算机科学来探讨政务信息资源共享问题的理论主要有云计算、访问权限控制和信息流等。云计算是一个美丽的网络应用模式,它具有低成本、高安全性和超强的计算能力等特性。目前,无论是从理论和技术,还是从实践和成本上来看,将云计算应用于电子政务信息资源共享领域是科学可行的。从理论基础而言,"一方面,云计算理论体系研究发展速度快,理论成果层出不穷;另一方面,近年来电子政务信息资源管理尤其是其共享方面的理论研究成果众多";④从技术条件上来看,"云计算并不是什么新技术,它是分布式处理、并行处理和网格计算的发展,已经比

---

① 李卫东:《基于业务重组的城市政府信息资源共享研究》,华中科技大学博士学位论文,2009 年 5 月,第 1 页。

② 李卫东:《基于业务重组的城市政府信息资源共享研究》,华中科技大学博士学位论文,2009 年 5 月,第 75—88 页。

③ 张蓝艺、赵晖:《服务型政府视阈下的电子政务信息资源共享》,《南京工业大学学报(社会科学版)》2009 年第 2 期,第 77—78 页。

④ 吕元智:《基于云计算的电子政务信息资源共享系统建设研究》,《情报理论与实践》2010 年第 4 期,第 107 页。

较成熟";①从实践环境分析而言,"目前国际上知名的 IT 公司,如 Google
都在积极地研究和部署云计算,并获得了一定程度上的成功";②从经济
成本分析而言,"它不仅不需要高昂的建设费用支持,而且还能降低相关
管理费用"。③ 既然将云计算应用于电子政务信息资源共享领域具有科
学性和可行性,那么我们该如何将云计算应用于电子政务信息资源共享
领域呢? 学者吕元智认为:"首先,构建电子政务信息资源共享云计算实
现模型;其次,对现有的电子政务信息资源进行封装处理;再次,建立电子
政务信息资源共享的应用与数据中心;最后搭建电子政务信息资源共享
的云接入平台"。④ 洪光宗和罗贤春从访问权限控制的角度出发,探讨了
如何解决基于社会化服务的政务信息资源的共享与政府保密制度之间的
矛盾。作者开篇首先介绍了访问权限控制的原理、功能以及相关的访问
控制技术,然后详细分析了该技术在"G2G(Government to Government)、
G2B(Government to Business)和 G2C(Government to Citizens)"⑤三种政务
信息交互模式中的应用,最后结合"中国电子口岸执法系统"这一典型案
例分析该技术的应用,具体包括"(1)采用口令及数据加密技术;(2)采用
三道防火墙;(3)采用数字签名及数字认证技术"。⑥ 学者何振和唐荣林
从信息流角度分析了电子政务信息资源共享低效率的原因,剖析了影响
信息自由流通的障碍,从而提出破解我国电子政务信息资源共享低效率

---

① 吕元智:《基于云计算的电子政务信息资源共享系统建设研究》,《情报理论与实
践》2010 年第 4 期,第 107 页。
② 吕元智:《基于云计算的电子政务信息资源共享系统建设研究》,《情报理论与实
践》2010 年第 4 期,第 108 页。
③ 吕元智:《基于云计算的电子政务信息资源共享系统建设研究》,《情报理论与实
践》2010 年第 4 期,第 108 页。
④ 吕元智:《基于云计算的电子政务信息资源共享系统建设研究》,《情报理论与实
践》2010 年第 4 期,第 108—109 页。
⑤ 洪光宗、罗贤春:《基于访问权限控制的电子政务信息资源共享》,《图书馆学研
究》2008 年第 10 期,第 21—23 页。
⑥ 洪光宗、罗贤春:《基于访问权限控制的电子政务信息资源共享》,《图书馆学研
究》2008 年第 10 期,第 23 页。

的对策。他们认为,"第一,构建统一的电子政务建设标准;第二,通过类似 EDI 技术建立电子政务信息资源共享机制;第三,推广应用 XML 语言等技术,消灭'信息孤岛';第四,整合垂直型和水平型信息交换模型,形成网络型模型"。①

胡岩洁基于哲学中的本体理论来研究政务信息资源共享,他在深入分析元数据方案和搜索技术方案等现有的政务信息资源组织的典型模式的基础上,提出了结合本体理论的政务信息资源组织方式,并探讨了基于本体的政务信息资源共享系统功能实现,即语义标注和语义检索。他在其论文中详细阐述了实现算法,并借助"政务信息资源主题"本体,通过政府信息公开目录来实现语义标注和语义检索流程,从而验证系统的运行效果;通过对政府信资源内容的语义描述来帮助使用者合理充分地利用政务信息资源。②

司辉和杜治洲则基于数学中的博弈论来研究政务信息资源共享,他们先从静态博弈的角度对政府信息资源共享进行一次性博弈模型的构建,这些博弈模型包括:"(1)大型政府机构之间的共享博弈模型——斗鸡博弈;(2)大型政府机构与小型政府机关之间的共享博弈模型——智猪博弈;(3)小型政府机关之间的共享博弈模型——囚徒困境"。③ 然后分析总结出政务信息资源共享中的困境及其障碍,进而从重复博弈中找出解决共享障碍的方法。

### 3. 关于政务信息资源共享有效性的研究

从已有文献检索的情况来看,在政务信息资源共享的研究中,学者们

① 何振、唐荣林:《基于信息流视角的电子政务信息资源共享》,《档案学通讯》2006年第6期,第28页。

② 胡岩洁:《基于本体的政务信息资源共享研究》,复旦大学硕士学位论文,2008年5月。

③ 司辉:《政府信息资源共享障碍及其解决的静态博弈分析》,《情报科学》2009年第11期,第1722页;杜治洲:《基于博弈论的政府部门间电子政务信息资源共享研究》,《现代管理科学》2009年第4期,第29—30页。

最早关注的领域正好是关于其有效性的研究。1999 年,正是我国"电子政府上网工程"的启动之时,学者高柳宾和孙云川高瞻远瞩,他们鉴于文献资源建设的经验教训,在《情报科学》杂志发表《浅谈电子政府信息资源有效共享建设》一文,对我国电子政务信息资源共享建设作了一些初步探索。他们认为,为避免重复建设、过度建设和建设不当的问题,用有限资源,包括人力、物力和财力等来获取最大效益,从而实现电子政务信息资源的有效共享,就必须做到以下几点:"(1)加强国家宏观调控,统一规划,集中管理;(2)建立一个全国性政府信息协调管理机构;(3)建立一个便于在分散的、动态的信息环境中揭示和检索信息资源的体系;(4)建立快速和多层次的文献传送系统"。①

　　电子政务信息资源的共享实质上是资源优化配置的一种方式。关于电子政务信息资源的共享的效率,则主要涉及共享的成本效益、有效共享的实现条件和共享效率的改善等问题。何振和周伟认为:"研究电子政务信息资源共建共享的成本效益,要从电子政务信息资源的供给与需求开始"。② 而电子政务信息资源共享的效率的实现,按照经济学的原理,必须符合两个条件,即:"一是净收益非负,即共建共享的总收益大于共建共享的总成本;二是净收益最大化"。③ 若要改善共享的效率,就必须按照尽量提高共享总收益和尽量降低共享总成本这一基本逻辑思路来采取有针对性的措施,这些措施包括:"技术创新、网络立法、伦理建设和政府管理"。④

---

　　①　高柳宾、孙云川:《浅谈电子政府信息资源有效共享建设》,《情报科学》1999 年第 5 期,第 496—497 页。

　　②　何振、周伟:《电子政务信息资源共建共享的经济特性及其效率分析》,《情报杂志》2005 年第 4 期,第 12 页。

　　③　何振、周伟:《电子政务信息资源共建共享的经济特性及其效率分析》,《情报杂志》2005 年第 4 期,第 12—13 页。

　　④　何振、周伟:《电子政务信息资源共建共享的经济特性及其效率分析》,《情报杂志》2005 年第 4 期,第 13 页。

　　张乐和蒲晓红在《电子政务信息资源共享的有效信息探讨》一文中明确界定了信息共享的内涵和有效信息的特性之后,针对我国政务信息共享的现状,提出了判断有效信息的三个量化标准:"信息元被检索频次、信息元被检索频率和信息元转载量"。① 作者也进一步利用这三个指标来统计分析共享信息系统中有效信息的数量和分布,从而提出了提高共享信息有效性的建议:"(1)把最主要的内容要放在最显眼的地方;(2)侧重信息的对比;(3)汇集精品,提高信息质量;(4)增加更多人性化设计;(5)要提供各种简要应用帮助文档,节约用户的培训学习时间"。②

　　胡小明在论文《电子政务信息共享价值反省(上)》中,开门见山地提出"为什么要反省电子政务信息共享的价值"的质疑。他认为重视电子政务信息共享价值,主要基于以下两点考虑:"(1)投资增大风险增加;(2)效果模糊难以管理"。③ 从管理科学角度看,不能清楚测量则必定不能有效管理,因此,关于政务信息资源共享效益的评价理论清晰化成为一个亟待解决的课题。他将信息共享区分为两种不同类型,即"业务操作型信息共享和知识生产型信息共享"。④ 他认为:"业务操作型信息共享的价值等同于信息系统的价值"⑤,所以我们首先要做目标明确的操作型信息共享。这是因为:"(1)有明确业务目标的信息共享才是有价值的信息共享;(2)操作型信息共享是系统成规模的信息共享;(3)从明确的应

---

　　① 张乐、蒲晓红:《电子政务信息资源共享的有效信息探讨》,《经济论坛》2006 年第8 期,第 5 页。

　　② 张乐、蒲晓红:《电子政务信息资源共享的有效信息探讨》,《经济论坛》2006 年第8 期,第 5 页。

　　③ 胡小明:《电子政务信息共享价值反省(上)》,《信息化建设》2007 年第 4 期,第 9页。

　　④ 胡小明:《电子政务信息共享价值反省(上)》,《信息化建设》2007 年第 4 期,第9—10 页。

　　⑤ 胡小明:《电子政务信息共享价值反省(上)》,《信息化建设》2007 年第 4 期,第 10页。

用目标出发推动部门间信息共享"。① 从政务信息资源共享与政府管理的关系来看,政务信息资源共享本身是作为降低成本的一种手段而出现的,因此,其自身的成本过高便会失去其存在价值。那么我们该如何降低政务信息资源共享的成本呢? 学者胡小明认为:"(1)业务推进不能仅靠行政命令,还要有经济上的措施进行调节;(2)降低共享数据的数量与提供频率;(3)降低系统间的耦合紧密程度;(4)认真解决好数据维护机构的利益平衡"。②

那么关于知识生产型信息共享,我们该如何判断其价值呢? 学者胡小明在《电子政务信息共享价值反省(下)》一文中在深入分析了其业务特点后指出,我们可以通过以下三种标准来判断该工具的价值。"其一,将系统信息获取能力与自己应用目标相比,推断可能的贡献。其二,将信息效益与利用该信息共享系统的成本相比,看是否划算。其三,将内部信息共享系统与外部替代品比较,看何种渠道更经济"。③ 为提高政务信息资源共享的效率,那么该如何提升知识生产型信息共享系统的价值呢? 他认为:"首先,特色化是提升价值的主要途径;其次,建立专业化知识服务系统;再次,不怕系统规模小,就怕缺少针对性;最后,提升用户的参与度,做成积累用户研究成果的平台"。④

杜治洲认为,在研究如何提升电子政务信息资源共享有效性时,必须对以下 5 个重要问题有清晰的认识:"第一,辨别电子政务信息资源本身的有效性;第二,区分业务操作型信息资源共享和知识生产型信息资源共

---

① 胡小明:《电子政务信息共享价值反省(上)》,《信息化建设》2007 年第 4 期,第 11 页。

② 胡小明:《电子政务信息共享价值反省(上)》,《信息化建设》2007 年第 4 期,第 11—12 页。

③ 胡小明:《电子政务信息共享价值反省(下)》,《信息化建设》2007 年第 5 期,第 14—15 页。

④ 胡小明:《电子政务信息共享价值反省(下)》,《信息化建设》2007 年第 5 期,第 16 页。

享;第三,电子政务信息资源共享程度与共享主体数量成反比;第四,共享主体的预期对电子政务信息资源共享的有效性有重要影响;第五,电子政务信息资源共享具有阶段性"。① 他基于对以上 5 个问题的深入探讨,提出四条关于如何提高电子政务信息资源共享有效性的对策建议:"其一,提高电子政务信息资源本身的有效性;其二,针对业务操作型和知识生产型信息资源共享分别制定相应的共享策略;其三,建立电子政务信息资源共享激励机制;其四,循序渐进分阶段实施电子政务信息资源共享"。②

**4. 关于政务信息资源共享机制的内容的研究**

学者刘强和吴江把政府信息资源分为纯公共信息和准公共信息,把准公共信息进一步分为弱竞争信息和强竞争信息。依据这一划分,他们认为"政务信息资源共享机制包括无偿共享、收取一定比例的成本费共享、市场有偿定价共享三种"。③

郭家义对比分析了国内外政务信息资源共享机制现状和特点,指出我国政务信息资源共享应该包括三方面的内容,即"政务信息资源共享的管理机制、政务信息资源共享的业务工作机制、政务信息资源共享的技术标准"。④ 其中,政务信息资源共享的管理机制包括:"组织保障机制、政策保障机制、资金保障机制、监督考核机制、绩效考核机制等";⑤政务信息资源共享的业务工作机制主要包括:"政务信息资源采集、建设、组织、使用、保存等全生命周期的机制建设";⑥政务信息资源共享技术标准

---

① 杜治洲:《论电子政务信息资源共享有效性的提升》,《现代管理科学》2009 年第 2 期,第 39—40 页。

② 杜治洲:《论电子政务信息资源共享有效性的提升》,《现代管理科学》2009 年第 2 期,第 41 页。

③ 刘强、吴江:《中国信息化趋势报告(二十四)——政府信息资源分类共享的机制研究》,《中国信息界》2004 年第 5 期,第 15 页。

④ 郭家义:《政务信息资源共享机制研究》,《电子政务》2007 年第 5 期,第 25 页。

⑤ 郭家义:《政务信息资源共享机制研究》,《电子政务》2007 年第 5 期,第 26 页。

⑥ 郭家义:《政务信息资源共享机制研究》,《电子政务》2007 年第 5 期,第 27 页。

涉及"政务信息资源的采集、建设、组织、使用、保存等全生命周期"。①

刘寅斌在《地方政府电子政务信息资源共享体系的研究》中指出,地方政府电子政务信息资源共享的内容主要包含以下四种类型:"基础信息资源、共享主题信息资源、部门业务信息资源和节点数据库"。② 其中,基础信息资源主要包括"人口、企业、自然资源和空间地理、宏观经济等基础信息";③共享主题信息资源主要包括"社会诚信、公共卫生资源、人力资源、城市管理、档案资源、公共交通等信息资源等";④部门业务信息资源主要是本级政府各部门在开展业务活动过程中由电子政务系统产生的数据信息;而节点数据库,则是指下一级政府范围内的综合政务信息数据库。

**5. 关于政务信息资源共享建设中存在的问题、制约因素和对策的研究**

查先进认为由于我国行政管理体制、政府管理模式、信息技术及其标准、法制建设等方面的原因,导致我国在政务信息资源共享中面临着一系列的障碍和问题。我国政务信息资源共享中存在的问题主要有:"第一,政务信息跨部门共享困难,信息孤岛现象严重;第二,我国电子政务信息共享的整体水平仍然较低,信息共享不时涌现出低效率甚至无效率的情形"。⑤ 他认为,解决这些问题的对策主要有:"(1)深化行政体制和管理模式改革与创新;(2)建立信息技术创新与标准化机制;(3)构筑具有自主权和自控权的信息安全保障体系;(4)提升公务员的信息素质和整体

---

① 郭家义:《政务信息资源共享机制研究》,《电子政务》2007 年第 5 期,第 27 页。
② 刘寅斌:《地方政府电子政务信息资源共享体系的研究》,《情报探索》2007 年第 12 期,第 79 页。
③ 刘寅斌:《地方政府电子政务信息资源共享体系的研究》,《情报探索》2007 年第 12 期,第 79 页。
④ 刘寅斌:《地方政府电子政务信息资源共享体系的研究》,《情报探索》2007 年第 12 期,第 79 页。
⑤ 查先进:《电子政务信息共享的障碍及对策研究》,《江西社会科学》2006 年第 7 期,第 47 页。

业务水平;(5)建立完善的立法保护体系"。①

　　丁波涛基于对政务信息资源共享成本效益的分析,从信息层次、信息不对称两个角度对政务信息资源共享的影响进行了分析阐述:"(1)政府部门和民众之间的信息不对称;(2)机构之间的信息不对称;(3)上下级政府之间的信息不对称"。② 为解决政府部门、政府部门之间以及和民众之间的信息不对称的问题,丁波涛认为要从以下四个方面着手:"其一,制定统一高层次的政府信息资源规划;其二,建立信息共享奖励补偿与绩效考核机制;其三,引入市场机制,鼓励政府信息资源服务外包;其四,采取灵活多样的信息共享手段"。③

　　由于在网络环境下,政府信息资源共享是一项系统的复杂的工程,其涉及的因素多,因此,其中任何一种因素的不正常,都可能会成为政府信息资源共享的制约因素。何振认为在诸多因素中最具根本性影响的因素是:"政府信息资源建设、政府信息网络建设、政府信息资源共享体制建设"。④ 而这些因素主要是通过信息、权力、利益三个要素的变化和作用来影响政府信息资源的共享。

　　朱晓红在《政务信息共享机制的主要障碍及疏导策略》一文中指出:"实现政务信息资源共享可以在技术、组织和制度三个层面提高政府效率、效能和回应性,但是实现政务信息资源共享,公共管理者却同时也面临着技术、组织与制度三个层面的障碍和困境。只有当这三者相互协调,政务信息资源共享才能够真正实现"。⑤

――――――――――――

　　① 查先进:《电子政务信息共享的障碍及对策研究》,《江西社会科学》2006 年第 7 期,第 48—49 页。
　　② 丁波涛:《电子政务中的信息共享研究》,《电子政务》2006 年第 4 期,第 70 页。
　　③ 丁波涛:《电子政务中的信息共享研究》,《电子政务》2006 年第 4 期,第 70—71 页。
　　④ 何振:《网络环境下政府信息资源共享机制研究》,《档案学通讯》2007 年第 3 期,第 41 页。
　　⑤ 朱晓红:《政务信息共享机制的主要障碍及疏导策略》,《东莞理工学院学报》2008 年第 6 期。

毕强和董海欣认为制约政务信息资源共享有三大难点,分别是经济水平、政府管理水平以及信息资源组成复杂,如图1-3 所示。① 从经济水

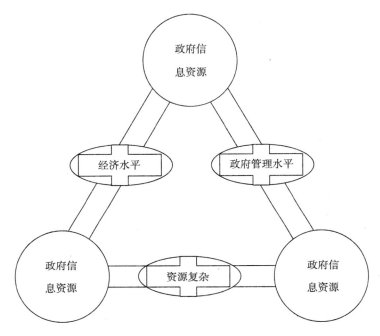

**图1-3　影响政府信息资源共享的三大难点**

平维度看,由于政务信息资源共享建设具有前期投入大、建设周期较长、收益滞后的特点,导致"经济要素成为决定电子政务策略选择的核心因素";②从政府管理水平维度看,"我国是一个政府主导型的社会,一些政府部门的信息共享意识不强,因此,其信息资源共享的思路需要转变";③

---

① 毕强、董海欣:《政府信息资源共享模式研究》,《情报科学》2008 年第 11 期,第 1631 页。

② 毕强、董海欣:《政府信息资源共享模式研究》,《情报科学》2008 年第 11 期,第 1630 页。

③ 毕强、董海欣:《政府信息资源共享模式研究》,《情报科学》2008 年第 11 期,第 1631 页。

从信息资源组成复杂维度看,由于"条块分割"导致政府信息资源分散,并且标准也不统一。

李宇认为,长期以来,由于技术落后、"条块分割"体制等原因,导致我国政务信息资源不能得到有效共享,反而成为制约电子政务发展的"瓶颈"。他认为制约政务信息资源共享的原因很多,主要有以下几个方面:"第一,电子政务系统建设缺乏整体规划和长远计划;第二,缺乏统一的技术标准和业务标准;第三,体制与部门利益的原因"。① 那么,我们应该采取哪些有效措施来整合这些独立的、分散的政务信息资源呢? 李宇认为需要从以下三个方面加以思考:"其一,加强电子政务统一规划与协调;其二,完善电子政务技术与业务标准;其三,重塑政府业务流程"。②

袁春玲根据国内外电子政务信息资源共享的实践经验,从技术、人才、观念等方面探究了制约政务信息资源共享的因素。她认为,我国政务信息资源共享低的根源在于:"信息化发展水平不均衡、信息技术水平的差距、信息人才缺乏和观念的滞后"。③

**6. 关于政务信息资源共享技术解决方案的研究**

高洁和辛文卿在《政务信息资源共享平台的构建》一文中,借鉴网络通讯协议网络环境下 Internet 政府信息资源网的框架设计和文献信息资源管理的总体架构设计的思想,以加强政务信息资源整合、促进政务信息资源共享和业务协同为目标,构建出一个以用户需求为驱动的电子政务信息资源的应用集成、信息集成、业务流程集成和门户网站集成的政务信息共享平台。④

---

① 李宇:《电子政务信息整合与共享的制约因素及对策研究》,《中国行政管理》2009年第 4 期,第 84—85 页。

② 李宇:《电子政务信息整合与共享的制约因素及对策研究》,《中国行政管理》2009年第 4 期,第 85 页。

③ 袁春玲:《论电子政务信息资源共享的制约因素》,《图书馆学刊》2009 年第 3 期。

④ 高洁、辛文卿:《政务信息资源共享平台的构建》,《情报杂志》2005 年第 12 期。

陈星、涂平等则是讨论如何采用先进的技术来解决基于现有政务信息资源系统的政务信息资源整合和共享问题。他们以福建省数字林业政务信息共享平台构建为例,在尽可能利用和保护现有的投资存量基础上,针对分布式异构环境中的林业数据和业务应用系统的信息共享需求,提出了基于 NET 平台,运用先进的 XML & Web Services/MS BizTalk Server 2004 核心技术的信息交换和共享的整体解决方案及其实现方法。①

郑锋、涂平等在《基于 Web Services 的政务信息共享平台》一文中,首先从阐述 Web Services 的概念入手,详细介绍了所开发电子政务平台的架构、软件体系结构及系统拓扑结构。其次,针对电子政务系统的新需求,他们提出一种"基于 Web Services 技术构建的新的分布式电子政务平台构造方案"。② 最后,他们详细介绍了这一新方案,他们认为:"它可以跨越不同机构的应用体系、操作系统、开发语言等界限,以服务的形式封装数据和应用并对外发布,供用户调用,从而形成一个基于 Web 的服务共享平台"。③

欧毓毅、郭荷清认为,当前各级政府及其部门独立异构的系统使它们间政务信息资源共享和业务协同无法进行,因此,建立一个全新的能在各级政府及其部门代理间进行异构信息共享的平台显得尤为重要。他们"以标准的电子公文形式为载体,利用让加入其中的政府部门能共享平台中的资源。用知识库来查询和索引业务服务,并使用以增加的语义,提高信息查询的精度和效率"。④ 从而,实现了政务信息资源的共享,提高

①    陈星、涂平、王钦敏、肖胜:《基于 Web 服务的省级林业电子政务信息共享平台的研究》,《地球信息科学》2006 年第 4 期。

②    郑锋、涂平、王钦敏:《基于 Web Services 的政务信息共享平台》,《计算机工程》2006 年第 8 期。

③    郑锋、涂平、王钦敏:《基于 Web Services 的政务信息共享平台》,《计算机工程》2006 年第 8 期。

④    欧毓毅、郭荷清、许伯桐:《基于 Web 服务的电子政务信息共享平台研究》,《计算机应用与软件》2007 年第 5 期。

政务信息资源的利用效率。

涂平、李桂平等基于 MS. NET、J2EE 和 XML 技术,设计出一个通用的政务信息资源共享服务平台。这个通用的平台不仅能把不同部门、不同地域、不同行业、不同格式的政务信息数据整合共享,而且能把各种异构性的电子政务系统的政务数据进行数据共享和信息集成。①

### 7. 关于政务信息资源共享运作模式的研究

基于公共物品理论中关于物品的分类供给模式,我们可以把政务信息资源共享的运作模式分为政府主导模式、社会运作模式和市场运作模式。按照我国各级政府及其部门的管理方式,可以把政务信息资源共享的运作模式分为垂直型模式、水平型模式和交叉型模式。当然也有其他的划分标准,我们将在下文进行详细介绍。

关于政务信息资源共享的政府主导模式的研究。余强从公共物品理论出发,首先探讨了电子政务信息资源作为纯公共物品的提供条件与方式,即由政府主导提供的模式。其次,论述了影响电子政务的三个因素,即:经济利益、信息资源和政府权力。最后,基于影响电子政务的三个因素,提出了优化政务信息资源共享的政府主导模式三种形式,即:"贡献利益型信息共享模式、特殊作业型(超常规)信息共享模式和理性决策型信息共享模式"。②

关于政务信息资源共享的社会运作模式的研究。曹丹认为,电子政务信息资源共享社会运作模式的核心价值理念就是参与主体的多元化,从而形成如同经济领域中常说的"规模效益"。以这种理念为指导,电子政务信息资源共享的社会运作模式的核心内容主要包括:"(1)参与主体多元化;(2)运行机制社会化;(3)管理体制规范化;(4)信

---

① 涂平、李桂平、陈楠:《区域政务信息资源共享服务平台设计与实现》,《福州大学学报(自然科学版)》2008 年第 6 期。

② 余强:《电子政务信息资源共享的政府主导模式研究》,湘潭大学硕士学位论文,2009 年 5 月。

息享用公平化"。① 他分析指出,可通过公众直接参与模式、社区自治模式和非营利组织参与模式三种形式来实现政务信息资源共享的社会运作。

关于政务信息资源共享的市场运作模式的研究。何振熊、熊先兰等研究发现,根据政务信息资源共享中信息各方参与市场的方式以及市场影响的程度,可以通过特许经营模式、用者付费模式、合同外包模式等三种形式来实现政务信息资源共享的市场运作。他们也认识到,我国政务信息资源共享的市场主导运作模式处于起步探索阶段,其各方面的条件还不成熟,在推进政务信息资源共享的市场主导运作模式的进程中,还需做出多方面的努力,不断优化。这些优化的措施主要有:"第一,健全电子政务信息资源共享的投融资机制;第二,完善电子政务信息资源共享的市场运行机制;第三,深化电子政务信息资源共享的市场主导保障机制;第四,创新电子政务信息资源共享的绩效评估机制"。②

何振等在其著作《电子政务信息资源的共建与共享研究》中,基于新时空理论提出了构建政务信息资源共享模式的重点是全面考虑政府及其职能部门之间的权力引导、利益驱动与信息交流的关系。在此基础上,他提出了"主要侧重于政府组织管理工作中的连续性、程序性的垂直型模式;主要侧重于政府组织工作之间的相近性的水平型模式和主要侧重于政府组织的独立性、特定区域性和所在组织系统的整体性之间的有机结合交叉型模式"。③其中,垂直型模式可分为"集中式运行模式和分阶段运行模式";④水平型

　　①　曹丹:《电子政务信息资源共享的社会运作模式研究》,湘潭大学硕士学位论文,2009 年 5 月,第 17—20 页。

　　②　何振熊、熊先兰、许峰:《试论电子政务信息资源共享的市场主导模式》,《软科学》2008 年第 4 期,第 86—87 页。

　　③　何振:《电子政务信息资源共建共享的模式建构与优化》,《现代图书情报技术》2005 年第 6 期。

　　④　何振等:《电子政务信息资源的共建与共享研究》,中国社会科学出版社 2009 年版,第 98—109 页。

模式可分为"分地域运行模式和分行业运行模式";①交叉型模式可分为"微观运行模式、宏观运行模式和中观运行模式"。②"由于政府组织千丝万缕的联系和管理活动的相互渗透、相互交融,这些模式常常在不同的层面有所交织……为了更好地理顺不同模式之间的管理,促进电子政务信息资源得到更有效的共建共享,这些模式是可以整合的"。③ 他们基于以上分析提出了共建共享模式的整合运作模式,并且在实证分析了"中国电子口岸"和"'中国河北'门户网站"两个案例后,④总结了该模式运作的六大原则,即:"(1)柔性化原则;(2)制度化原则;(3)扁平化原则;(4)协同化原则;(5)兼容化原则;(6)信息激活与畅通原则"。⑤

关于政务信息资源共享的运作模式其他研究,主要有:罗贤春和李阳晖将政务信息资源共享的运作模式分为:"区域性系统内的信息资源共建共享、全国性系统内的信息资源共建共享、区域性跨系统的信息资源共建共享和全国性跨系统的信息资源共建共享"。⑥ 王彩霞将其分为:"总体架构设计、数据资源整合的模式和开放式的 WEB 服务模式"。⑦

**8. 关于政务信息资源共享的保障机制的研究**

对政务信息资源共享保障机制的研究可以从技术、管理、组织和法制

① 何振等:《电子政务信息资源的共建与共享研究》,中国社会科学出版社 2009 年版,第 110—122 页。
② 何振等:《电子政务信息资源的共建与共享研究》,中国社会科学出版社 2009 年版,第 123—141 页。
③ 何振等:《电子政务信息资源的共建与共享研究》,中国社会科学出版社 2009 年版,第 142 页。
④ 何振等:《电子政务信息资源的共建与共享研究》,中国社会科学出版社 2009 年版,第 145—147 页。
⑤ 何振等:《电子政务信息资源的共建与共享研究》,中国社会科学出版社 2009 年版,第 148—157 页。
⑥ 罗贤春、李阳晖:《我国电子政务信息资源共建共享模式》,《图书馆理论与实践》2006 年第 4 期。
⑦ 王彩霞:《电子政务信息资源共享模式分析》,《辽宁工程技术大学学报(社会科学版)》2009 年第 2 期。

四个维度来考量。何振在《网络环境下政府信息资源共享机制研究》一文中指出,要建设我国政府信息资源共享保障机制,"首先,要健全政府信息资源共享的信息安全保障机制;其次,要完善政府信息资源共享的标准规范保障机制;最后,要深化政府信息资源共享的利益协调保障机制"。①

关于政务信息资源共享保障机制的安全保障方面的研究主要有:褚峻和苏震在其著作《电子政务安全技术保障》中阐述从"(1)信息安全的核心技术和基本理论的研究与开发;(2)基于信息安全技术的信息安全产品或系统;(3)运用信息安全产品和系统构建综合防护系统"②等三方面来构建政务信息资源共享的安全技术保障体系。学者向立文也持同样的观点,他还进一步分析指出需要从"(1)电子政务信息安全标准化建设;(2)强化电子政务信息的安全管理;(3)建立健全电子政务信息安全法律保障体系;(4)大力培养电子政务信息安全专业人才"③等方面来构建政务信息资源共享信息安全体系。涂平和王洪庆在《浅析政务信息共享与交换的安全策略》一文阐述了如何应用 PKI/CA 技术实现政务信息资源安全的策略,这包括:"采用账号密码方式和 CA 证书认证方式的用户身份认证;数据发布与安全;数据传输与安全"。④

关于政务信息资源共享保障机制的标准规范保障方面的研究主要有:章建方和刘颖在《电子政务信息共享标准化研究》一文中,通过分析电子政务信息资源共享的过程及其标准化的方法,基于政务信息资源共享过程中所需的各类标准构建了电子政务信息共享标准体系,如图 1-4 所示。电子政务信息共享标准体系包括:"基础数据标准、业务文档格式

---

① 何振:《网络环境下政府信息资源共享机制研究》,《档案学通讯》2007 年第 3 期,第 43 页。

② 褚峻、苏震:《电子政务安全技术保障》,中国人民大学出版社 2004 年版。

③ 向立文:《电子政务信息资源共建与共享的信息安全保障》,《情报杂志》2006 年第 10 期,第 33—34 页。

④ 涂平、王洪庆:《浅析政务信息共享与交换的安全策略》,《电子政务》2008 年第 1 期,第 91—92 页。

标准、业务建模标准、信息资源元数据标准和数据维护与管理标准。"①

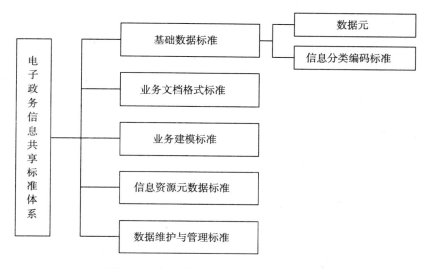

**图1-4　电子政务信息共享标准体系框架**

何振和周伟则是探讨了我国电子政务信息资源共享标准化方面所存在的问题："(1)缺乏对信息标准化的理性认识;(2)缺少对信息标准化的合理规划;(3)忽略了信息管理、信息服务的标准建设;(4)割裂了现代标准与传统标准的关系"。② 要构建我国电子政务信息资源共享标准体系,则必须做到以下几点:"(1)要充分利用法制的约束作用;(2)要有效发挥政府的主导作用;(3)要积极整合社会的各方力量;(4)要尽快建立业内的标准化联盟"。③

关于政务信息资源共享保障机制的法律保障方面的研究主要有:易

---

　　① 　章建方、刘颖:《电子政务信息共享标准化研究》,《信息技术与标准化》2005年第12期,第19页。

　　② 　何振、周伟:《电子政务信息资源共建共享的基石——信息标准化问题分析》,《情报理论与实践》2005年第6期,第599—600页。

　　③ 　何振、周伟:《电子政务信息资源共建共享的基石——信息标准化问题分析》,《情报理论与实践》2005年第6期,第600—601页。

晓阳和罗贤春通过《政府信息公开条例》与相应《政府信息公开条例专家建议稿》比较研究,从"(1)电子政务信息资源共享的主体范围和'公民知情权';(2)电子政务信息资源共享的对象范围和'公开原则';(3)电子政务信息资源共享的'度'与信息发布机制;(4)电子政务信息资源的获得权与救济制度"①等四个方面比较分析《政府信息公开条例》对电子政务信息资源共享的积极作用。曹金璇和黄淑华结合我国目前有关政务信息资源共享立法的现状,分析其存在的主要问题,从信息资源共享内容、共享模式、机构对信息资源享有的权利和义务等方面探讨进一步完善政务信息资源共享立法的政策建议。② 王艳华和章晓航通过对部门政务资源共享和试点企业的基础信息交换工作的调研,深入探讨了政务信息资源共享中存在的问题,包括:"数据重复采集、平台重复建设、产权利益不清"。他们针对存在的问题,提出了制定国家政务资源共享管理法律规范的建议和档案部门的职责。③

　　关于政务信息资源共享保障机制的利益协调保障方面的研究主要有:黄萃认为,我国电子政务信息资源共享主要不是一个技术层面上的问题,而是一个管理层面的问题。④ 我们应该健全电子政务信息资源共享的协调管理模式,包括:"行政协调模式、建立标准转换体系、信息资源利益补偿模式和新型政府官员绩效考核制度"。⑤ 何振和贺佐成认为,由于

---

① 易晓阳、罗贤春:《电子政务信息资源共享的法制保障研究——基于〈政府信息公开条例〉与〈政府信息公开条例专家建议稿〉的比较研究》,《图书情报知识》2008 年第 2 期,第 8—9 页。

② 曹金璇、黄淑华:《政务信息资源共享立法问题探究》,《中国人民公安大学学报(自然科学版)》2008 年第 3 期。

③ 王艳华、章晓航:《我国政务信息资源共享问题分析和立法研究》,《档案学研究》2007 年第 1 期。

④ 黄萃:《电子政务信息资源共享障碍的管理协调模式研究》,《档案与建设》2006 年第 6 期,第 13 页。

⑤ 黄萃:《电子政务信息资源共享障碍的管理协调模式研究》,《档案与建设》2006 年第 6 期,第 14—16 页。

我国电子政务信息资源共享所涉及的主体多、领域广,我们应该采取多样化的协调方式来解决所面临的难题。这些协调方式主要包括横向协调、纵向协调和采取兼容性原则的协调。具体而言,横向协调包括"各级政府及其部门、企业、公民等作为电子政务信息资源共享的多元主体的横向协调和同类同级价值主体之间的横向协调"。① 纵向协调包括"纵向时间协调和纵向层级协调"。② 采取兼容性原则的协调主要是指:"价值需求兼容,即尽量使相互冲突的价值需求要有条件地得到维护,在强调某种价值需要时对另一种价值需求保持一种容忍的态度;技术兼容"。③

经过长期的电子政务建设的实践,我们认识到除了制度之外,突破政务信息资源共享的障碍还需要有高能效的手段来保证这个体系正常运行,这就是新兴起的、极富成效的电子监察手段。文林认为电子监察可以作为一个"利器"来破解政务信息资源共享成为电子政务发展瓶颈的难题,从而保障政务资源共享体系的正常运行。④

**9. 关于政务信息资源共享实证研究的研究**

马克军在《广东省政务信息资源共享平台建设情况初探》一文中,概述了国家和广东省推进政务信息资源共享的重大战略部署,并以广东省作为案例,分析了广东省政务信息资源共享平台建设的政策依据、现状及存在的问题,对广东省下一步工作做了探索性的政策性研究。马克军认为广东省在推进政务信息资源共享平台建设中主要存在以下问题:"(1)区域发展不平衡;(2)尚未形成全面覆盖的政务信息资源共享体系;(3)

---

① 何振、贺佐成:《电子政务信息资源共建共享机制中的协调原则》,《韶关学院学报(社会科学版)》2005年第5期,第73—74页。
② 何振、贺佐成:《电子政务信息资源共建共享机制中的协调原则》,《韶关学院学报(社会科学版)》2005年第5期,第74页。
③ 何振、贺佐成:《电子政务信息资源共建共享机制中的协调原则》,《韶关学院学报(社会科学版)》2005年第5期,第75页。
④ 文林:《电子监察保驾政务信息资源共享体系有序运转》,《信息化建设》2008年第11期。

信息资源的质量不高;(4)'条强块弱'特点明显;(5)应用有待进一步拓展;(6)标准体系建设不足"。① 为进一步推进广东省政务信息资源共享平台建设,他认为:"其一,加强领导,建立有效的管理机制;其二,省市共建全面覆盖的信息资源共享体系;其三,充分发挥电子监察在平台建设中的促进作用;其四,加强制度建设,营造良好的信息共享环境;其五,加强标准规范建设"。②

广州市信息化办公室在《整合资源信息共享建设服务型电子政府——广州市电子政务信息资源共享经验介绍》一文中,介绍了广州市电子政务数据中心的基本建设情况,总结了广州市信息化办公室在政务信息资源贡献中的初步成效,最后剖析了其经验和做法,即"其一,创新地采用'条块'结合的电子政务建设模式,'目标明确、范围有限'地推进信息共享;其二,统筹规划,创新数据中心系统设计理念和策略,形成数据、目录、交换三位一体的数据中心架构;其三,创新信息共享推进思路和方法,注重实效,建章立制,促进共享工作以'三步走'方式发展;其四,创新产品与技术,构建面向各方需求、灵活解决问题的可持续发展的一体化数据中心"。③

句群慧、胡维华和张华新在《A 市电子政务信息共享分析》一文中,通过对 A 市有代表性的委、办、局进行了问卷调查,并重点走访了市、县、区信息办、信息中心、计委、规划局、经委等十五个相关部门。首先介绍了A 市电子政务建设的总体情况,其次在深描 A 市电子政务中信息共享的现状基础上深入分析期存在的问题,主要有:"(1)政府部门纵向信息共

---

① 马克军:《广东省政务信息资源共享平台建设情况初探》,《电子政务》2010 年第 5 期,第 89—90 页。

② 马克军:《广东省政务信息资源共享平台建设情况初探》,《电子政务》2010 年第 5 期,第 90 页。

③ 广州市信息化办公室:《整合资源信息共享建设服务型电子政府——广州市电子政务信息资源共享经验介绍》,《电子政务》2009 年第 8 期,第 11—12 页。

享程度高,主要是由于国家的'三金工程',从而形成了'条'信息共享程度高;(2)政府部门横向信息共享程度低;(3)信息办和信息中心的地位偏低"。① 解决这些问题的对策有:"(1)必须由政府强力推动信息共享;(2)认真调研各部门的确切信息需求;(3)推进以项目为基础的信息共享;(4)市、区县信息办和国家相应的信息部门加强协作,制定有关的信息管理办法和共享标准;(5)区县一级信息化部门应在统一相关标准的前提下,通过深入调研,积极收集所需要的第一手准确数据;(6)充分重视对部门高层领导关于信息共享趋势和作用的宣传;(7)抓住信息共享工作重心转移的特点和时机;(8)重视信息安全"。②

其他的实证研究还有,例如杭州市政务信息资源共享研究课题组从现状、目标、重点和主要任务四个方面,提出杭州市近几年在履行信息资源管理职能推进政务信息资源共享过程中的工作实践。③ 高洁、张辉等在深入天津市电子政务信息资源共享建设的实践的基础上,分析其取得的成就与存在的不足。并在知识管理思想基础上,提出了知识管理系统的设计原则在电子政务信息资源共享系统中的应用框架,构建了基于知识管理思想的电子政务信息资源共享模式,以期提高天津市电子政务信息资源共享的整体应用水平和公众服务能力。④ 王元松同样也是基于吉林省电子政务信息资源共享建设的时间,指出其存在"信息宣传力度不够、资源利用率低、组织规划不合理、信息共享成本较高"⑤等问题。为了

① 句群慧、胡维华、张华新:《A市电子政务信息共享分析》,《中国信息界》2004年第5期,第23—24页。
② 句群慧、胡维华、张华新:《A市电子政务信息共享分析》,《中国信息界》2004年第5期,第24页。
③ 杭州市政务信息资源共享研究课题组:《杭州市政务信息资源共享研究与实践》,《信息系统工程》2009年第6期。
④ 高洁、张辉等:《基于知识管理思想的电子政务信息资源共享模式研究——天津市电子政务信息资源共享体系建设对策思考》,《电子政务》2008年第11期。
⑤ 王元松:《吉林省电子政务信息资源共享的制约因素及发展对策》,《长春大学学报》2009年第5期,第32页。

促进吉林省电子政务信息资源共享的发展,必须"统一标准和建设模式,创新信息共享服务手段,加强信息资源的安全管理"。① 顾德道和高光耀在深入调研分析宁波市政务信息资源共享管理现状和问题的基础上,提出宁波市政务信息资源共享的对策思路。②

**10. 关于政务信息资源共享的国外理论和经验介绍的研究**

吕先竞、郑邦坤和汤爱群在《中美政府信息资源共享系统建设对比分析》一文中,首先简要介绍了美国政府信息资源共享系统的建设与发展的三个阶段,即:"第一阶段,1948 年以前;第二阶段,1948 年到 2000 年;第三阶段,2000 年至今",③他们指出美国政府信息资源共享系统的建设与发展是沿着"面向资源——面向交流过程——面向用户"的轨迹自然演进,而且目前发展到了第三阶段。其次,也回顾我国政府信息资源共享建设的历史,并将其亦分为三个阶段,即:"第一阶段,1978 年以前;第二阶段,1978 年到 2000 年;第三阶段,2000 年至今",④并总结得出若第一、二阶段发展不完备,将制约第三阶段的发展。最后,通过对比分析中美政府信息资源共享系统的建设,他们提出了建设我国政府信息资源共享系统应重视的诸多课题。这些课题主要有:"(1)转型期我国政府信息资源的构成体系研究;(2)政府业务流程与信息管理模式实证与理论研究;(3)政府信息资源共享系统用户分析研究;(4)政府信息资源共享内容与模式研究;(5)政府信息资源共享系统的网络结构与安全措施研究;(6)政府信息资源共享示范系统研究;(7)政府信息资源共享系统效

---

① 王元松:《吉林省电子政务信息资源共享的制约因素及发展对策》,《长春大学学报》2009 年第 5 期,第 33 页。

② 顾德道、高光耀:《宁波市政务信息资源共享建设管理对策分析》,《信息化建设》2008 年第 6 期。

③ 吕先竞、郑邦坤、汤爱群:《中美政府信息资源共享系统建设对比分析》,《图书情报知识》2004 年第 2 期,第 55—56 页。

④ 吕先竞、郑邦坤、汤爱群:《中美政府信息资源共享系统建设对比分析》,《图书情报知识》2004 年第 2 期,第 56 页。

益评价研究"。①

　　王正兴和刘闯在《英国的信息自由法与政府信息共享》一文中,简要介绍了英国于 2005 年 1 月 1 日实施的《信息自由法》形成的背景、主要内容和配套的法律与政策措施。② 通过对英国《信息自由法》的详细介绍,并比较我国政务信息资源共享立法的现状,他们提炼出了我国可以考虑借鉴的措施和需要谨慎考虑的措施。其中,可以考虑借鉴的措施包括:"(1)特别强调政府在国家信息资源共享中的作用;(2)承认差距,虚心学习,顺应民心,法治为主;(3)国家要对政府信息资产进行有效的控制与管理;(4)远大目标与可操作性结合"。③ 需要谨慎考虑的措施包括:"(1)政府不应该过多地介入增值信息服务,应该把'公益服务'与'市场竞争'严格区分开。(2)政府需要统一、透明的信息服务政策,但在实施操作层次,权力不一定高度集中"。④

　　高轩在《国内外政务信息共享制度的立法比较与借鉴》一文中,基于我国颁布实施《政府信息公开条例》的大背景,探讨了我国政务信息资源共享取得的成就和不足,深入分析了我国政务信息共享制度立法上存在的困难与缺陷。他认为,我国立法的特点:"(1)整体的宏观政策指导性;(2)局部的地方政府先行性;(3)缺乏统一性;(4)缺乏操作性"。⑤ 那么我们该如何突破这一困境呢? 高轩在介绍美国、欧盟等西方发达国家或地区立法的基本情况的基础上,总结了国外立法特点,并提出我国立法上应予借鉴的方

---

　　① 　吕先竞、郑邦坤、汤爱群:《中美政府信息资源共享系统建设对比分析》,《图书情报知识》2004 年第 2 期,第 57 页。

　　② 　王正兴、刘闯:《英国的信息自由法与政府信息共享》,《科学学研究》2006 年第 5 期,第 688—694 页。

　　③ 　王正兴、刘闯:《英国的信息自由法与政府信息共享》,《科学学研究》2006 年第 5 期,第 694 页。

　　④ 　王正兴、刘闯:《英国的信息自由法与政府信息共享》,《科学学研究》2006 年第 5 期,第 694—695 页。

　　⑤ 　高轩:《国内外政务信息共享制度的立法比较与借鉴》,《求索》2010 年第 1 期,第 135 页。

面。国外立法特点主要有以下五点:"其一,政府主动引导性;其二,地方政府的先行探索与中央政府的适时统一;其三,政务信息共享与政府职能重组相结合;其四,明确政务信息共享的管理者及其责任;其五,政务信息共享立法的分散性、非专门性和抽象性"。① 国外有关政务信息共享制度的立法对我国立法的启示包括:"第一,确立首席信息官制度;第二,立法上为技术发展留有空间;第三,政府主导立法;第四,满足国际化要求;第五,重点突出、层层推进;第六,中央立法与地方立法相结合"。②

**11. 关于政务信息资源共享的文献研究综述的研究**

理清政务信息资源共享的发展脉络,能为电子政务的进一步发展提供一个良好的环境基础。关于政务信息资源共享的研究文献综述主要有:

颜海娜通过对历年来电子政务信息资源共享研究的文献进行分析,从以下九个方面对已有的文献进行研究,这九个方面是:"(1)电子政务信息资源共建共享含义;(2)电子政务信息资源共建共享的必要性和可行性;(3)电子政务信息资源共建共享的层次与特性;(4)电子政务信息资源共建共享的障碍与对策;(5)电子政务信息资源共建共享的理念与基石;(6)电子政务信息资源共建共享的模式建构与优化;(7)电子政务信息资源共建共享的保障机制;(8)电子政务信息资源共建共享的技术解决方案;(9)电子政务信息资源共享与控制"。③

何振通过对历年来国内外关于电子政务信息资源共享的研究文献进行分析,总结了国内外关于政务信息资源共享研究文献的特点。他认为:

---

① 高轩:《国内外政务信息共享制度的立法比较与借鉴》,《求索》2010 年第 1 期,第 136 页;高轩:《论国外政务信息共享制度的立法特点》,《广东社会科学》2008 年第 5 期,第 199—200 页。

② 高轩:《国内外政务信息共享制度的立法比较与借鉴》,《求索》2010 年第 1 期,第 137 页。

③ 颜海娜:《电子政务信息资源共建共享研究综述》,《情报杂志》2007 年第 8 期,第 102—104 页。

"国外对政府信息资源共享及其机制建设的研究,大多是从电子政务研究开始的,起步比较早,历时久,取得的著述成果较多,研究比较全面"。①国外关于政务信息资源共享研究文献的特点具体表现在以下四个方面:"(一)关于政府服务改革层面上的研究;(二)关于法制政策层面上的研究;(三)关于信息管理与获取层面上的研究;(四)关于应用技术层面上的研究"。②总的来说,欧美学者比较注重应用技术层次的研究,并且其研究领域大多和政务信息资源共享的保障机制与维护机制紧密相关。而国内关于电子政务信息资源共享的研究文献的特点,他认为:"我国对网络环境下政府信息资源共享机制的研究比较具体,涉及管理、技术、法制、文献处理等领域",③其特征主要表现在以下四个方面:"(一)研究起步晚,但起点高发展势头好;(二)注意从电子政务建设与政府管理创新入手展开研究;(三)对文献信息资源共享机制的研究较多;(四)对网络环境下政府信息资源共享机制问题的直接研究不够系统深入"。④这些研究成果对解决政务信息资源共享问题确实具有重要价值。

张新宇和罗贤春回顾国内外关于电子政务信息资源共享理论,并从政务信息资源共享中的动力源、要素、机制和功能等四个方面对文献进行总结研究。他们从"政府改革和内在需求"⑤两方面来回顾政府信息资源共享的动力源研究的文献;从政务信息资源共享要素的基本构成和关键要素的经济特性分析来总结政务信息资源共享要素的文献;也回顾了

①　何振:《政府信息资源共享机制问题研究综述》,《太平洋学报》2008年第2期,第67页。

②　何振:《政府信息资源共享机制问题研究综述》,《太平洋学报》2008年第2期,第67—69页。

③　何振:《政府信息资源共享机制问题研究综述》,《太平洋学报》2008年第2期,第69页。

④　何振:《政府信息资源共享机制问题研究综述》,《太平洋学报》2008年第2期,第69—71页。

⑤　张新宇、罗贤春:《电子政务信息资源共享研究综述》,《国家图书馆学刊》2009年第2期,第59—60页。

"政府信息资源共享的运行机制"①和"政府信息资源共享的功能定位"②的文献。

## 12. 述评:已有研究的贡献和不足

国内学者对政务信息资源共享的研究,引起了中央和地方各级政府对政务信息资源共享问题的高度重视,从研究中也普及了政务信息资源共享的相关知识,对于进一步提高政务信息资源共享必要性的认识、解决如何实现共享的问题,都具有重要的启示作用。具体来说,现有研究的贡献主要有:

(1)政务信息资源共享研究,为政务信息资源共享工作的有效开展,为制定、出台有关制度和规范性文件提供了有力的政策咨询。

(2)政务信息资源共享的研究,为现阶段电子政务建设和网络环境下的政务信息资源如何共享提供了多个有价值的解决方案;同时,还从技术角度为政务信息资源共享提出了共享所涉及的标准规范。

(3)政务信息资源共享的研究,为普及政务信息资源共享的相关知识、提高政务信息资源共享必要性的认识,提供了重要的知识和智力支撑;对国外政务信息资源共享理论研究、实践经验和具体做法的介绍与引进,对于开阔视野、结合我国行政体制和电子政务应用的实际现状,构建我国政务信息资源共享机制,具有重要的启示作用。

但是,已有的政务信息资源共享研究,也存在着局限性,主要表现为:

(1)学者虽然从不同学科的视角上开展了政务信息资源共享研究,但是,这些研究因为学科之间的彼此独立而表现为一种分散研究,缺乏多学科之间的交叉融合与渗透。因此,对政务信息资源共享研究得出的结论或成果,都只是从本学科的角度,缺乏系统性、综合性,有时甚至具有片

---

① 张新宇、罗贤春:《电子政务信息资源共享研究综述》,《国家图书馆学刊》2009 年第 2 期,第 61—62 页。

② 张新宇、罗贤春:《电子政务信息资源共享研究综述》,《国家图书馆学刊》2009 年第 2 期,第 62 页。

面性。这就导致了关于政务信息资源共享的侧面性研究多,全面的、系统的研究较少。

(2)政务信息资源共享的一般性知识、原理的研究多,从我国行政体制、电子政务建设应用的实际现状出发进行政务信息资源共享的特殊性、差异性研究少;实践经验、问题现象、政务信息资源共享的意义和必要性的研究多,原创性的、深入剖析问题原因、有针对性提出可操作性解决问题的对策途径的研究少。对网络环境下政务信息资源共享机制问题的研究还有待系统深入,运用调查研究、案例研究、实地观察等方法进行差异性和特殊性的研究还有待进一步加强,有针对性、有实用价值的对策研究和解决方案研究还有待进一步加强。

(3)对政务信息资源共享问题的定位有待进一步明确、科学化。政务信息资源共享问题,是技术问题,但更是管理问题、体制问题和文化观念问题。因此,无论是对政务信息资源共享问题及原因的分析,还是解决对策途径的探索,都应当在强调符合技术规范的基础上,要进一步从管理、体制、文化观念等方面进行全面系统的分析和提出具有综合性、可实施性的对策与方案。

### (三)本研究着重研究和解决的问题

在系统总结、吸收已有研究成果的基础上,运用科学的研究方法,从多学科交叉渗透的视角上开展本课题研究。为此,将本研究的重点和所要解决的问题明确为:

(1)从电子政务的应用价值出发,在比较深入的层次上研究电子政务与政务信息资源共享的关联性。电子政务的价值具体表现为提高管理效能与提高服务质量两个方面:提高管理效能是电子政务的基本价值,提高公共服务质量是电子政务的终极价值。从应用与发展的过程来看,电子政务的应用价值经历了三种形态:一是追求管理效率和办公自动化水平的提高;二是追求管理效率与提高服务质量并重;三是追求从根本上改善公共服务。因此,根据应用主体及其需求的不同,电子政务的应用价值,相对于公众而言,就是要有利于他们更加便捷地获取政务信息与服务,降低他们的办事成本和提高办事效率;相对于政府公共部门而言,就是要有利于政府公共部门通过技术手段促使公共行政行为规范化、办公网络化、政务公开化和决策科学化,就是要将工业化时期形成的"金字塔"式的组织结构通过网络扁平化,使公共管理与服务从简单的手工劳动发展到管理模式创新和服务方式优化的新层次。由此需要研究电子政务是如何促进政务信息资源共享的,政务信息资源共享又是如何提升电子政务的应用绩效的。电子政务与政务信息资源共享之间相互联系、相互作用、相互影响,是一体化的整体。

(2)从提升电子政务应用绩效、解决电子政务应用的瓶颈问题出发,系统深入地研究政务信息资源共享机制建设对电子政务深度应用的作用,从根本上改变现阶段电子政务分散建设、分散应用的建设应用模式,实现资源整合,体现运用电子政务构建整体政府的行政改革思路。

(3)从分析电子政务发展的历史进程出发,从国内外电子政务建设、应用的历史经验分析出发,总结电子政务在不同发展阶段上随着应用需求的变化而在建设任务、建设重点方面的差异性,从而系统研究政务信息资源共享机制建设本身就是现阶段电子政务建设的重要内容。这样,有利于根据现阶段的应用需求将电子政务从技术导向适时地转变为政务导向、管理导向,有利于电子政务建设的科学化推进。

同时,通过国际上政务信息资源共享模式的比较分析,对影响政务信息资源共享的因素和难点进行分析归纳,构建适应我国国情的政务信息资源共享模式。

(4)从分析和解决问题的问题导向出发,系统研究电子政务实现政务信息资源共享、构建政务信息资源共享机制的具体解决方案,主要包括:一是区别于传统的政府管理模式,研究基于电子政务的各层级政府以及各部门政务信息资源整合、共享的具体路径;二是通过国内外政务信息资源共享过程与效果的比较分析,系统研究影响政务信息资源共享的因素、难点,并深入分析各种因素之间的相互关联性;三是综合技术、管理、体制和文化观念等多种因素的分析,系统研究基于网络环境的政务信息资源共享运行机制的原理和基本条件,提出与深化行政体制改革相结合的政务信息资源共享的管理机制、信息整合机制、利益协调机制、安全保密机制。

## 三、研究方法

### (一)研究设计

本项研究属于应用研究,是为了解决目前电子政务建设与应用中所面临的信息资源共享这个瓶颈问题。这种应用研究不同于基础研究,基础研究是首先探讨某些特定问题如何被解决,以增加知识,然后再利用这些知识来帮助实际工作者解决各种问题。本项研究作为应用研究,强调以问题为导向,运用相关理论解决当前电子政务建设与应用过程中政务信息资源共享的问题。按照社会科学理论形成的方法论逻辑,如图1-5所示,形成了本研究的研究程序。

总体而言,社会科学研究一般程序主要包括选择问题、研究设计、收集处理资料、分析论证、研究评估和撰写报告等几个环节。

### 1. 选择问题

在选择研究问题的依据方面,本项研究选择研究问题主要依据:第一,本人的研究基础,包括兴趣、专业、洞察力等基础条件,本人在美国学习期间的一个主攻研究方向就是电子政务,有较好的专业基础;第二,本人长时间参与电子政务建设实践,不仅担任省级地方政府信息化咨询顾问、省电子政务协会副会长和开展咨询服务工作,而且还参与了许多电子政务项目的建设与实施,对电子政务建设、应用的观察和认识,发现了政务信息资源共享研究对电子政务深度应用的理论意义与实际应用价值;

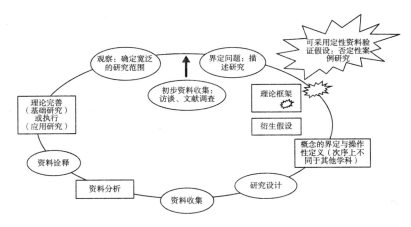

**图1-5    社会科学理论形成的方法论逻辑**

第三,有明确的、可衡量的研究标准,包括科学性、重要性、创新性、可行性,这正是政务信息资源共享所需要的技术标准规范和政务规范;第四,具有切实可行的明确研究方法,包括任何确定分析单位、研究重点和时间维度。

关于本项目研究问题的选择,采取的选择步骤主要有:第一,观察、确定研究领域;第二,阅读相关文献;第三,思考并将问题分类,初步提出想研究的问题;第四,进一步收集资料、阅读文献;第五,从空间、时间、内容上明确界定研究范围,明确研究的具体问题。

值得强调的是,本项研究作为实证性应用研究,不仅要强调感性、观察的重要,而且也非常强调收集、阅读相关文献资料和理论分析,由此形成了电子政务应用中的信息资源共享机制研究的知识体系,如图1-6所示。

收集、阅读相关文献资料之所以重要,是因为根据人类认知的过程和规律,感性、观察这种体验,是发现问题、获取知识的重要手段。但是,不可能事事都亲自体验,有许多尝试要付出沉重的代价,有时甚至是生命。因此,学习、查阅前人总结的经验是获取知识的更为重要的手段,也是相

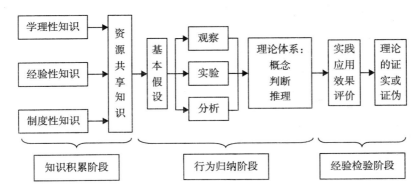

**图1-6 知识理论形成的方法论逻辑**

对更加需要心智能力的手段。在今天,学习、查阅资料突破了个体"体验"的种种局限。"体验"往往只能局限于自己或自己的阅历。然而,通过学习、查阅资料,特别是通过网络手段,我们可以得知和共享他人的"体验"或者阅历的结果(即所谓的"经验"),产生事半功倍的效果。这就是本研究将文献研究法作为一种重要研究方法的理由。

**2. 设计研究方案**

电子政务应用中的信息资源共享研究方案,如图1-7所示。

根据图1-7,本项研究的方案包括了以下环节:第一,首先明确本项研究的目标、意义和创新点,重点是明确界定研究问题;第二,明确研究的具体内容,对研究目标进行细化和分解,形成研究的基本内容框架;第三,围绕研究问题提出核心假设,进行诠释性研究;第四,明确研究的分析单位、分析重点、时间维度,进行变量设计、研究指标选择、调查提纲设计等;第五,明确研究资料的收集方法与分析方法;第六,明确研究进度。

**3. 收集、处理资料**

在研究过程中,我们针对研究问题的特点,主要采取了调查研究、实地观察研究、非介入性研究等方法获得经验资料。在研究过程中,对于收集到的资料的处理,采取了洞察、定性分析和统计分析的定量分析方法等

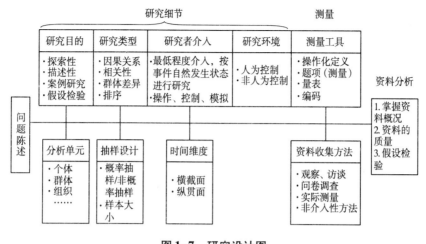

**图1-7　研究设计图**

资料分析方法。具体包括：

（1）调查研究，主要采取个案调查、典型调查等形式对访问对象进行深度访谈和座谈会，以受访者回答问题的数据为基础来辨析电子政务建设、应用过程中政务信息资源共享的总体状况。

（2）文献研究，主要通过网络、图书馆、档案馆等途径，借助各种文件、各种制度规定、报纸、期刊、书籍等书面的、电子化的与研究问题有关的文本分析来发现和研究问题。

（3）实地研究，也叫参与式研究法，研究小组的成员多次深入到电子政务建设与应用的实际工作中，一方面亲自参加电子政务项目建设并模拟为公众用户和政府用户的身份使用电子政务，从中感受到电子政务建设应用过程中政务信息资源共享存在的问题；另一方面，以研究者的身份进行实地观察和无结构化访谈方式来收集资料、发现问题。

**4. 数据分析和论证**

本研究将所收集的各类资料与我国各个地方电子政务建设应用所处的一定的发展阶段相联系，通过描述性统计，说明变量间关系，说明电子政务发展的不同界定上电子政务有着不同的需求、建设任务和建设重点。因此,必须根据情况采取不同的建设措施;通过推论性统计,来具体检验不同发展阶段上采取不同建设措施的有效性,从而确保课题研究对科学推动电子政务深度应用的咨询作用。

### (二)研究方法

本研究作为实证研究,主要采取非实验的方式,包括调查研究、文献研究、实地观察研究等方式进行。在具体研究方法上,主要采用问卷调查、访谈、观察、抽样、文献研究、统计分析等研究方法来进行研究。

#### 1. 采用定性研究方法:把握非确定因素

定性研究方法、定量研究方法,是社会科学研究的两种重要方法。就西方国家社会科学研究而言,"长期以来,伴随着科学技术的发展而形成的实证研究范式在社会学研究中一直占据着主流地位。实证研究者受到自然科学量化研究范式的影响,认为只有客观的、实证的和定量的研究才符合科学的要求,才具有价值。而社会科学要取得进步,量化的测量和分析是必不可少的"。[①] 就我国目前而言,由于存在着认识上的误区,存在着盲目效仿西方国家的"拿来主义",对我国以往仅凭逻辑推理、凭主观想象的研究矫枉过正,倡导定量研究,导致定量研究基本上处于主导地位。

定量研究是一种"硬"研究方法,有助于提高研究的科学性,有助于强化和提高与人对话的能力。但在社会科学领域采用以定量研究为主的实证研究范式的局限性也非常明显。因为,社会科学不同于自然科学,其研究对象和内容非常庞杂,除了一般的规律之外,由于历史、环境、文化、体制、区域发展水平等多方面的差异,在研究一般规律的同时,更需要研究特殊性、差异性。这样,量化的方法就表现出巨大的有限性,在这种情

---

[①] 风笑天:《社会学研究方法》,中国人民大学出版社 2005 年版,第 10 页。

况下,定性研究方法逐渐受到人们的重视。定性研究是"在自然情境下通过研究者和研究对象之间的系统互动,并且综合运用多角化技术对社会现象或社会问题进行广泛深入探索的一种研究活动"。①

因此,定性研究方法、定量研究方法,都有长处与局限性,都必须根据研究对象、研究问题的不同来加以选择和确定。我们不应该过度地强调某一种研究方法而贬低另一种研究方法,而应该根据实际情况选择不同的研究方法或者结合运用两种研究方法进行研究。陈向明认为,"一般来说,定量研究比较适合在宏观层面对事物进行大规模的调查和预测;而定性研究比较适合在微观层面对个别事物进行细致、动态的描述和分析"。②

本项研究之所以选取定性研究方法,主要有以下两个方面的理由:

第一,从研究问题的性质而言,本项研究的主要目的在于对当代中国电子政务建设、应用过程中政务信息资源共享的现状、问题及其影响因素进行深度描述,并在此基础上研究存在问题的主要原因,进而提出解决问题的分析框架与路径,并不是要进行大规模的预测,而是对政务信息资源共享的问题提出解决方案。

第二,从研究对象的特点来看,电子政务建设、应用过程中政务信息资源共享机制建设,深深地受到历史、文化、环境、体制和区域发展水平等多种因素的影响。因此,本课题的研究主题离不开对我国的历史、文化、环节、体制和区域发展水平等多种影响因素的分析,这是定量研究无法达到的。

因此,定性研究方法、规范研究方法,都是确定电子政务建设与应用在不同发展阶段上的价值取向、目标、建设任务、建设重点所不可或缺的

① 牛美丽:《公共行政学观照下的定性研究方法》,《中山大学学报(社科版)》2006年第3期。
② 陈向明:《质的研究方法与社会科学研究》,教育科学出版社2000年版。

方法。

**2. 案例研究:本课题具体应用的定性研究方法**

案例研究或个案研究是指一种对发生在自然场景中的某种现象进行探索、描述或解释,并试图从中推导出新的假说或结论的研究方法。[1]  正如学者应国瑞所说,"在决定采用某种研究方法之前必须考虑三个条件:该研究所要回答的问题的类型是什么;研究者对研究对象及事件的控制程度如何;研究的重心是当前发生的事,或者是过去发生的事。而案例研究最适合于如下情况:研究的问题类型是'怎么样'和'为什么',研究对象是目前正在发生的事件,研究者对于当前正在发生的事件不能控制或极少能控制"。[2]  本课题研究过程中采用了案例研究的研究工具,因为本课题研究符合案例研究的三个条件:

第一,从研究问题的性质上看,本项研究的具体研究问题是:电子政务建设、应用过程中政务信息资源共享的现状如何,存在哪些问题?为什么会出现这些问题?怎样构建一套完善的共享机制来解决部门分割、垂直部门与地方政府分割、资源不共享的问题?显然,这是一个"为什么"和"怎么样"的问题。

第二,从研究问题的产生、发展历史来看,政务信息资源共享是充分发挥电子政务作用、提升电子政务应用绩效的根本性条件;同时,构建政务信息资源共享机制也是现阶段电子政务建设的重要内容。由于政务信息资源不能共享,使电子政务的发展、深度应用受到极大障碍,成为电子政务发展的瓶颈问题。因此,政务信息资源共享是影响电子政务现在、将来深度应用和发展的关键问题,是一个备受关注并且必须解决的重要问题。

---

[1]  吴建南:《公共管理研究方法导论》,科学出版社 2006 年版,第 147 页。

[2]  罗伯特·K. 殷:《案例研究:设计与方法》,周海涛、李永贤、李虔等译,重庆大学出版社 2010 年版,第 7 页。

第三,本项研究要研究的问题是影响电子政务深度应用的一个关键问题,或者基础前提性问题,它受诸多因素的影响和制约,课题组研究人员作为学者对于诸多影响因素无法控制。

案例研究是本项研究的重要方法。本项研究案例大部分来自于广东省,这种抽样主要基于以下几个原因:

第一,广东无论是从信息产业的发展还是政府信息化、电子政务建设与应用,都在我国处于排头兵地位,为全国电子政务建设与应用提供了许多经验。可以说,广东电子政务建设与应用过程中遇到的政务信息资源共享问题,也是当代我国运用电子政务手段深化行政体制改革的一个缩影,其取得的成功经验和存在的突出问题,都具有典型性。

第二,广东是一个地区差异很大、各个地方发展极不平衡的省份,表现出各个地方电子政务建设与应用的水平存在较大差异,面临着不同的建设任务和应用功能。广东省各地区电子政务建设与应用的差异性、不均衡性成为中国各地电子政务建设与应用差异性、不平衡性的一个缩影,这对发展不均衡的当代中国各个地方来说,具有代表性。

第三,广东是研究小组成员学习、生活和工作的地方。研究小组成员广泛参与了政府信息化的咨询、具体电子政务项目的开发实施、作为公众用户使用了电子政务业务应用系统办事、参与过一系列电子政务调查研究与绩效评估活动。因此,无论从理论上还是感性上都对广东省电子政务建设与应用过程中政务信息资源共享问题有较深的了解。这有助于课题组成员站在研究对象的立场来思考相关的问题,有助于更好地使用实地观察法、参与式研究法等研究方法来进行本课题的研究,也有助于更准确地把握问题。

### 3. 本课题多学科交叉渗透的研究方法

学科交叉(Interdisciplinarity)通常指在研究环节中,来自不同学科背景的研究者共同协作、调适各自的研究途径,以取得对问题更准确切入的一种研究方法。学科交叉研究是科学上产生重大发现的重要途径。科学发展的历史表明,科学上的重大突破、新的增长点至新学科的产生常常都是由不同学科的彼此交叉、相互渗透而产生的。进入 21 世纪,新科技革命的迅猛发展,推动了相邻学科之间的交叉、融合、渗透、分化和发展,淡化了传统的学科界限,并孕育着新的重大突破,以此推动经济和社会发生深刻变化。当代重大的科学问题往往很难归为单一的学科,多数是交叉性的,解决这样的问题需要多学科协同、交叉和渗透才能体现科学的总体水平。学科交叉、融合已成为当代科学发展基本特点之一,表现为从单一运动形态的研究走向多运动形态及其相互渗透、相互联系的综合研究。相邻学科之间的横向交叉、渗透和融合成为明显趋势,跨学科、多层次、多视野的综合研究势不可挡。

多学科交叉渗透研究方法主要表现为:一是多学科组合(multidisciplinarity)模式,多个学科的学者对同一个问题进行研究,试图在各自领域的框架内对问题进行理解,而并不强调各个领域间的合作或是发展出共同的框架概念。这种模式类同于智囊团(think tank)模式,其目标是解决一个迫切的问题,而非拓展学科视野。二是跨学科研究(transdisciplinarity)模式,通过打破学科传统规范的樊篱,以取得更有启发性的成果。三是"无学科研究",研究者有意识地主动摈弃特定学科对研究对象和手段的规范,通常为离经叛道的后现代研究者使用,出于对规范的反思或是为了追求更为广阔的视野。

各学科之间相互交叉、相互渗透形成的综合研究范式为电子政务提供了新的研究方法。这种新方法强调各学科之间理论与方法的互补、强调运用各学科理论及其研究方法来解释与解决电子政务中的问题,从多学科交叉渗透的视野上极大地推动了对电子政务统一性、整体性、集成性和开放性的研究,并不断开拓新的研究领域,形成新的边缘学科和交叉学科。多学科研究方法,以及系统论、信息论、控制论、协同论、耗散结构和突变论等横断科学的概念、理论和方法与电子政务综合性、整体性的认识论和方法论不谋而合。电子政务是一个具有重要国家利益和科学意义的领域,同时又涉及自然科学和社会科学中众多不同的学科领域。电子政务是组织结构重组、业务流程优化、公共事务处理等政务活动与网络信息技术应用的统一体。电子政务的这种综合性,不是任何单一学科知识所能科学认识的,必然需要多学科交叉与渗透。

**4. 资料收集的方法**

常用的资料收集方法主要有六种来源:文献、档案记录、访谈、直接观察、参与式观察、实物证据。① 在本课题研究过程中,多种收集资料的方法同时运用。本课题研究收集资料的方法主要有四:

(1)文献收集。利用网络、图书馆、档案馆等有效途径,课题组成员广泛接触和收集了我国特别是广东省有关电子政务建设应用中政务信息资源共享的现状、存在问题、探索建设共享机制的第一手资料和相关研究成果。

(2)实地观察。课题组成员利用参与一系列地方政府电子政务调研、电子政务绩效评估、电子政务项目开发实施的机会,广泛进行了电子政务建设与应用的实地观察,从实地观察中感受和收集了大量有关的资料。

(3)调查研究,包括访谈、召开座谈会、小型研讨会等形式。一是对我国不同地方、电子政务建设处于不同发展阶段,电子政务建设的任务、建设内容、建设和应用重点的相关资料进行收集和查找;二是选取研究样本,根据电子政务建设和应用水平不平衡的状况,在国家层面上,将调查对象分为三类:

第一类:以北京、上海、广州、深圳、南京、苏州、杭州为代表的东部沿海电子政务建设和应用水平高的地区为代表;

第二类:以哈尔滨、长春、大连、武汉、长沙为代表的中部地区为代表;

---

① 罗伯特·K.殷:《案例研究:设计与方法》,周海涛、李永贤、李虔等译,重庆大学出版社 2010 年版。

第三类：以重庆、西安、兰州、成都、昆明为代表的西部地区为代表。

在广东省层面上，也是根据电子政务建设和应用水平不平衡的状况，划分三类，这三类地区基本分别对应国家层面上的三大类地区：

第一类：以广州、深圳为代表的都市发展区；以珠海、佛山、东莞、中山为代表的优先发展区；

第二类：以汕头、惠州、汕尾、江门、阳江、湛江、茂名、肇庆、清远、潮州、揭阳、云浮为代表的重点发展区；

第三类：以韶关、河源、梅州为代表的生态发展区。

根据经济社会发展的不平衡性、电子政务建设与应用水平的不平衡性，将调查的对象进行划分，选择具有代表性的地方进行调研。因此，本课题研究调查对象范围广泛、调查研究花费的时间长、精力大，所获取的资料都是第一手，为本课题研究搜集积累了较丰富、扎实的资料。

（4）问卷调查法。实地调查法、访谈法，能够深入地与调查对象就调查问题进行讨论、互动交流；但具有耗费时间长、精力大、成本大、无法范围广等局限性。而问卷调查法可以进行大量抽样、大量选取样本，具有访问调查对象的广泛性；但问卷调查无法深入、无法进行互动交流。因此，将实地调查法、访谈法和问卷调查法有机结合起来就能发挥它们各自的优点，用一方的优点去弥补另一方的缺点。

本项研究按照经济社会发展水平不同的三种类型地区作为调查对象，我们在访谈的基础上形成了两套调查问卷：一套适用于政府部门的调查问卷（A 卷）；另一套适用于市民、企业和其他社会组织的调查问卷（B卷）。两套问卷一共发出 8448 份，共收回问卷 8347 份。其中，A 卷发出（包括：中央直管和省级以下垂直管理部门 681 份、非垂管的职能部门 1602 份、各行政层级的政府办公厅/办公室 450 份）2733 份，收回 2701份；B 卷发出（包括：企业 1203 份、非政府的其他社会组织 1203 份、25 岁以上的城市居民 3309 份）5715 份，收回 5646 份。问卷调查对象的抽样与数量，三类不同区域的各类调查对象都按照 1∶1∶1 的等比例进行抽

样。调查对象主要包括以下六类:

(1)中央直管和省级以下垂直管理部门:681 份(份/部门);

(2)非垂管的职能部门:1602 份(份/部门);

(3)各行政层级的政府办公厅(办公室):450 份(份/办公厅或室);

(4)企业:1203 份(份/企业);

(5)非政府的其他社会组织:1203 份(份/组织);

(6)25 岁以上的城市居民:3309 份(份/人)。

另外,系统研究方法也是本项研究采用的一种重要方法。政府行政组织体系本身就是一个复杂的系统。因此,对政务信息资源共享机制的研究,系统方法就是重要的研究方法。本项研究的每个要素、每个部门、每个环节都是相互联系的有机整体,具有相关性。

## 四、本研究的逻辑框架与研究进程

本项研究在总体逻辑结构上,主要采用的是总分结构——总论和分论的"二分结构"来构建逻辑结构。本研究在逻辑结构和研究内容上所作的设计和安排,主要是依据研究设计,如图1-8 所示。

总论部分第一章,主要阐述电子政务与政务信息资源共享机制有关的研究问题界定、文献回顾、研究方法与研究设计;分论部分包括第二章、第三章、第四章、第五章、第六章、第七章和第八章,在比较深入的层次上阐述电子政务与政务信息资源共享机制建设内在关联性的具体应用及解决方案。

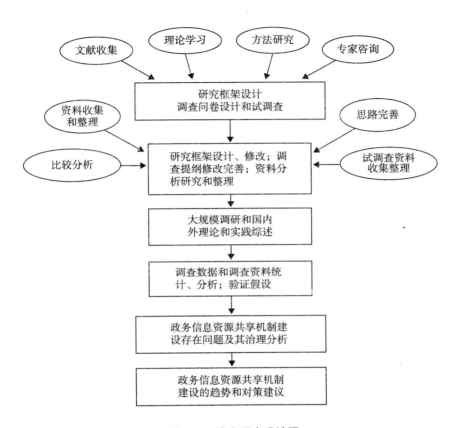

图 1-8 论文研究设计图

# 第二章　我国政务信息资源共享的发展进程及现状

## 一、我国政务信息资源共享的发展历程

各国政府在不同的社会经济背景、不同的发展阶段下,其政府信息资源共享的研究与建设中追求的目标和服务的对象是不同的,但是,从政务信息资源发展的总体趋势来看,其要依次经历三个发展阶段[①]:一是面向资源阶段,这一阶段的主要特点是政府对政务信息资源的纸质文本重视;二是面向政府内部交流阶段,这一阶段主要是为改善政府内部信息资源(电子的和纸质的)交流和传递,提高其利用率;三是面向用户阶段,这一阶段的主要特点是采用计算机和信息通讯技术实现政务信息资源的政府内部之间、政府和社会的多样的互动和共享,主动为公众提供其所需的政府信息资源。纵观我国政务信息资源共享的发展历程,大体可以划分为三个阶段:一是面向资源阶段(1978 年以前);二是面向政府内部交流阶段(1978 年至 2000 年);三是面向用户阶段(2000 年至今)。

### (一)面向资源阶段

1978 年党的十一届三中全会的召开,标志着我国进入改革开放的

---

　　①　吕先竞、郑邦坤、汤爱群:《中美政府信息资源共享系统建设对比分析》,《图书情报知识》2004 年第 2 期,第 55—56 页。

新时期。以此为界,我国政务信息从收集、传递、存储到利用,主要是以部门为单元在政府部门内部信息系统进行的。就信息收集而言,每个部门收集的信息仅局限于对本部门有用的部分,利用也仅限于本部门,其他部门和用户无法共享。就信息公开与传递而言,政务信息主要通过红头文件或政府直属的新闻宣传机构来发布和公开;同时,各级科学技术情报研究机构以及各级图书馆对政府信息的收集、传递、利用起一定的补充作用,但仅限于科技文献的收藏与小范围利用。政务信息主要通过红头文件的方式在政府及部门内部传递、严格保密,是这一阶段的主要特点。

### (二)面向政府内部交流阶段

1978 年后我国实行改革开放的政策。随着我国政治、经济和社会的全面发展,为适应经济社会发展需要,我国出台了一系列法律法规来推进"政务信息资源"的逐步公开。如 1983 年颁布的《中华人民共和国统计法》的第三条规定:"国家机关、社会团体、企业事业组织和个体工商户,以及在中国境内的外资、中外合资和中外合作经营的企业事业组织,必须依照本法和国家规定,提供统计资料,不得虚报、瞒报、拒报、迟报,不得伪造、篡改"。1999 年修订的《中华人民共和国档案法实施办法》的第二十条规定:"各级国家档案馆保管的档案应当按照《档案法》的有关规定,分期分批地向社会开放,并同时公布开放档案的目录"。2000 年,国土资源部发布了《公益性地质资料提供利用暂行办法》(国土资发〔2000〕178 号),其第二条规定:"凡在中华人民共和国领域及管辖海域内进行非矿业权或其他非排他性登记的地质调查工作、环境监测工作取得的公益性地质资料,均公开提供社会利用"。

从 1986 至 1990 年的五年期间,政府信息化有了较大的发展,建成了国家经济信息系统、邮电通信系统、气象预报系统、电网监控系统等 10 多个信息系统,43 个部委局成立了信息中心,有数据库约 170 多个。20 世纪 90 年代初,我国启动与实施了以"三金"工程①为代表的"金字"系列信息网络建设工程,并于 1994 年联通了国际互联网。1998 年 3 月,外经贸部率先在国际互联网上建立了政府网站。1999 年,由中国电信和国家经贸委经济信息中心主办、联合 40 多个部委(办、局)信息主管部门共同倡议发起了"政府上网工程"(www. gov. cn)。到 2002 年底,我国互联网网民数跃居世界第二位。全国已有 7200 多个政府部门建立了网站,网上办公逐步开展。

在这个阶段,政务信息资源共享的特点是:政务信息的载体与传递途径开始走向多元化,开始推行电子信息及网络传递方式,电子化的途径成为重要的信息传递途径;建立了少量的政府信息管理系统与数据库,网上办理业务范围的拓展使信息资源的开发利用向前迈进一大步。但也存在一些问题,主要是:网络建设各自为政,重复建设,结构不合理;业务系统水平低,应用和服务领域窄;信息资源开发利用滞后,互联互通不畅,共享程度低;标准不统一,安全存在隐患,法制建设薄弱。

### (三)面向用户阶段

随着加入世界贸易组织(WTO,World Trade Organization)以及我国政府积极推进电子政务的建设,将我国政务信息资源系统建设提前推向第三阶段。2001 年,国务院办公厅制定了《全国政府系统政务信息化建设的五年规划》,规划指出,我国政府信息化工作近 5 年的总体目标是:"建设三网一库,即政府机关内部的办公业务网;国务院办公厅与各地区、各部门联接的办公业务资源网;以因特网为依托的政府公众信息网;政府系统共建共享的电子信息资源库"。到 2002 年底,中央已有 70 余个政府部门在网上建立了自己的站点,部分部委在网上面向公众提供服务。同时,

---

① 1993 年 3 月 12 日,国务院副总理朱镕基主持国务院会议,提出了建设"三金"工程,即金桥、金关、金卡工程,"三金"工程的目标,是建设中国的"信息准高速国道"。

全国大部分省、市及少量县(区)建立了政府网站,部分网站可以提供交互式信息服务。2002 年,中共中央办公厅、国务院办公厅转发了关于《国家信息化领导小组关于我国电子政务建设指导意见》的通知(中办发[2002]17 号),通知为做好"十五"期间电子政务建设的工作,加强现有整合资源,实现业务系统和信息资源的互联互通和信息共享做了指导性安排。2004 年,中共中央办公厅、国务院办公厅发布了《中共中央办公厅、国务院办公厅关于加强信息资源开发利用工作的若干意见》(中办发[2004]34 号),意见指出:"加强政务信息共享。根据法律规定和履行职责的需要,明确相关部门和地区信息共享的内容、方式和责任,制定标准规范,完善信息共享制度。"

在此阶段,我国政务信息资源共享建设的特点是,信息公开程度逐渐增大,基于电子政务系统的政府信息资源共享在部分行业及东中部发达地区出现。

## 二、我国政务信息资源共享的制度规范建设现状

### (一)政务信息资源共享的政策法规建设现状

为加强政务信息资源共享的建设工作,国家先后出台了一系列的政策和规范性文件。2002 年,国家信息化领导小组第一次会议发布的《国家信息化领导小组关于我国电子政务建设指导意见》提出,"要规划和开发重要政务信息资源,启动人口基础数据库、法人单位基础信息库、自然资源和空间地理基础信息库、宏观经济数据库的建设。"[1]2004 年,《中共中央办公厅、国务院办公厅关于加强信息资源开发利用工作的若干意见》进一步提出"要加强政务信息共享。根据法律规定和履行职责的需

---

① 《中共中央办公厅、国务院办公厅关于转发〈国家信息化领导小组关于我国电子政务建设指导意见〉的通知》(中办发[2007]17 号)。

要,明确相关部门和地区信息共享的内容、方式和责任,制定标准规范,完善信息共享制度。当前,要结合重点政务工作,推动需求迫切、效益明显的跨部门、跨地区信息共享。继续开展人口、企业、地理空间等基础信息共享试点工作,探索有效机制,总结经验,逐步推广。依托统一的电子政务网络平台和信息安全基础设施,建设政务信息资源目录体系和交换体系,支持信息共享和业务协同。规划和实施电子政务项目,必须考虑信息资源的共享与整合,避免重复建设。"①2004 年 8 月 3 日国办秘书局下发了《电子政务信息共享互联互通平台总体框架技术指南(试行)》。《指南》对于更好地指导全国政府部门电子政务信息化建设,特别是针对"信息孤岛"问题的解决,资源共享和互联互通项目的实施起到规范化的作用。②

2006 年中共中央办公厅和国务院办公厅联合印发《2006—2020 年国家信息化发展战略》。《战略》提出的战略发展目标之一就是要"确立科学的信息资源观,把信息资源提升到与能源、材料同等重要的地位,为发展知识密集型产业创造条件"。在具体的实施措施上要求"建立和完善信息资源开发利用体系,加快人口、法人单位、地理空间等国家基础信息库的建设,拓展相关应用服务。引导和规范政务信息资源的社会化增值开发利用"。③ 同年,国家信息化领导小组下发了《国家电子政务总体框架》这一意义深远的文件。《框架》从战略高度明确了政务信息资源的内容,"人口、法人单位、自然资源和地理空间等基础信息的采集部门要按照'一数一源'的原则,避免重复采集,结合业务活动的开展,保证基础信

① 《中共中央办公厅、国务院办公厅关于加强信息资源开发利用工作的若干意见》(中办发[2004]34 号)。

② 国办秘书局:《电子政务信息共享互联互通平台总体框架技术指南(试行)》,《每周电脑报》2005 年第 5 期,第 21 页。

③ 《中共中央办公厅、国务院办公厅关于印发〈2006—2020 年国家信息化发展战略〉的通知》(中办发[2006]11 号)。

息的准确、完整、及时更新和共享。基础信息库分级建设、运行、管理,边建设边发挥作用。国家基础信息库实行分别建设、统一管理、共享共用。各地要探索符合实际的基础信息库建设、管理和应用模式"。①《框架》还指出电子政务建设的具体要求,"推动政务信息资源开发利用,要以应用为主,建库为辅,依托政务信息资源目录体系与交换体系,按照条块结合、纵横联合的原则,实现政务信息资源的有序采集、更新和应用,实现政务信息资源在同级政府各部门间的属地化横向交换、共享和公开,实现政务信息资源的纵向传输并满足各级政府部门的信息需求"。②《电子政务总体框架》的出台为新时期我国电子政务建设和信息资源共享指明了方向。这些由政府制定出台的规范性文件把政务信息资源的建设、共享和应用提到了战略高度,强调通过基础数据库建设和部门之间信息资源共享,实现便民服务和加强社会管理,推进服务型政府建设和政府职能转变。

在国家政策的指导下,各级政府也积极探索电子政务信息资源共享制度建设,电子政务建设比较发达的地方政府为推进电子政务信息资源共享,相继出台了一系列法律法规,这为电子政务信息资源共享提供了制度规范。此外,各地方政府还在一些综合性的地方性法规、政府规章中对政务信息资源共享进行了专门的规定。2007 年 9 月,天津市人大常委会通过了《天津市信息化促进条例》。《条例》第二十七条规定,国家机关应当加强政务信息交换与共享,明确政务信息共享的内容、方式和责任,编制政务信息资源共享目录,实现政务信息在国家机关之间的资源共享和充分利用。此外,云南省、武汉市、湘潭市、衡阳市等地方政府也都颁布了《电子政务管理办法》,对政务信息资源共享作出了相关规定。

---

① 《关于印发〈国家电子政务总体框架〉的通知》(国信[2006]2 号)。
② 《关于印发〈国家电子政务总体框架〉的通知》(国信[2006]2 号)。

**（二）政务信息资源共享的标准规范建设现状**

从政府的工作实践中可以发现，跨部门的业务工作非常广泛，一项工作需要多个部门的共同参与才能完成，实现跨部门、跨业务的信息共享和业务协同是有效完成工作的前提保证。再加上政务信息资源产生于公共管理的各个环节和部门，它分布于各个地域、部门和业务中，由相关的管理机构分权管理。物理上储存分散的信息资源使业务信息共享和业务协同成为空谈。为形成逻辑上集中的政务信息资源体系，支撑政务信息资源共享和业务协同，就需要对政务信息资源进行网状组织，满足从分类、主题、应用等多个角度对政务信息资源进行管理、识别、定位、发现、评估与选择的工具。政务信息资源目录体系成为这一有效工具。政务信息资源目录体系与交换体系是电子政务建设的重要基础性设施，也是实现部门间政务信息资源共享的重要前提和基础。从2005年开始，原国务院信息化办公室组织专家完成了"政务信息资源目录体系"与"政务信息资源交换共享体系"系列标准征求意见稿，并于年底送各地区和各部门征求意见。2006年12月，国务院信息化工作办公室电子政务组、国家标准化管理委员会高新技术部在北京联合召开全国政务信息资源目录体系与交换体系研讨会。会议研究与探讨政务信息资源目录体系与交换体系的国家标准、技术支撑环境及应用服务模式。2007年，"政务信息资源目录体系"与"政务信息资源交换体系"系列标准通过国家批准，正式颁布实施。标志着我国政务信息资源目录体系和交换体系建设取得了阶段性成果。这些标准为政务信息系统间的业务协同、信息共享、网络与信息安全等提供了基础的技术支撑。

综上所述，从2002年以来我国各级政府为推进政务信息资源共享顺利开展，制定了详细的法规和相关规范性文件，详情如表2-1所示。

表 2-1　2002—2010 年政府信息资源共享制度建设情况一览表①

| 类型 | 文件名称 | 制定单位 | 发布时间 |
|---|---|---|---|
| 专项法规 | 全国文化信息资源共享工程管理办法 | 文化部 | 2002 年 6 月 |
| | 电子政务信息共享互联互通平台总体框架技术指南(试行) | 国办秘书局 | 2004 年 8 月 |
| | 福建省政务信息网信息共享管理办法(试行) | 福建省政府 | 2005 年 9 月 |
| | 浙江省政务信息资源共享与交换技术规范、工作规范和实施指南 | 浙江省政府 | 2006 年 5 月 |
| | 深圳市政务信息资源共享管理暂行办法 | 深圳市政府 | 2006 年 8 月 |
| | 政务信息资源共享管理暂行办法实施细则 | 深圳市政府 | 2007 年 2 月 |
| | 关于加强政务信息资源共享工作的若干意见 | 北京市政府 | 2007 年 5 月 |
| | 三亚市政务信息资源共享管理办法 | 三亚市政府 | 2007 年 12 月 |
| | 昆山市政务信息资源共享管理暂行办法 | 昆山市政府 | 2008 年 1 月 |
| | 杭州市关于加强政务信息共享工作的若干意见 | 杭州市政府 | 2008 年 5 月 |
| | 广州市法人基础信息共享暂行管理办法 | 广州市政府 | 2008 年 4 月 |
| | 上海市企业基础信息共享应用系统管理试行办法 | 上海市政府 | 2008 年 6 月 |
| | 北京市西城区政务信息资源共享管理办法 | 北京市西城区政府 | 2008 年 6 月 |
| | 北京市政务信息资源共享交换平台管理办法(试行) | 北京市政府 | 2008 年 7 月 |
| | 西安市政务信息资源共享管理办法 | 西安市政府 | 2008 年 7 月 |
| | 厦门市城市地理数据库数据共享管理暂行办法 | 厦门市政府 | 2008 年 8 月 |
| | 佛山市公共信息网络资源共建共享工作指导意见 | 佛山市政府 | 2008 年 8 月 |
| | 广东省政务信息资源共享管理试行办法 | 广东省政府 | 2008 年 10 月 |
| | 浙江省地理空间数据交换和共享管理办法 | 浙江省政府 | 2010 年 5 月 |

---

①　资料来源:作者根据相关资料整理而成。

续表

| 类型 | 文件名称 | 制定单位 | 发布时间 |
|------|---------|---------|---------|
| 综合性法规 | 天津市电子政务管理办法 | 天津市政府 | 2004 年 6 月 |
| | 云南省电子政务管理办法 | 云南省政府 | 2006 年 5 月 |
| | 衡阳市电子政务管理办法 | 衡阳市政府 | 2007 年 4 月 |
| | 天津市信息化促进条例 | 天津市政府 | 2007 年 9 月 |
| | 呼和浩特市电子政务管理办法(试行) | 呼和浩特市政府 | 2008 年 11 月 |
| | 湘潭市电子政务管理办法 | 湘潭市政府 | 2009 年 11 月 |
| 共享标准 | 市民基础信息数据元素目录规范 | 北京市质量技术监督局 | 2004 年 |
| | 天津市政务信息资源目录体系建设与运营管理办法 | 天津市政府 | 2006 年 4 月 |
| | 厦门市政务信息资源指标基本目录 | 厦门市政府 | 2006 年 7 月 |
| | 厦门市政务信息资源基本目录 | 厦门市政府 | 2006 年 7 月 |
| | 法人基础信息数据元目录规范 | 北京市质量技术监督局 | 2007 年 6 月 |
| | 北京市政务信息资源目录建设管理办法(试行) | 北京市政府 | 2008 年 7 月 |

# 三、我国政务信息资源共享的应用现状

为落实《中共中央办公厅、国务院办公厅关于转发〈国家信息化领导小组关于我国电子政务建设指导意见〉的通知》(中办发[2002]17 号)和《中共中央办公厅、国务院办公厅关于加强信息资源开发利用工作的若干意见》(中办发[2004]34 号)文件精神,加快推进政务信息资源共享。我国政府出台了一系列的政策法规和标准规范来营造良好的电子政务与政务信息资源共享建设的制度环境,中央政府各部门、各地方政府也积极推进政务信息资源共享的建设,主要做法是依托现有的平台和系统,加强政务信息资源的整合,建设统一的电子政务网络平台和信息安全基础设施,建设政务信息资源目录体系和交换体系,支持政务信息资源共享和业务协同。其主要成果表现为:从地域上看,政务信息资源共享建设的试点城市"百花齐放";从政务信息资源数据库建设看,"人口、企业、地理空间、宏观经济"等四大基础数据库有序推进;从政务信息资源业务系统建设看,跨部门和跨地区政务信息共享平台和系统建设效果明显。

### (一)试点城市"百花齐放"

随着国家相关政策的制定和实行,各级地方政府积极推进信息共享,特别是在综合治税、人口管理、公共服务、应急管理等方面大大提高了行政效率和服务水平。公安部和人民银行进行人口信息联网核查,为全国160多家银行的15万个网点机构提供联网核查服务,利用假名开设账户进行诈骗得到有效遏制。国土资源部与银监会建立银行与国土资源部门信息查询机制,积极促进部门间业务协同。地方政府在信息资源共享建设方面行动更为迅速,北京、上海、福建、内蒙古、广州、杭州、武汉等地方信息共享试点工作陆续展开,在推进模式、制度建设和应用成效方面都取得了重要进展。[1]

北京、上海等城市率先通过跨部门信息共享建立了城市统一应急联合指挥体系,初步实现公安交警、消防、急救、城管等多个部门的信息联动,城市应急管理系统向综合化、可视化和互动化方向发展。浙江省通过了"百万农民信箱工程"建立了覆盖全省95%以上乡镇的农业信息服务站,通过农业、教育、科技、组织人事等部门的信息共享,大大提高了农村信息服务水平。[2]

---

[1] 国家信息中心、中国信息协会编:《中国信息年鉴2009》,中国信息年鉴期刊社2009年版,第35页。

[2] 王长胜、许晓平:《中国电子政务发展报告(2009)》,社会科学文献出版社2010年版,第7页。

**1. 北京市政务信息资源共享建设**

2006年底,北京市建成开通市级政务信息资源共享交换平台。政府部门核心业务信息化覆盖率达到65%,同比增加22%。编制完成政务基础信息共享目录,包含自然人基本信息6项,扩展信息121项;法人基本信息9项,扩展信息57项。48个部门接入,15个单位在共享交换平台上注册信息806项,32个委办局具备通过平台对外共享数据的技术条件,9个委办局通过平台实现了跨部门共享交换。累计开展了10批次、总量4800多万条与人口相关的数据交换。在政务信息资源共享平台的基础上,实现了各部门基础数据共享。在公安、劳动和社会保障、民政、人口计生、卫生、建委、农委、工商、城管等部门间开展了人口信息比对核实工作,8个部门的11个系统2459.88万数据量(363项)的核实涉及人口1066.7万人。市质监局组织机构代码通过共享交换平台为9个单位提供了357批次共116万多条信息。市规划委已经将1∶2000以及1∶10000比例尺的电子地图信息实现全市共享,遥感影像数据为27个应用领域的88家单位提供服务,政务信息图层系统已整合了29个部门的700多层数据,并通过政务外网给38个部门提供了共享使用。①

到2008年,已有70个委办局和曲线接入市级政务信息资源共享交换平台。各部门通过平台累积开展了1.2亿条数据的光交换,为数十个部门的70多项业务应用提供了支撑。截至2008年12月,市城管执法局已通过该平台与市规划委、建委、环保局、税务局、工商局等部门实现了城管执法依据信息和处罚信息的共享,累计共享交换数据10多万条;市文化执法总队已通过该平台与市文化局、新闻出版局等部门实现了文化执法相关信息共享,累积共享交换数据1万余条。通过该平台的信息资源共享,为相关执法人员提供了执法依据,提高了执法的准确率和工作效

---

① 段柄仁、张明义:《北京年鉴》,北京年鉴社2007年版,第500页。

率,也为相关部门的业务工作提供了有效支撑。①

**2. 广东省政务信息资源共享建设**

按照国家相关标准规范,结合《广东省政务信息资源共享管理试行办法》的要求,广东省已于 2008 年 10 月初步建成全国省级政务信息资源共享平台。该平台主要包括共享目录管理、共享数据交换、基础信息资源共享、信息发布、共享信息备份、信息安全保障等 6 大功能。同时,共享平台可以提供共享目录查询、共享信息交换、信息共享情况实时报送、主题信息发布 4 个方面的服务。目前,省政务信息共享平台已经连通 92 个省直单位,32 个部门可通过平台实现信息交换。此外,省级平台与广州、佛山等 11 个地市实现了互联互通。② 根据调查显示,目前广东省级政务信息资源共享平台已经与佛山、梅州、潮州、揭阳 4 个地级市实现信息资源对接共享,省电子政务数据中心已经实现与公安、工商、税务等各个部门信息资源共享和交换。③

开始于 2004 年规划建设,总投资 1579 万元的广州市数据中心,目前已经成为广州市电子政务建设的重要基础设施,成为全市电子政务汇集、交换和共享的枢纽。广州已建立了自然人、企业法人基础数据库,形成跨部门信息共享和业务协同的数据基准;建成全市统一的信息共享交换平台,已有 49 个部门接入,占市政府和区县总数的 80%,自 2006 年 10 月以来累计交换数据 4 亿条;建立了信息资源目录体系,根据 43 个部门现有的资源情况,整理出 305 个主题 5220 个数据项;建立起业务预警机制,通过不同部门数据比对,提出管理信息,可对违规单位及时发出预警,实现

---

① 国家信息中心、中国信息协会编:《中国信息年鉴 2009》,中国信息年鉴期刊社 2009 年版,第 244 页。

② 马克军:《广东省政务信息资源共享平台建设情况初探》,《电子政务》2010 年第 5 期,第 87 页。

③ 资料来源:2010 年 11 月课题研究小组成员对广东省经信委电子政务处进行调研获得。

了管理部门及时且有针对性的监察。①

　　2007 年,深圳市政务信息资源共享体系框架基本形成。深圳市按照国家标准,建设了政务信息资源目录体系和交换体系;依托目录体系和交换体系,按照基础层、平台层、专业层和节点层 4 个层次整合全市政务信息资源,包括三大基础信息库(空间地理、人口和法人)、六大平台信息库(创新资源、人力资源、文化资源、社会诚信、文件档案和城市管理)和 6 个区级节点信息库。至年底,全市共发布共享信息 358 条,强制共享指标 7860 个;政务信息资源交换平台一期工程已完成,18 个市级单位将 58 类信息上传至共享交换平台,上传记录数达 995 万多条;空间地理基础数据库、行政审批文件证照数据库、企业信用数据库等与共享交换平台的对接工作已进入实施阶段。②

### 3. 福建省政务信息资源共享建设

　　2006 年底,福建省政府制定适合于全省范围的政务数据的生产、建库和应用的统一标准和统一规范,包括"政务信息分类和编码规则"、"政务信息数据字典"、"政务信息元数据"、"政务信息资源改造项目验收规定"和"空间数据质量评价"等 5 项地方标准,由省质量技术监督局以地方标准的形式颁布实施。③

　　福建省 2007 年加强政务信息资源开发利用和共享,建成测绘、统计、地质、档案、气象 5 个基础数据库,启动法人、人口、自然资源与地理空间基础数据库建设;建设政务信息共享平台,在省、地(市)、县政务信息宽带网络之上提供信息共享服务,实现政务信息快捷访问、查询、转换、下载、交换、集成,在两个或更多的业务应用系统之间实现无缝集成,满足省级政府部门内和部门间协同办公和信息共享的需求,为省级政府部门的社会管理、

---

①　马克军:《广东省政务信息资源共享平台建设情况初探》,《电子政务》2010 年第 5 期,第 88 页。

②　深圳年鉴编辑委员会:《深圳年鉴(2008)》,深圳年鉴期刊社 2008 年版,第 231 页。

③　福建年鉴编纂委员会:《福建年鉴(2007)》,福建人民出版社 2007 年版,第 206 页。

公共服务和辅助决策等提供跨区域、跨行业的信息交换和共享服务。①

　　2007 年,国家正式批准和颁布实施"政务信息资源目录体系"与"政务信息资源交换体系"系列标准。在此之后,各省市也纷纷启动地方政府信息资源目录编制工作。从 2008 年开始,福建省就开始动手编制福建省政务信息资源目录。目前,编目工作已经形成了初步的成果,包括部门编目成果和省级总体成果。已有的部门编目成果包括:一是《福建省××部门业务信息目录》;二是《福建省××部门业务信息指标目录》;三是《福建省××部门建成应用系统和数据库目录》。目前已经收齐 68 个单位的部门编目成果。通过对部门编目成果的汇总,形成省级总体成果:一是《福建省省级政府业务信息总体目录》;而是《福建省省级政府业务信息指标总体目录》;三是《福建省省级政府建成应用系统和数据库目录》。已经形成省级政府 2236 项业务、4481 项业务信息;40752 项信息指标、产生 902 种证照文件。②

### 4. 杭州市政务信息资源共享建设

　　从 2007 年开始,国家开展政务信息资源目录体系和交换体系的试点工作,杭州市被选为同时参加两项试点的城市。经过几年的发展,杭州市的政务信息资源开发利用取得了诸多成绩。目前杭州市已建成拥有 28 个接入单位(部门的目录与交换体系,全市个人基础信息数据库和企业法人单位基础信息数据库基本建成,法人库涉及 7 个单位,在库基本指标 10 个,扩展指标项 175 个,在库记录条数 1700 万条;人口数据库涉及 9 各单位,在库基本指标 6 个,扩展指标 223 个,在库记录条数 7700 万条。在已建成的数据库基础上,协同应用也取得了显著的效果。对包括政府社会管理、公共管理、市场监管等跨部门的综合性业务系统整合和业务协同取得了重大进展。目前已经实现了市民卡、企业基础信息交换、就业再就

---

　　①　福建年鉴编纂委员会:《福建年鉴(2007)》,福建人民出版社 2007 年版,第 206 页。
　　②　施友连:《省级政府信息资源编目体系建设——以福建省为例》,摘自王长胜、许晓平:《中国电子政务发展报告(2009)》,社会科学文献出版社 2009 年版,第 88 页。

业信息共享与协查、房地产市场综合治税、食品安全信用、建筑业市场监管、社会保险金地税代征缴、流动人口数据库系统等 8 项业务协同应用，2009 年进一步扩大应用范围。①

### 5. 武汉市政务信息资源共享建设

武汉市作为政务信息资源共享试点建设的城市之一，从 2007 年 1 月开始就着手《武汉市政务信息资源目录体系》、《武汉市政务信息资源交换共享目录体系》和交换体系的建设。《武汉市政务信息资源交换共享目录体系》建设以面向公民、企业的服务为目标，以扶老、助残、济困为主题，试点单位包括一市、两区、6 个部门。按照"逻辑集中，物理分散"的原则，建立市区两级目录体系平台和交换体系平台，实现人口基础信息、死亡人口信息、户籍信息、社会保障信息、老年证信息、困难老年人信息、育龄妇女基本信息、生育证信息、新生儿信息、社区住户信息、社区实有人口信息共享，初步形成武汉市人口领域共享数据库，实现社保登记业务、社保人员信息比对、社保注销、老年证注销、困难老年人养老护理服务、生育（服务）证办理服务等 10 项业务的协同，为政府公共服务和社会管理职能提供支持和服务。

目前已基本建成了市、区两级目录体系与交换体系平台，形成了覆盖 6 个部门、10 项业务的 130 项共享信息资源指标体系，在库信息 1283 万条，能够实现对武汉市政务信息资源的分类和有序管理，支持政府机关工作人员为本部门职能需要，对信息资源进行发现、定位、查询和检索等功能，能够实现不同部门间的数据实时在线交换或定期比对，为部门间业务协同服务。同时，能够进行综合信息和统计信息查询，为武汉市、区两级领导决策服务。②

---

① 　杭州市政务信息资源共享研究课题组：《杭州市政务信息资源共享研究与实践》，《信息系统工程》2009 年第 6 期，第 117 页。
② 　肖迎霜：《武汉市政务信息资源目录体系与交换体系试点建设实践》，《电子政务》2009 年第 9 期，第 82 页。

### （二）四大数据库有序推进

中办发〔2002〕17 号文指出："十五"期间,规划和开发重要政务信息资源是电子政务建设的主要任务之一,其主要内容包括"启动人口基础信息库、法人单位基础信息库、自然资源和空间地理基础信息库、宏观经济数据库的建设"。四大基础数据库的基本情况如表2-2所示。

表2-2 四大数据库建设的基本情况

| 数据库名称 | 启动时间 | 牵头单位 | 协办单位 | 建设任务 |
|---|---|---|---|---|
| 人口基础信息库 | 2004 年查询年鉴 | 公安部 | 国家计生委、国家统计局、民政部等 | ①建立国家级人口基础信息库;②建立各省(自治区、直辖市)以及地市级人口基础信息库;③整体政府有关部门相关人口信息资源;④人口信息管理系统的建设、升级和改造;⑤建立各级人口基础信息库的管理、更新、维护保障机制;⑥建立相关标准体系,规范业务系统的数据接口,逐步实现互联互通。 |
| 法人单位基础信息库 | 2007 年 1 月 | 国家质检总局 | 工商总局、国税总局、民政部、中编办和统计局等部门 | 建设"一库一系统二网一平台",即法人单位基础信息库及管理系统、内容传递和外部交换网络、面向国家电子政务和社会应用的统一应用平台。 |
| 自然资源和空间地理基础信息库 | 2007 年 9 月 | 国家发展改革委 | 国土资源部、水利部、中科院、测绘局、林业局、海洋局、气象局、航天科技集团等 10 个部门和单位 | 整合分散在各个部门和地区的地理空间和自然资源信息,建立逻辑上统一、物理上分布的地理空间和自然资源基础信息库,开发支持电子政务主要应用的综合信息库,建立统一的地理空间和自然资源信息共享目录体系和交换系统,支持多层次网络共享。 |

| 数据库名称 | 启动时间 | 牵头单位 | 协办单位 | 建设任务 |
|---|---|---|---|---|
| 宏观经济数据库 | 2006年4月 | 国家统计局 | 国家发改委、财政部、人民银行、商务部、国税总局、海关总署、工商总局、质检总局等单位组成的项目建设小组，2004年又扩充了民政部、劳动和社会保障部、国土资源部、建设部、水利部、国家环境保护总局、国家旅游局、中国证券监督管理委员会、中国保险监督管理委员会和国家外汇局等10个单位 | 包括宏观经济数据库核心系统和支撑子系统两个重要组成部分。主要建设内容包括：①建立宏观经济数据库指标体系；②在国家统计局建立宏观经济数据库核心系统，在相关部委建立交换节点系统，在各省级统计局、重点城市统计局建立宏观经济数据库的分布式节点，以开放的体系结构支撑宏观经济数据库的运行和应用；③利用各级政务网络资源连接同级决策领导机构和宏观经济管理部门，进行部门宏观经济数据交换，支持宏观经济运行管理和决策支持。 |

　　人口基础信息库、法人单位基础信息库、自然资源和空间地理基础信息库、宏观经济数据库等四大基础信息库是一个有机联系的整体，都涉及若干政府部门，其数据来源纷繁复杂，数据容量比较库管；同时，政府对相关部门的信息资源需求也十分复杂。因此，通过四大基础信息库的建设，可以探索全国跨部门信息资源采集、交换、加工、共享及管理的新思路，有助于建立服务政府决策的信息仓库。①

**1. 人口基础信息资源数据库建设与共享**

　　人口基础信息是人口信息的核心部分，是政务基础信息资源的重要组成部分。人口基础信息库的主体包括公民身份号码、姓名、性别、民族、出生地、出生日期等基本信息，还包括各部门业务系统在利用人口基本信

---

　　① 郭理桥:《人口基础信息库建设与应用初探》,《中国建设信息》2009年第17期,第52页。

息过程中产生的、其他部门存在共享需求的人口信息等。

我国各级政府基于国家基础政务信息资源建设的需求和服务型政府建设对电子政务工作的实际需求,积极推进人口基础信息资源的建设、共享和应用。从 2002 年发布的《国家信息化领导小组关于我国电子政务建设指导意见》开始,国家提出"十五"建设的重要任务之一就是创建人口基础信息资源数据库。自此,各级、各地政府开始人口基础信息数据库的建设工作。国务院信息化办公室、公安部、劳动和社会保障部、税务总局、国家标准委等五部委联合于 2004 年 3 月 1 日正式启动了《人口基础信息共享试点》的工作,首批试点在上海市、扬州市和湖南省展开,计划于 2006 年建成一个完整的全国人口基础信息数据库。① 随着我国电子政务建设的飞速发展,人口基础信息资源建设对政府针对辖区内人口的管理和服务工作的重要性日益凸显,经过近些年来的发展,我国基本形成了中央至区县的人口数据库的多级体系。②

在国家方面,从 2004 年下半年开始,由公安部负责组织建设的部级人口信息管理系统/全国人口基本信息资源库,截止到 2008 年已加载 13 亿多人口的基础数据。全国各地的地方政府纷纷围绕人口基础数据库建设和共享展开工作。广东省建成开通了社保数据共享中心和企业基础信息共享中心,完成了省级平台与佛山、揭阳两个地市信息共享平台的互联互通,开展了信息共享电子监察工作。广州市采用多部门相互合作的形式,以市公安局、劳动保障局、民政局、卫生局、交委和人事局等部门为主体,构建包括公民身份证号码、姓名、性别、民族、出生地、出生日期等基本信息的自然人基础数据库。在自然人数据库的基础上,为市民提供社保、医保、医疗卫生、住房公积金、电话话费等服务,此外,广州市政府还加强

---

① 国家信息化领导工作小组办公室:《关于开展人口基础信息共享试点工作的通知》(国信办[2003]62 号)。

② 王进孝:《人口基础信息资源建设、共享与应用研究》,《电子政务》2010 年第 1 期,第 46 页。

流动人口信息、残疾人就业信息共享,大大提高了流动人口暂住证管理、残疾人就业保障服务等工作水平。北京市从 2003 年启动了人口基础数据库的建设和共享工作,到 2009 年底,一期工程建设完成并投入使用。北京市人口基础信息资源数据库以市级政务信息资源共享交换平台为依托,基本实现相关部门的人口基础信息数据采集和交换,初步建成覆盖全市实有人口的基本信息、扩展信息和业务协助信息 3 个层次的人口基础信息库,相关的人口基础数据库支持民政、卫生、公安、劳保等 8 个部门的数据核对工作,并实现基于人口基础信息库的比对、查询等功能。福建省人口基础数据库一期工程到 2009 年上半年也建立了人口基础信息交换共享系统,对带动和促进政府之间的信息共享,加强人口信息管理,提高政府各职能部门之间的业务协作能力提供了重要的条件。这个系统不仅可以为居民提供公积金、社保、医保、低保等基本的人口信息查询服务;而且还可以满足个人信用监督、户籍管理、计划生育、社会治安等中大电子政务应用和管理系统对人口数据的需求。扬州作为国家唯一地级市人口基础信息资源数据库建设的试点城市与上海市、湖南省共同率先开展人口基础信息共建共享工作。扬州市公安、劳动部门的人口信息数据共享,解决了长期以来的骗保问题;公安、税务部门的人口信息共享提高了破案效率;银行部门利用公安部门的身份核查系统,提高了办事效率。

**2. 地理空间基础信息资源管理与共享**

政务地理空间信息资源作为政务信息资源中的一种特殊的信息资源内容,承担着所有政务信息资源空间位置框架的重要职能,在电子政务重要基础信息资源的建设中具有重要的战略意义。根据《国家电子政务总体框架》的要求,政务地理空间信息资源共享交换服务体系由服务、业务与应用系统、信息资源、基础设施、体制机制、法律法规与标准化体系等方面构成。从技术实现的角度来看,政务地理空间信息资源管理与共享服务体系的技术框架可划分成基础设施、政务地理空间信息资源、政务地理空间信息资源目录体系、政务地理空间信息资源共享平台、业务应用系统以及门户 6 大内容层面和政策法规与标准规范体系、信息安全体系两大支撑手段保障。政务地理空间信息资源管理与共享服务应用体系是一个应用于各个政府部门的横向体系,这一体系通常由一个服务应用中心、多个信息分中心构成。在国家、省(自治区、直辖市)、区(县)以及乡镇(街道办)的多级纵向行政体制中,这一体系同样适用于每个应用层面,因此,整个体系由多级架构组成,适应了"两级政府、三级管理、四级网络"的城市政府管理模式。

北京市在政务地理空间信息资源数据库建设过程中,从共享分级和服务分类角度出发,统一规划了全市"三横、四纵"的政务地理空间信息资源数据库总体构成,如图 2-1 所示。北京市政府从 2001 年开始组织全市统一的五大基础共享数据库建设,具体包括:遥感影像数据库、数字线划图数据库、政务电子地图数据库、地址数据库以及政务信息图层数据库。这五大数据库是开展政务地理空间信息资源共享、服务以及应用所必需的地理空间基础性设施,如图 2-2 所示。2005 年 7 月北京市政府开始启动政务地理空间信息资源共享服务平台的建设项目,将北京市现有的政务地理空间信息资源进行集中管理和提高共享服务。2007 年 4 月,这一系统正式上线,为全市 40 多个政府部门和下辖行政区域提供共享服务。该系统在财政、教育、卫生、交通、公安、国土、绿化、农业、应急指挥以及城市管理等领域的 40 多个政府部门得到广泛运用。市应急办、安全生产监督局、质量技术监督局、东城区、海淀区等一批政府部门基于政务地理空间信息资源共享平台所提供的二次开发接口共享模式也成功地搭建了各自的业务系统,取得了显著的应用成效。这是国内首个在超大型城市实现的网络环境下大范围、跨行业、跨领域的政务地理空间信息资源共享平台。

北京市政务地理空间信息资源管理与共享服务应用体系的建设,使全市初步形成了比较完善的政务地理空间信息资源开发利用框架,推动了政府信息的共享、公开与应用,也加强了城市的综合管理。这些政务地理空间信息资源的开发利用,增强了政府的管理能力、决策能力和应急处

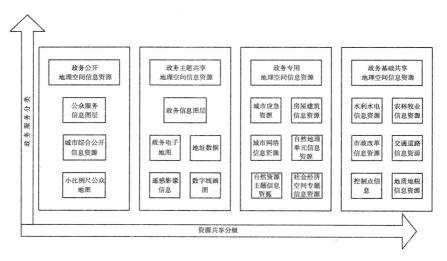

**图2-1    北京市政务基础空间信息资源数据库总体构成①**

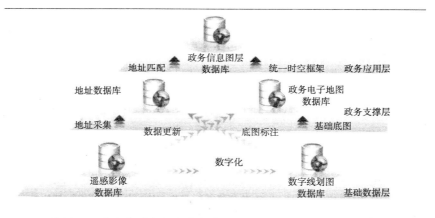

**图2-2    北京市政务基础共享地理空间信息资源数据库构成②**

---

①    付哲、彭凯、李军、陈桂红:《政务地理空间信息资源管理与共享服务应用体系研究与实践》,《电子政务》2010 年第 1 期,第 27 页。

②    付哲、彭凯、李军、陈桂红:《政务地理空间信息资源管理与共享服务应用体系研究与实践》,《电子政务》2010 年第 1 期,第 27 页。

理能力,提高了政府的工作效率和公共服务水平,在政府日常管理、辅助决策支持、跨部门业务协同等方面发挥着不可或缺的重要作用。

**3. 法人单位基础信息库的建设与共享**

在我国,法人单位基础信息库建设由国家质检总局牵头、多部门参加,以法人单位组织机构代码为统一标识,以编办、民政、工商、质检等部门对法人管理的注册登记、变更、注销等法人信息为依据。建设法人单位基础信息库的目的就是为了实现全国法人基础信息共享与公开,促进跨部门的网络化协同办公和业务协作,为执法部门履行监管职能和为国家宏观经济决策提供信息支撑,并为社会提供广泛、准确、动态的法人信息咨询服务。法人库建设的含义包括三个层次:一是要建设以组织机构代码为唯一标识的基础数据库和查询服务系统;二是向社会提供服务;三是其他业务系统根据需求在此基础上建立其业务数据库。法人单位基础信息库主要包括标准规范体系建设、网络系统建设、数据处理与存储系统建设、法人单位基础信息数据库建设、应用支撑平台建设、数据交换平台建设、法人库应用系统建设及信息安全体系建设。

2007 年 10 月 11 日,国家发改委高新司召集法人库建设单位,通报了国新办正式向国家发改委传递对《法人单位基础信息库项目建议书》(报批稿)的意见。2007 年 11 月启动了法人单位及相互信息库标准体系的建设,并在此基础上筹备成立法人库标准化专业技术组织。2008 年 3 月起,法人库标准系统研究工作全面开展。目前,地方的一些省份如北京市、河北省、山东省、湖北省和福建省等省市法人单位信息库的建设已基本完成,福建省的法人单位信息库于 2008 年 8 月已经顺利通过专家的验收。此外,陕西省、湖南省、云南省、宁波市等省市的法人单位信息库都在有条不紊地建设当中。①

---

① 国家信息中心、中国信息协会编:《中国信息年鉴 2009》,中国信息年鉴期刊社 2009 年版,第 225 页。

### 4. 宏观经济数据库的建设与共享

宏观数据库是要满足国家宏观经济数据源管理、数据加工处理、数据存储管理等多方面的功能需求,而不只是一个单独的数据库系统,是一个大型分布式宏观经济数据管理环境。①　宏观经济数据库是整体政府各部门信息资源、实现信息资源共享、规范政府信息发布、建立服务型政府、创造良好投资环境的重要举措。

宏观经济数据库建设项目工程包括宏观经济数据库核心系统和支撑子系统两个重要组成部分。主要建设内容包括:①建立具有科学性、真实性、可比性的宏观经济数据库指标体系,使宏观经济数据库的内容既边界清晰,又尽可能涵盖国民经济、社会发展、科技教育、环境资源等方面宏观情况;②在国家统计局建立宏观经济数据库核心系统,在相关部委建立交换节点系统,在各省级统计局、重点城市统计局建立宏观经济数据库的分布式节点,以开放的体系结构支撑宏观经济数据库的运行和应用;③利用各级政务网络资源连接同级决策领导机构和宏观经济管理部门,进行部门宏观经济数据交换,支持宏观经济运行管理和决策。

自从 2006 年 4 月宏观经济管理信息系统("金宏"工程)初步设计批复以来,工程进展顺利。宏观经济管理数据库要在各部门业务数据库和本部门建设业务系统的基础上,依据统一的信息资源指标体系和信息资源开发标准,重点建设 10 个共享数据库:国家财政预算收支共享数据库、金融共享数据库、外贸进出口共享数据库、外经共享数据库、国际收支共享数据库、国有重点企业共享数据库、重要商品价格共享数据库、经济统计共享数据库、国民经济发展规划计划共享数据库和经济文献共享数据库。目前除了国际收支共享数据库和国有重点企业共享数据库之外,其他 8 个共享数据库都已分别完成开发、部署、调试、测试

---

①　姚景源:《宏观经济数据库为中国经济助跑》,《财经界》2003 年第 6 期。

和初步验收工作。

### (三)共享业务系统初显成效

从政务信息资源业务系统建设看,跨部门和跨地区政务信息共享平台和系统建设效果明显,主要表现为:(1)从纵向上看,为落实中办发〔2002〕17 号文关于"建设和完善重点业务系统,加快 12 个重要业务系统建设"的精神,国家各部委力推的"十二金"工程建设项目有序推进,初步形成了中央到地方各层级政府之间互联互通的格局。(2)从横向上看,为落实《行政许可法》、国信〔2006〕2 号文以及《国民经济和社会发展信息化"十一五"规划》关于"到 2010 年,50% 以上行政许可项目将实现在线处理"的精神,地方政府积极探索和推行"一站式"网上行政审批系统和"一站式"网上联合审批系统的建设,实现了 50% 以上的行政许可事项在线审核的要求。

#### 1. "十二金"工程建设的基本情况

1993 年 12 月,我国正式启动了国民经济信息化的起步工程——"三金"工程,即金桥工程、金关工程和金卡工程。"三金"工程的启动,标志着我国"金"字工程全面铺开。2002 年 8 月 5 日,中共中央办公厅、国务院办公厅转发了《国家信息化领导小组关于我国电子政务建设的指导意见》(中办发〔2002〕17 号),文件明确指出:"建设和完善重点业务系统,加快 12 个重要业务系统建设。要继续完善已取得初步成效的办公业务资源系统、金关、金税和金融监管(含金卡)4 个工程,促进业务协同、资源整合;启动和加快宏观经济管理、金财、金盾、金审、社会保障、金农、金水、金质等 8 个业务系统工程建设,相应构建标准化体系和安全保障体系,进一步推进电子政务的发展"。"十二金"工程建设的基本情况,如表 2-3 所示。

表 2-3　"十二金"工程建设的基本情况

| 工程名称 | 启动时间 | 牵头单位 | 建设内容 |
|---|---|---|---|
| 办公资源信息系统 | 2005 年 | | 主要建设内容是:网络系统建设、应用系统建设、信息服务系统建设、安全体系建设和标准规范体系建设。其中核心内容的应用系统建设由代表工作管理系统、会议工作管理系统、立法工作管理系统、监督工作管理系统、机关工作管理系统和综合信息系统共计 6 大系统32 个子系统,以及"中国人大网"组成。 |
| 金宏工程 | 2005 年 | 国家发展和改革委员会 | ①系统平台:以国家统一建设的电子政务网络平台为依托,以共建部门现有资源为基础,形成宏观经济管理部门互联互通、信息共享和业务协同的基本环境。②信息共享平台和应用集成环境:一是建立信息资源交换体系,制定信息交换规则,形成信息共享机制。二是建立信息资源共享平台,形成宏观经济领域的信息共享环境。三是建设应用支撑与集成环境。③共享信息数据库:共建部门在本部门业务数据库的基础上,依据统一的信息资源目录体系和信息资源开发标准,统一规划、建设和管理共享信息数据库。④宏观经济管理业务应用系统:根据宏观经济管理的需要,一是充实和完善共建部门现有相关业务应用系统;二是建设一批宏观经济管理急需的重点业务应用系统;三是构建宏观经济管理辅助决策支持系统。⑤跨部门业务协同机制和网络化流程:依据政府职能转变与政务信息化的需要,逐步构建符合宏观经济管理需要的电子政务协同基础架构。⑥统一的系统保障环境:一是建立统一的信息标准、软件开发标准、应用标准等。二是依据信息内容,划分不同的安全域,实施等级保护,构建信息安全保障体系。三是重视体制创新,规范管理制度,加强队伍建设,提高保障水平。 |
| 金税工程 | 1994 年 | 国家税务总局 | 目前运行的金税工程二期于 2001 年开始运作,主要监控对象是增值税专用发票。"金税三期"旨在建立一个基于统一规范的应用系统平台,依托税务系统计算机广域网,以总局为主、省局为辅高度集中处理信息,功能覆盖各级税务机关税收业务、行政管理、决策支持、外部信息应用等所有职能的功能齐全、协调高效、信息共享、监控严密、安全稳定、保障有力的中国电子税务管理信息系统。简而言之,就是"一个平台,两级处理,三个覆盖,四个系统"。 |

| 工程名称 | 启动时间 | 牵头单位 | 建设内容 |
|---|---|---|---|
| 金关工程 | 2001 年 | 外经贸部 | 近期目标是建设好配额许可证管理、进出口统计、出口退税、出口收汇和进口付汇核销四个应用系统,实现外经贸相关领域的网络互联和信息共享;中长期目标是逐步推行各类对外经贸业务单证的计算机网络传输,提高对外经济贸易的现代化管理水平,实现国际电子商务,增强国家的宏观调控能力。<br>口岸电子执法系统(对外称中国电子口岸)——是我国"金关工程"建设当前重点应抓的工作之一。是海关总署等 12 个部委在电信公网上(Internet),联合共建公共数据中心,用于存放进出口业务信息流、资金流、货物流电子底账数据,实现政府部门间数据交换和数据共享,并作为口岸管理与服务的门户网站。 |
| 金财工程 | 2006 年 | 财政部 | 政府财政管理信息系统,简称 GFMIS。<br>按两期完成,2006 年为一期工程,完成中央一级和省一级的中央级和省级政府财政管理信息系统建设,完成大部分地市级及半数左右县级政府财政管理信息系统建设。系统于 2008 年全面完成,计划在"十五"期间全面完成中央和省级政府财政管理信息系统建设,完成大部分市(地)级政府财政管理信息系统建设。 |
| 金卡工程 | 1993 年 | 中国银联 | 以电子货币应用为重点启动的各类卡基应用系统工程。 |
| 金审工程 | 2002 年 | 审计局 | 金审工程一期的任务是:应用系统建设、局域网建设、安全系统建设、标准规范建设和人员培训。金审工程二期建设的目标:为有效履行国家审计在信息化条件下对财政财务收支的真实、合法和效益的审计监督职责,初步建成国家审计信息系统,培养适应信息化的审计队伍,有效提升审计监督能力。 |
| 金水工程 | 2001 年 | 水利部 | 搭建一个先进、实用、高效、可靠并且具有国际先进水平的国家防汛抗旱指挥系统。金水系统将覆盖 7 大江河重点防洪地区和易旱地区,能为各级防汛抗旱部门及时、准确地提供各类防汛抗旱信息,并能较准确地作出降雨、洪水和旱情的预测报告,为防洪抗旱调度决策和指挥抢险救灾提供有力的技术支持和科学依据。 |

| 工程名称 | 启动时间 | 牵头单位 | 建设内容 |
|---|---|---|---|
| 金质工程 | 2002年 | 国家质量监督检验检疫总局 | "金质工程"的建设内容包括"一网一库三系统"的建设,即建设质检业务监督管理系统、质检业务申报审批系统、质检信息服务系统,建设质检业务数据库群,建设软硬件及网络平台。 |
| 金盾工程 | 2002年 | 公安部 | 第一期建设期间为2002—2004年,重点建设好一、二、三级信息通信网络以及大部分应用数据库和共享平台;第二期建设周期为2005—2006年,主要任务是完善三级网及延伸终端建设,以及各项公安业务应用系统建设,逐步实现多媒体通信。 |
| 金保工程 | 2003年 | 劳动和社会保障部 | 利用先进的信息技术,以中央、省、市三级网络为依托,支持劳动和社会保障业务经办、公共服务、基金管理和宏观等核心应用,覆盖全国的统一的劳动和社会保障电子政务工程。 |
| 金农工程 | 2003年 | 农业部 | 开发四个系统、整合三类资源、建设两支队伍、完善一个服务网络。其中,开发四个系统:农村市场服务系统、农产品批发市场价格信息服务系统、农业科技信息联合服务系统、农业管理服务系统。整合三类资源:整合部内信息资源,建立稳定的涉农信息收集、沟通渠道。建立起与海关总署、粮食局、供销总社、国家计委、外经贸部等涉农部门的信息支持协作机制,开发国际农产品生产贸易信息资源。建设两支队伍:高素质的农业信息管理服务队伍、农村信息员队伍。 |

从上表不同"金字工程"的内容可以分析出,"十二金"工程可以分为三类:一类是对加强监管、提高效率和推进公共服务起到重要作用的办公业务资源系统、宏观经济管理系统;二类是增强政府收入能力,保证公共支出合理性的金税、金关、金财、金融监管(含金卡)、金审等5个业务系统;三类是保障社会秩序、为国民经济和社会发展打下坚实基础的金盾、社会保障、金农、金水、金质等5个业务系统建设。

国务院17号文件之后,明确了电子政务以"十二金"、"两网一站四库"为建设与应用的重点。"两网"就是政务内网和政务外网,"一站"就是政府门户网站；"四库"就是人口、法人单位、空间地理和自然资源、宏观经济等四个基础数据库。"十二金"、"两网一站四库"涉及了信息资源开发、信息基础设施建设与整合、信息技术应用等领域,覆盖了我国电子政务建设和应用的多个方面,初步构成我国电子政务建设和应用的基本框架。

**2. 行政审批系统建设的基本情况**

2003 年,我国颁布了《行政许可法》,该法规范了行政许可的设定和实施,保护了公民、法人和其他组织的合法权益。同年,国务院发布了关于贯彻实施《中华人民共和国行政许可法》的通知(国发[2003]23 号),通知指出:"保证行政许可法全面、正确地实施,并以此促进各级人民政府和政府各部门严格依法行政,是各级行政机关的一项重要职责"。国务院信息化工作办公室 2006 年发布的《国家电子政务总体框架》(国信[2006]2 号)和《国民经济和社会发展信息化"十一五"规划》规定"到2010 年,50% 以上行政许可项目将实现在线处理"。

推进行政审批制度改革,实现"一站式"网上行政审批,对于深化行政管理体制改革、完善社会主义市场经济体制、从源头上防治腐败、维护人民群众切身利益,都具有重要意义。各地方政府也积极开展"一站式"网上行政审批系统的建设工作,初步形成了"省、市、县(区)"三级政府的"一站式"网上行政审批系统、同级政府各组成部门的"一站式"网上行政审批系统、跨层级跨部门的"一站式"网上联合行政审批系统的格局。本节以广东省为例,详细介绍行政审批系统建设的基本情况。

(1)"省、市、县(区)"三级政府的"一站式"网上行政审批系统

为贯彻落实《行政许可法》和《国民经济和社会发展信息化"十一五"规划》的精神,广东省积极开展行政审批制度改革工作,各地市也结合其经济和社会发展的实际情况,积极开展和推动"一站式"网上行政审批系统建设。

截至 2009 年 12 月 31 日的统计数据,广东省共有 21 个地级市,23 个

县级市、41个县、3个自治县、54个市辖区。① 由于地市和县区样本量较大,本节结合广东省四大功能区的划分,抽取广州市、深圳市(都市发展区)、佛山市和珠海市(优化发展区)、肇庆市和清远市(重点发展区)、韶关市和河源市(生态发展区)共计8个地级市作为地市样本,如图2-3所示。选择肇庆市的各县市区,作为县区样本,如图2-4所示。广东省"省、市、县(区)"三级政府的"一站式"网上行政审批系统建设情况如表2-4所示。

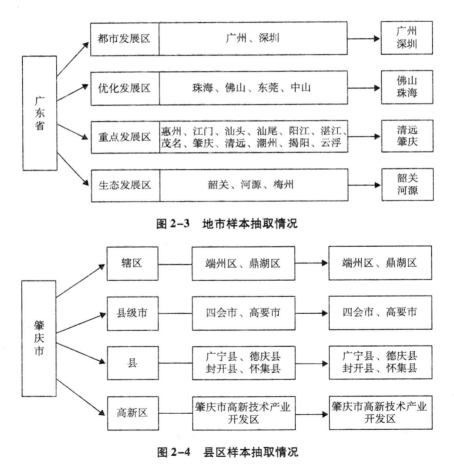

图2-3　地市样本抽取情况

图2-4　县区样本抽取情况

---

① 广东年鉴编纂委员会编:《广东年鉴2010》,广东年鉴社2010年版。

表 2-4　广东省"一站式"网上行政审批系统建设情况

| 政府层级 | 网站名称 | 网址 | 功能模块 |
|---|---|---|---|
| 省 | 广东省政府门户网站办事大厅 | http://www.gd.gov.cn/wsbs/ | 网上办事大厅、行政审批服务指南、百件实事网上办、儿童服务、青少年服务、妇女服务、残疾人服务、外国人服务、流动人口服务、农民服务、常用办事表格、热点办事服务、实用查询工具、部门交通指引、部门联系电话、办事政策解读 |
| 市 | 中国广州政府：网上办事大厅；百姓政府服务网上办 | http://www.gz.gov.cn/ | 网上办事大厅：市民服务中心、企业办事大厅、我的门户<br>百姓政府服务网上办：信息公开、按主题分类办事、按机构分类办事、百姓绿色通道、百姓实事网上办、办理结果 |
| | 深圳市行政服务中心 | http://www.szzw.gov.cn/ | 首页、大厅概况、法律事务、网上办事、政务公开、并联审批、咨询投诉、联系我们 |
| | 佛山市网上审批服务大厅 | http://wssp.fsxzfw.gov.cn/ | 网上申报、办事指南、表格下载、查询公示、咨询帮助、各地市网上审批服务大厅、按部门列表审批、市民服务、企业服务、专题导引、大厅公告、常见问题 |
| | 珠海政务服务网 | http://www.zhzw.gov.cn/ | 首页、信息公开、政务服务大厅、公共资源交易大厅、咨询投诉大厅、网上申报、窗口分部、联办事项流程、全市审批事项办事指南、审批事项公告、市公共资源交易中心项目公告 |
| | 肇庆市人民政府行政服务中心 | http://www.zqas.gov.cn | 首页、中心概况、政务信息、审批索引、办结公告、网上办事、网上咨询、网上投诉、要素市场业务信息、政策法规 |
| | 清远市人民政府行政服务中心 | http://qyasc.gdqy.gov.cn/ | 网站首页、政务公开、服务大厅、上网服务、中心公告、工作专题、中心动态、进驻中心窗口单位办事指南、审批事项公告 |
| | 韶关市行政服务中心 | http://www.sgxzfw.gov.cn/approve/Index.jsp | 首页、我的事务、办事大厅、公告大厅、便民服务、使用指南 |
| | 河源市人民政府网行政许可网 | http://heyuan.gov.cn | 办事指南、行政许可网上办、百件实事网上办、场景式服务、表格下载、便民服务 |

| 政府层级 | 网站名称 | 网址 | 功能模块 |
|---|---|---|---|
| 县（区） | 端州区行政服务中心 | http://sp.zqdz.gov.cn/website/approve/approveSiteAction.action | 首页、个人办事、企业办事、公告大厅、办事查询、我的事务、咨询投诉、政务中心、使用指南 |
| | 鼎湖区行政服务中心 | http://218.15.232.140：8080/website/approve/approveSiteAction.action | 首页、市民办事、企业办事、公告大厅、办事查询、我的事务、咨询投诉、政务中心、使用指南 |
| | 四会市行政审批大厅 | http://sp.gdsihui.gov.cn/ | 首页、我的事务、市民办事、企业办事、公告大厅、咨询服务、政务中心、使用指南、办事预约、光荣榜 |
| | 高要市行政审批服务网 | http://as.gaoyao.gov.cn/website/approve/approveSiteAction.action | 首页、市民办事指南、企业办事指南、办结事项公告、办事查询、注册申请、咨询投诉、政务中心、使用指南 |
| | 广宁县行政服务中心 | http://121.10.254.140/website/approve/approveSiteAction.action | 首页、市民办事、企业办事、公告大厅、办事查询、我的事务、咨询投诉、政务中心、使用指南 |
| | 德庆县行政服务中心 | http://218.15.233.131/website/approve/approveSiteAction.action | 首页、市民办事、企业办事、公告大厅、办事查询、我的事务、咨询投诉、政务中心、使用指南 |
| | 封开县行政服务中心 | http://121.10.255.5:8888/website/approve/approveSiteAction.action | 首页、市民办事、企业办事、公告大厅、办事查询、我的事务、咨询投诉、政务中心、使用指南 |
| | 怀集县行政服务中心 | http://sp.huaiji.gov.cn/website/approve/approveSiteAction.action | 首页、市民办事、企业办事、公告大厅、办事查询、我的事务、咨询投诉、政务中心、使用指南 |
| | 肇庆市高新技术产业开发区行政服务中心 | http://www.zqhz.xzfwzx.com/website/approve/approveSiteAction.action | 网站首页、中心介绍、信息公开、办事指南、办件查询、政务监督、政策法规、服务咨询 |

（2）同级政府各组成部门的"一站式"网上行政审批系统

依据法律法规设立的行政审批事项,按照政府职能的划分,分布在政府各部门,而政府办公大楼分散在辖区不同地方,使得老百姓办理行政审批事项时需跑部门。而行政服务中心的建设,实现了由"分散式"审批到"一楼式"审批,在一定意义上方便了公民办事,提高了行政效率。但是,老百姓办理行政审批事项从"跑部门"到"跑窗口",未能真正为老百姓提供有效高质量服务。同时,为落实《行政许可法》和《国民经济和社会发展信息化"十一五"规划》精神,地方政府积极推进"一站式"网上行政审批系统的建设,从表2-3 行政审批建设的内容可以得知,各政府在行政审批建设中,已经将起政府各部门纳入行政审批系统,形成行政审批事项审批上线的全覆盖。

（3）跨层级跨部门的"一站式"网上联合行政审批系统

随着"一楼式"物理集中式行政审批模式局限性越来越明显,一些地方政府、一些政府部门开始尝试虚拟的、"一站式"网上联合行政审批系统的建设,促进电子政务应用实现了从分散到物理集中、从"物理式"集中审批到虚拟的、"一站式"网上联合行政审批的跨越,实现了跨层级跨部门之间政务信息资源的共享。本项研究的第六章"联合审批:政务信息资源共享的应用(上)"会详细介绍跨层级跨部门"一站式"网上联合行政审批系统的建设情况。

# 第三章 我国政务信息资源共享 存在的问题分析

## 一、我国政务信息资源共享存在的问题

### (一)电子政务中政务信息资源共享情况调查统计

从 2008 年 10 月到 2010 年 4 月间,针对我国电子政务建设与应用过程中电子政务应用的绩效情况、政务信息资源交换共享情况,以及影响我国电子政务应用与政务信息资源共享的各种因素,进行了全国性的访谈、实地考察、参与式观察和问卷调查。在访谈、实地考察和参与式观察的基础上,我们设计了两套调查问卷:一套适用于政府部门的调查问卷(A卷);另一套适用于市民、企业和其他社会组织的调查问卷(B卷)。两套问卷一共发出 8448 份,共收回问卷 8347 份。其中,A 卷发出(包括:中央直管和省级以下垂直管理部门 681 份、非垂管的职能部门 1602 份、各行政层级的政府办公厅/办公室 450 份)2733 份,收回 2701 份;B 卷发出(包括:企业 1203 份、非政府的其他社会组织 1203 份、25 岁以上的城市居民3309 份)5715 份,收回 5646 份。问卷调查对象的抽样与数量,三类不同区域的各类调查对象都按照 1:1:1的等比例进行抽样。

#### 1. 电子政务应用情况的调查统计

从对政府及部门的调查情况来看:

(1)问卷调查问题"您所在部门运用电子政务手段来处理业务的情况"的统计结果。就总体情况而言,34.83% 的调查对象选择了"只是运

用办公系统处理公文和内部分发电子邮件";46.02%的调查对象选择了"大约10%的业务的某些环节是通过电子政务手段办理";只有19.15%的调查对象选择了"大约40%～60%的业务基本上都可以全程通过电子政务手段办理"。如图3-1所示。根据这一统计结果,说明我国电子政务应用大部分还处在基本层次水平上,属于基础性应用;而且应用程度、应用深度各地和各部门极不平衡。电子政务应用水平的不平衡性也是导致政务信息资源共享程度差的一个重要原因。

就三类不同地方调查的情况而言,东部沿海及经济社会发达地区:26.24%调查对象选择了"只是运用办公系统处理公文和内部分发电子邮件";44.45%的调查对象选择了"大约10%的业务的某些环节是通过电子政务手段办理";29.31%的调查对象选择了"大约40%～60%的业务基本上都可以全程通过电子政务手段办理"。中部经济社会欠发达地区:29.20%的调查对象选择了"只是运用办公系统处理公文和内部分发电子邮件";50.60%的调查对象选择了"大约10%的业务的某些环节是通过电子政务手段办理";20.20%的调查对象选择了"大约40%～60%的业务基本上都可以全程通过电子政务手段办理"。西部经济社会发展落后地区:32.05%的调查对象选择了"只是运用办公系统处理公文和内部分发电子邮件";52.07%的调查对象选择了"大约10%的业务的某些环节是通过电子政务手段办理";15.88%的调查对象选择了"大约40%～60%的业务基本上都可以全程通过电子政务手段办理"。如图3-2所示。

这说明,我国电子政务应用的深度在地区分布上来说,极不平衡;同时,电子政务应用深度的这种不平衡又基本上是与我国经济社会发展水平不平衡相适应的,这也再一次证明社会需求决定电子政务应用的发展规律。

(2)问卷调查问题"如果您所在的部门运用电子政务手段来办理业务还比较少,您认为的原因"的统计结果。65.6%的调查对象选择了"缺

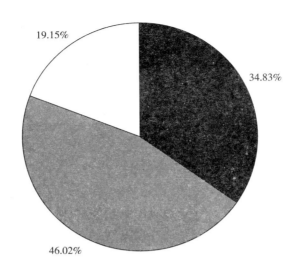

19.15%

34.83%

46.02%

■ 只是运用办公系统处理公文和内部分
  发电子邮件
■ 大约10%的业务的某些环节是通过电
  子政务手段办理
□ 大约40%~60%的业务基本上都可以全
  程通过电子政务手段办理

**图3-1    "您所在部门运用电子政务手段来处理业务的情况"的统计结果图**

乏法律支撑,电子化的办理还不是最终的办理,最终还是要纸制文本的办理";62.7%的调查对象选择了"领导不够重视";56.2%的调查对象选择了"不习惯电子政务方式处理业务";55.8%的调查对象选择了"担心网络不安全";54.6%的调查对象选择了"系统不够便捷,也缺乏实用性"。如图3-3所示。这说明,这几个方面是影响我国电子政务应用的普遍性因素。同时,这也说明推进电子政务建设和应用,健全和完善相关法制、领导重视和带头应用、更新观念、加强电子政务安全、优化电子政务系统和提高电子政务系统的便捷型与实用性,都是非常重要的工作内容。

但就"信息化基础设施不健全,业务系统不完善"这个选项而言,东部沿海及经济社会发达地区30.8%的调查对象选择了这个选项;中部经济社会欠发达地区43.9%的调查对象选择了这个选项;西部经济社会发

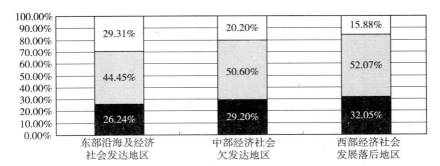

图 3-2　三类地区关于"您所在部门运用电子政务手段来
　　　　处理业务的情况"的统计结果图

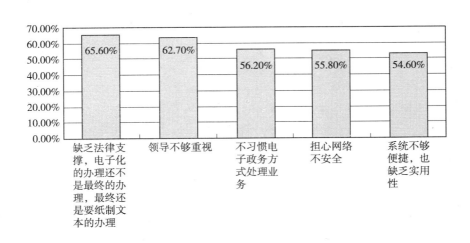

图 3-3　"如果您所在的部门运用电子政务手段来办理业务还比较少,
　　　　您认为的原因"的统计结果图

展落后地区 46.6% 的调查对象选择了这个选项。如图 3-4 所示。

　　就"大量行政相对人缺乏对电子政务方式的了解,他们基本不使用
电子政务"这个选项而言,东部沿海及经济社会发达地区 40.1% 的调查

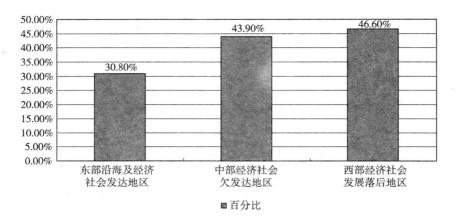

图3-4   三类地区关于"信息化基础设施不健全,业务系统不完善"的统计结果图

对象选择了这个选项;中部经济社会欠发达地区 52.2% 的调查对象选择
了这个选项;西部经济社会发展落后地区 61.8% 的调查对象选择了这个
选项。如图 3-5 所示。

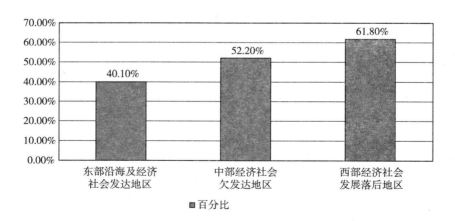

图3-5   三类地区关于"大量行政相对人缺乏对电子政务方式的了解,
         他们基本不使用电子政务"的统计结果图

就"缺乏应用电子政务的基本素质和水平"这个选项而言,东部沿海
及经济社会发达地区 23.7% 的调查对象选择了这个选项;中部经济社会

欠发达地区 33.4% 的调查对象选择了这个选项;西部经济社会发展落后地区 36.5% 的调查对象选择了这个选项。如图 3-6 所示。

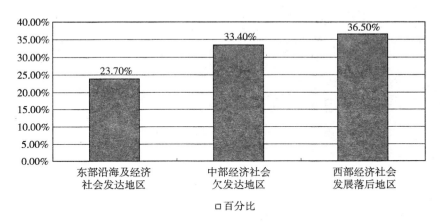

**图3-6 三类地区关于"缺乏应用电子政务的基本素质和水平"的统计结果图**

不同的地区,调查对象对这几个选项所表现出的不同选择数量表明,处在电子政务建设和应用不同阶段、不同水平上,电子政务建设的任务、内容应该有不同的重点。对于中西部地区而言,加大电子政务建设的投入、完善信息化基础设施、完善业务系统、提高应用电子政务的素质和水平,应成为现阶段推进电子政务建设和应用的重要工作内容。

(3)问卷调查问题"从您所在部门的实际情况出发,您认为当前影响电子政务绩效水平的主要因素是"的统计结果。如图 3-7 所示。

图 3-7 的统计显示,64.8% 的调查对象选择了"相关法律制度不健全,缺乏电子政务方式与原有方式、制度的配套";63.6% 的调查对象选择了"政务信息资源分散、业务系统分割,分散建设、分散应用无法形成统一整体";61.4% 的调查对象选择了"领导不够重视";44.9% 的调查对象选择了"业务流程不优化";42.3% 的调查对象选择了"电子政务系统缺乏应用需求分析,技术应用与业务处理脱节";40.7% 的调查对象选择了"电子政务系统不够优化,操作不便捷,缺乏实用性"。

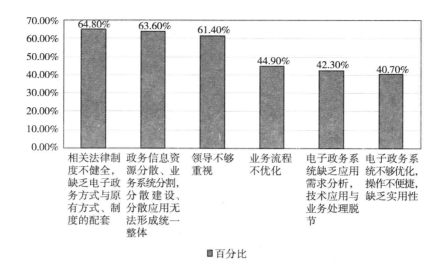

**图3-7** "从您所在部门的实际情况出发,您认为当前影响电子政务绩效水平的主要因素是"的统计结果图

这说明推进电子政务建设和应用,经过从 20 世纪 80 年代开始的办公自动化到今天的政府上网工程、"一站式"服务、网上办事,在强化建设的基础上,要提高应用水平、提高业务系统和信息化基础设施的利用率、提高电子政务绩效,就必须一手抓硬件建设、业务系统建设及其优化;一手抓管理和应用。"抓管理"主要是扫清电子政务应用的体制性障碍,将电子政务建设、应用与深化行政管理体制改革结合,健全法制和相关配套措施,强化标准规范建设;主要是高度重视电子政务深度应用所必需的政务信息资源管理,特别是资源的整合与共享。在电子政务还处于基本应用水平的地区,应把抓硬件建设、业务系统建设及其优化、电子政务规划放在重点位置;在电子政务处于比较高层次应用水平的地区,应把抓管理和应用放在重点位置。

从对市民、企业和其他社会组织的调查情况来看:

(1)问卷调查问题"您有经常上网的习惯吗"的统计结果。就总体情况而言,57.9% 的调查对象选择了"有";40.1% 的调查对象选择了"没有"。如图3-8所示。

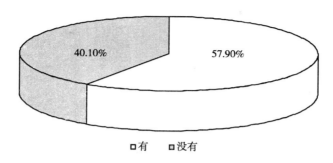

**图3-8**　"您有经常上网的习惯吗"的统计结果图

　　从地区分布来统计分析,东部沿海及经济社会发达地区63.10%的调查对象选择了"有",36.90%的调查对象选择了"没有";中部经济社会欠发达地区54.60%的调查对象选择了"有",45.40%的调查对象选择了"没有";西部经济社会发展落后地区58.40%的调查对象选择了"有",41.60%的调查对象选择了"没有"。如图3-9所示。

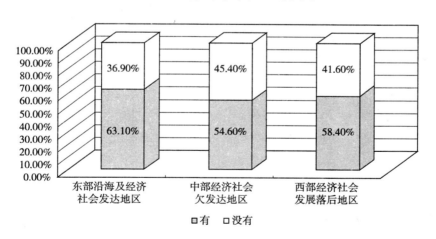

**图3-9**　三类地区关于"您有经常上网的习惯吗"的统计结果图

　　从年龄段分布来统计分析,25～35岁,98%的调查对象选择了"有",只有2%的调查对象选择了"没有";35～45岁,69.3%的调查对象选择了"有",30.7%的调查对象选择了"没有";45～55岁,41.3%的调查对象选择了"有",58.7%的调查对象选择了"没有";55岁以上,23.2%的调查对象选择了"有",76.8%的调查对象选择了"没有"。如图3-10所示。

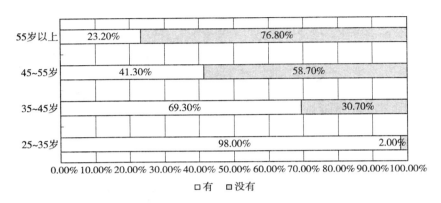

**图3-10　各年龄段人群上网习惯的统计图**

上述统计结果表明:一是上网人数的多少与经济社会发达的程度没有必然联系,上网已经是人们生活中的一项普遍活动;二是上网人数的多少与电子政务的应用程度没有正相关的必然联系,不能简单形成上网的人数多电子政务就会应用得普遍的结论;三是上网人数的多少受年龄和习惯的影响比较大,年龄越大上网的习惯就会越淡薄。

(2)问卷调查问题"您对政府推行的电子政务了解吗"的统计结果。就总体情况而言,22.1%的调查对象选择了"完全不了解";33.4%的调查对象选择了"基本不了解";34.6%的调查对象选择了"基本了解";9.9%的调查对象选择了"完全了解"。如图3-11所示。

就地区的分布情况统计而言,东部沿海及经济社会发达地区:18.85%的调查对象选择了"完全不了解";28.55%的调查对象选择了"基本不了解";39.43%的调查对象选择了"基本了解";13.17%的调查对象选择了"完全了解"。中部经济社会欠发达地区:24.50%的调查对

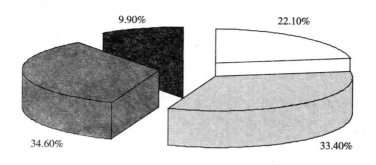

图3-11　"您对政府推行的电子政务了解吗"的统计结果图

象选择了"完全不了解";35.60%的调查对象选择了"基本不了解";
31.20%的调查对象选择了"基本了解";8.70%的调查对象选择了"完全
了解"。西部经济社会发展落后地区:32.02%的调查对象选择了"完全
不了解";34.45%的调查对象选择了"基本不了解";27.42%的调查对象
选择了"基本了解";6.11%的调查对象选择了"完全了解"。如图3-12
所示。

　　这个统计结果表明:一是政府推进电子政务建设、经费投入的程度,
与市民、企业和其他社会组织认可和了解应用的程度,没有必然的内在联
系,政府对电子政务建设只有尊重市民、企业和其他社会组织的需求、充
分将他们的需求吸收到电子政务的建设和应用之中,电子政务才会取得
良好的社会效果。需求导向应成为电子政务建设和应用的一项重要原
则;二是电子政务应用的深度、广度,以及政府将电子政务系统通过一系
列措施在社会中推广、宣传和应用,是电子政务建设与应用工作的重要组
成部分,应当从"重建设轻应用"、电子政务系统只建设而忽视推广应用
的误区中摆脱出来;三是电子政务应用深度、广度以及政府重视宣传和推
广应用不同的地区,市民、企业和其他社会组织对电子政务的了解程度就
不同;四是说明当前我国电子政务应用绩效水平低下的另一个重要原因

就是社会公众缺乏对电子政务的了解。

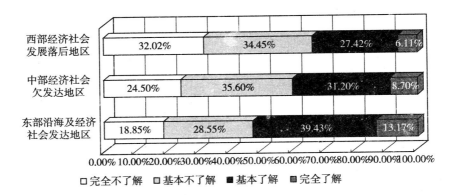

图3-12　三类地区关于"您对政府推行的电子政务了解吗"的统计结果图

（3）问卷调查问题"您是通过什么方式了解电子政务的"统计结果。关于这个问题的回答，40.6%的调查对象选择了"自己通过网络等途径了解"；35.1%的调查对象选择了"到部门办事的时候，政府部门工作人员强行要求电子化"；16.3%的调查对象选择了"政府宣传"；8%的调查对象选择了"其他方式"。如图3-13所示。

这个统计结果表明：提高电子政务的社会应用水平，除了以社会需求为导向，通过电子政务手段方便社会公众办事和获取政府服务之外，还应该通过公共广告、画报、电视等各种宣传品甚至培训，从观念上帮助社会公众提高认识、开展电子政务的长处和优点的宣传，营造电子政务应用的社会氛围。这个方面，新加坡等国外的经验可以借鉴，预算了推广应用的专门经费、采取谁使用谁就获得奖励、专门培训等措施推进电子政务的社会应用。

（4）问卷调查问题"您使用电子政务方式主要用于"的统计结果。就总体情况而言，49.8%的调查对象选择了"浏览、查阅和获取政府相关信息、政策、法规"；12.3%的调查对象选择了"办理行政申请"；37.8%的调查对象选择了"只是一般性的网站浏览和查看新闻"。如图3-14所示。

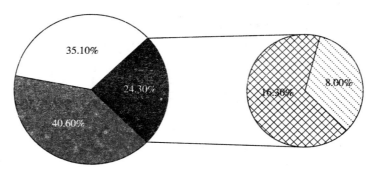

■ 自己通过网络等途径了解
□ 到部门办事的时候，政府部门工作人员强行要求电子化
▨ 政府宣传
▥ 其他方式

**图3-13　"您是通过什么方式了解电子政务的"统计结果图**

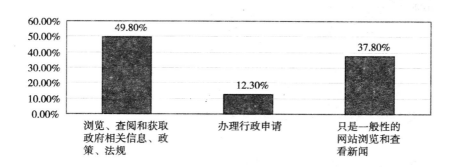

■ 百分比

**图3-14　"您使用电子政务方式主要用于"的统计结果图**

　　就地区的分布情况统计而言,东部沿海及经济社会发达地区:56.8%
的调查对象选择了"浏览、查阅和获取政府相关信息、政策、法规";
19.6%的调查对象选择了"办理行政申请";23.6%的调查对象选择了
"只是一般性的网站浏览和查看新闻"。中部经济社会欠发达地区:
45.5%的调查对象选择了"浏览、查阅和获取政府相关信息、政策、法规";9.9%的调查对象选择了"办理行政申请";44.6%的调查对象选择了"只是一般性的网站浏览和查看新闻"。西部经济社会发展落后地区：47.2%的调查对象选择了"浏览、查阅和获取政府相关信息、政策、法规";7.5%的调查对象选择了"办理行政申请";45.3%的调查对象选择了"只是一般性的网站浏览和查看新闻"。如图3-15所示。

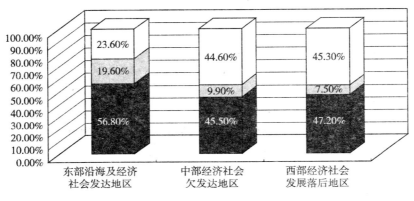

**图3-15　三类地区关于"您使用电子政务方式主要用于"的统计结果图**

这个统计结果表明：一是我国电子政务应用的深度还普遍处于单一方向的政务信息传递、信息服务这个初级层次，只有12.3%的调查对象选择了"办理行政申请"。因此，不失时机地将我国电子政务建设、应用从初级阶段纵深推进到全面应用和互动阶段，非常必要；二是表明了深化政府上网最主要的任务就是要整合网站资源和强化网上办事，进一步拓展网上业务办理的范围和深度；三是在电子政务应用的广度和深度方面，我国地区之间具有较大的差异，电子政务发展、应用比较成熟的地区已经为发展、应用还不成熟的地区提供了非常好的经验，应当及时总结经验，形成具体的措施并结合各地情况得到全面推广施行。

**2. 电子政务应用中政务信息资源共享情况的调查统计**

从对政府及部门的调查情况来看：

（1）问卷调查问题"您所在部门运用电子政务手段处理业务时，您认为您所在部门与其他部门进行信息交换共享有无必要"的统计结果。就总体结果而言，57.7%的调查对象选择了"有必要"；33.6%的调查对象选择了"没有必要"；8.7%的调查对象选择了"不作选择"。如图3-16所示。

从政府部门性质不同的统计来看，垂直部门：44.5%的调查对象选择了"有必要"；43.6%的调查对象选择了"没有必要"；11.9%的调查对象选择了"不作选择"。非垂直的政府部门：70.8%的调查对象选择了"有必要"；23.6%的调查对象选择了"没有必要"；5.6%的调查对象选择了"不作选择"。如图3-17所示。

这个统计结果表明：垂直部门在政务信息资源共享方面，其共享的动力明显落后于非垂直的政府部门。因此，通过电子政务手段深化行政管理体制改革，规范垂直部门与地方政府的关系、打破条块分割，可以说是政务信息资源共享重要任务目标和工作内容；同时，消除部门分割、条块分割体制的障碍，又是促进政务信息资源共享的前提。这个统计结果也进一步表明了促进政务信息资源共享与深化分割管理体制改革二者是相互作用、相互联系、相互影响的。因此，政务信息资源共享问题，不是一个纯粹的技术问题，也不是一个纯粹的技术性解决方案；而是技术与政务有机结合、涉及管理体制变革的深层次政务问题。

（2）问卷调查问题"在电子政务应用过程中，您认为是否存在政务信息资源共享难的问题"的统计结果。就总体结果而言，66.2%的调查对象选择了"存在共享难问题"；27.1%的调查对象选择了"不存在共享难的问题"；6.7%的调查对象选择了"不作选择"。如图3-18所示。

从政府部门性质不同的统计来看，垂直部门：59.5%的调查对象选择了"存在共享难问题"；35.6%的调查对象选择了"不存在共享难的问

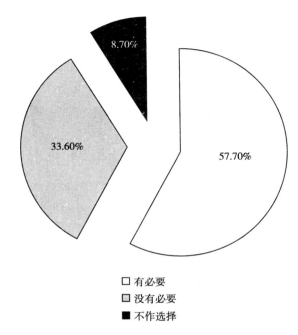

□ 有必要
▨ 没有必要
■ 不作选择

**图3-16**　"您所在部门运用电子政务手段处理业务时,您认为您所在部门与其他部门进行信息交换共享有无必要"的统计结果图

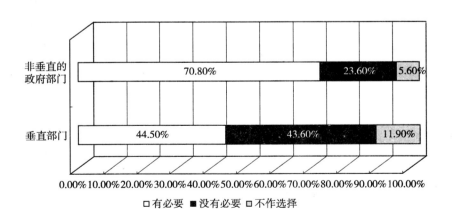

□有必要　■没有必要　□不作选择

**图3-17**　不同性质政府部门关于"您所在部门运用电子政务手段处理业务时,您认为您所在部门与其他部门进行信息交换共享有无必要"的统计结果图

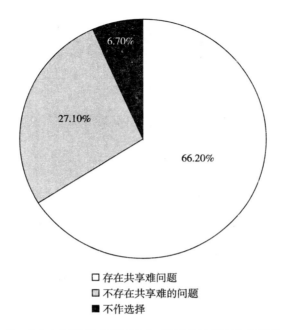

图3-18　"在电子政务应用过程中,您认为是否存在政务信息
资源共享难的问题"的统计结果图

题";4.9%的调查对象选择了"不作选择"。非垂直的政府部门:72.8%
的调查对象选择了"存在共享难的问题";18.3%的调查对象选择了"不
存在共享难的问题";8.9%的调查对象选择了"不作选择"。如图3-19
所示。

　　上述统计表明,在电子政务应用过程中,政务信息资源共享难的问
题,是一个被意识到的、普遍存在的问题。只不过在不同性质的政府部门
以及经济社会发展尤其是市场经济发展不同、电子政务应用水平不同的
地方,政务信息资源共享难在实际应用中表现出的程度不同而已。可以
说,在现阶段,政务信息资源共享难是一个普遍存在的问题。而且,这个
问题的存在,已经成为影响和严重制约提高整体行政效能、提高服务质量
和提供便捷服务、深化行政管理体制改革的瓶颈和障碍。因此,重视并解
决这个问题具有非常迫切的现实意义。

**图3-19　不同性质政府部门关于"在电子政务应用过程中,您认为是否存在政务信息资源共享难的问题"的统计结果图**

（3）问卷调查问题"如果您选择了电子政务应用过程中存在政务信息资源共享难的问题,您认为导致政务信息资源共享难问题的原因"的统计结果。83.2%的调查对象选择了"条块分割的体制性障碍";82.1%的调查对象选择了"缺乏相关的法律制度";82.9%的调查对象选择了"缺乏政务信息资源交换共享的机制";65.6%的调查对象选择了"缺乏相关的政务规范和技术标准";35.8%的调查对象选择了"信息化基础设施和技术水平落后"。如图3-20所示。

因此,建立健全政务信息资源共享机制,对于确保政务信息资源共享具有非常重要的意义。这个统计结果表明,目前我国电子政务应用过程中普遍缺乏政务信息资源共享的机制,这是导致我国电子政务应用绩效低水平的重要原因。

（4）问卷调查问题"如果您选择了电子政务应用过程中存在政务信息资源共享难的问题,您认为政务信息资源共享难或不能共享所造成的危害"的统计结果。84.1%的调查对象选择了"处理一项业务的整体效能低下";83.7%的调查对象选择了"严重影响了电子政务的绩效水平";76.2%的调查对象选择了"申请人需要重复提交行政申请材料";75.6%

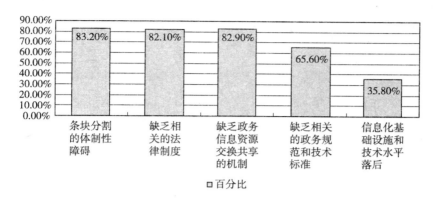

**图3-20　"如果您选择了电子政务应用过程中存在政务信息资源共享难的问题，您认为导致政务信息资源共享难问题的原因"的统计结果图**

的调查对象选择了"申请人需要提交附件原件"；73.8%的调查对象选择了"重复审批，效率低下"。如图3-21所示。

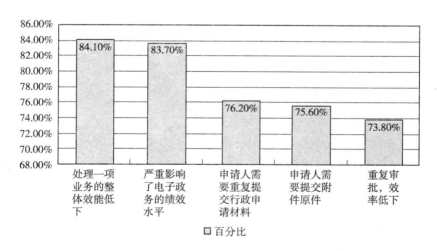

**图3-21　"如果您选择了电子政务应用过程中存在政务信息资源共享难的问题，您认为政务信息资源共享难或不能共享所造成的危害"的统计结果图**

　　统计结果表明，电子政务应用过程中政务信息资源难以共享或不能共享所造成的危害，已经为政府部门所认识，特别是政务信息资源难以共享或不能共享所造成的电子政务应用绩效水平低下、政府整体效能低下和政府对社会的服务质量低下等危害,已经成为电子政务深度应用的瓶颈。

(5)问卷调查问题"针对政务信息资源共享难或不能共享的问题,您所在部门主要采取的解决措施"的统计结果。如图 3-22 所示。

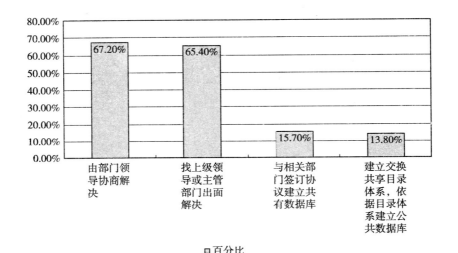

□百分比

**图 3-22 "针对政务信息资源共享难或不能共享的问题,您所在部门主要采取的解决措施"的统计结果图**

从总体统计结果来看,67.2%的调查对象选择了"由部门领导协商解决";65.4%的调查对象选择了"找上级领导或主管部门出面解决";15.7%的调查对象选择了"与相关部门签订协议建立共有数据库";13.8%的调查对象选择了"建立交换共享目录体系,依据目录体系建立公共数据库"。

从地区分布情况来统计分析,我国三个发展水平不同的地区,关于"由部门领导协商解决"和"找上级领导或主管部门出面解决"这两个选项的人数基本相同。这说明在目前情况下,这两项措施是解决政务信息资源难以共享或不能共享的普遍性做法。但对于其他两个措施,则各个地方表现出不同。东部沿海及经济社会发达地区:26.7%的调查对象选择了"与相关部门签订协议建立共有数据库";23.2%的调查对象选择了"建立交换共享目录体系,依据目录体系建立公共数据库"。中部经济社会欠发达地区:12.1%的调查对象选择了"与相关部门签订协议建立共有数据库";10.9%的调查对象选择了"建立交换共享目录体系,依据目录体系建立公共数据库"。西部经济社会发展落后地区:8.2%的调查对象选择了"与相关部门签订协议建立共有数据库";7.3%的调查对象选择了"建立交换共享目录体系,依据目录体系建立公共数据库"。如图3-23 所示。

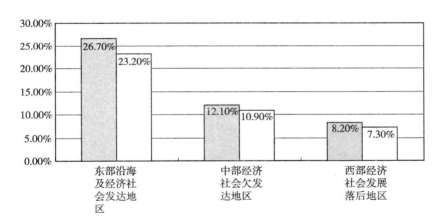

□与相关部门签订协议建立共有数据库
□建立交换共享目录体系,依据目录体系建立公共数据库

**图3-23　三类地区关于"由部门领导协商解决"和"找上级领导或主管部门出面解决"这两个选项的统计结果图**

这个统计结果说明,一是说明不同地区电子政务建设和应用所处的不同发展阶段,电子政务应用过程中政务信息资源交换共享的迫切性、现实性会有一定的差异;二是说明依据共享目录体系来建立公共数据库而走向共享、将共享与业务处理结合的共享发展模式已经开始越来越被实践所认同。

从对市民、企业和其他社会组织的调查来看：

（1）问卷调查问题"您在运用电子政务办理行政申请的时候,您的感觉"的统计结果。从整体统计结果来看,87.3%的调查对象选择了"除了提交电子化的材料外,还要提交纸质材料";86.2%的调查对象选择了"业务系统分散、分割,事项办理要面向多个部门重复提交材料";67.6%的调查对象选择了"电子政务需要的各类设施没有普及,服务终端少且不方便";47.8%的调查对象选择了"系统操作不便捷,专业性太强";12.4%的调查对象选择了"方便了办事,有些事项可以在网上申请";44.1%的调查对象选择了"网上办理的业务范围太小,缺乏实用性"。如图3-24所示。

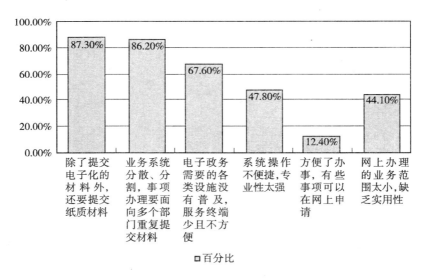

图3-24　"您在运用电子政务办理行政申请的时候,您的感觉"的统计结果图

这个统计结果我们可以分析得出,我国推进电子政务的目标之一就是要方便公众办事、提高政府的社会服务质量。但电子政务应用所表现出来的这些具有普遍性的不便捷性,说明了电子政务的建设背离了电子政务建设应用的目标。同时,由于不同地区电子政务应用水平的差异,

也会使不同地方的社会公众对电子政务应用的感觉有所差异。例如,对于"方便了办事,有些事项可以在网上申请"选项,东部沿海及经济社会发达地区 19.1% 的调查对象选择了此项,中部经济社会欠发达地区 10.2% 的调查对象选择了此项,西部经济社会发展落后地区只有 7.8% 的调查对象选择了此项。对于"网上办理的业务范围太小,缺乏实用性"选项,东部沿海及经济社会发达地区 30.2% 的调查对象选择了此项,中部经济社会欠发达地区 49.8% 的调查对象选择了此项,西部经济社会发展落后地区 52.3% 的调查对象选择了此项。这也说明,不同地方的社会公众对电子政务应用的期望值也是不同的。

(2)问卷调查问题"从您自身的实际感受出发,您认为当前影响电子政务绩效水平的因素"的统计结果。87.7% 的调查对象选择了"同样要面向多个部门、重复提交材料";86.1% 的调查对象选择了"要提交电子化的和纸质的两套材料";85.2% 的调查对象选择了"电子政务系统操作不便捷,缺乏实用性";74.6% 的调查对象选择了"缺乏对电子政务方式的了解";66.3% 的调查对象选择了"缺乏应用电子政务的基本素质和水平"。如图 3-25 所示。

市民、企业和其他社会组织作为电子政务的最终用户,他们对影响电子政务绩效水平因素的判断,表明提高电子政务应用的可操作性、便捷性和实用性,关键是要提高政务信息资源的共享性。这个统计结果从市民、企业和其他社会组织用户的角度进一步表明了电子政务应用绩效水平与政务信息资源共享的内在关联性。

### (二)政务信息资源难以交换共享的具体表现

从上述对电子政务建设、应用过程中,电子政务绩效状况、政务信息资源共享状况的统计分析,电子政务应用绩效水平还比较低下、普遍存在政务信息资源共享难或不能共享的问题。根据调查和统计分析,现阶段我国政务信息资源难以交换共享的上述具体表现,概括起来主要存在于

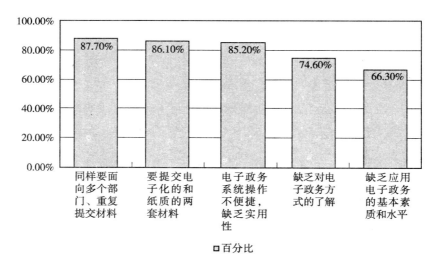

图3-25　"从您自身的实际感受出发,您认为当前影响电子政务绩效
水平的因素"的统计结果图

两个主要方面,一是存在于政府内部管理和社会公共事务管理方面;二是
存在于社会服务方面。具体来说:

**1. 部门分割与各自为政,未能形成共享机制**

　　建立在分工基础上所形成的部门划分,导致分工越来越细。分工过
细,一个业务流程往往涉及若干职能部门和环节的处理,整个过程运作时
间长、成本高,还造成多头指挥、无所适从。过度的分工导致组织灵活性
下降,越来越不适应快速多变的信息化社会环境。专业化分工越来越细,
工作环节越来越多,一项简单的工作也要被拆分成一系列烦琐的活动。

　　辩证地分析,分工将一个连贯的业务流程分割成多个支离破碎的片
段,既导致劳动者的技能愈加专业化,成为一个片面发展的机器附属,也
增加了各个业务部门之间的交流工作,交易费用因此会大大增加。在分
工理论的影响下,科层制成为企业组织的主要形态,这种体制将人分为严
格的上下级关系,即使进行一定程度的分权管理,也大大束缚了企业员工
的积极性、主动性和创造性。因此,在传统的工业经济时代逐步向新的知

识经济时代过渡的过程中,流行 200 多年的分工理论已经成为亟须变革的羁绊。在网络化、信息化社会条件下,必须对这种传统的分割管理体制进行再造,这样,才能适应网络经济时代发展的需要,整体涨幅理论便应运而生。

在部门分割的传统管理体制下,各部门只注重本部门的工作,只对自己的工作负责,只对自己的上级负责,无人对整个流程负责,导致部门分割、协调差和资源不能共享。内部信息纵向横向沟通不够,资源闲置和重复劳动现象严重,信息分散在不同的领导、部门和业务人员的手中。传统的政府业务流程一般分解为由基层采集业务资料、进行汇总、分析决策、制定相应的政策法规、反馈、采取行动措施等几个流程阶段。条块分割的管理体制不能实现整个业务条块的整合和集成,整个业务数据流不得不按地理位置和人力分配被分割在多个部门,从一个部门转到另一个部门,增加了交换环节和复杂程度。随着管理层次的增多,指挥路线的延长,信息沟通的成本急剧上升。

在部门分割的传统管理体制下,只注重局部环节,各个部门按照专业职能划分,每个部门各管一事,各职能部门往往会精心构思自己的行为,使自己的目标凌驾于整个组织的目标之上。结果是各部门只关注本部门的工作和自身的利益,忽视了整个组织的使命。执行任务时,各部门都从本部门的实际利益出发,这就不可避免地存在本位主义和互相推诿的现象。以职能为中心设计政府部门,使各部门将工作重心放在个别作业与环节效率的提升上。当本部门的利益与整个政府组织的利益发生冲突时,该部门的利益与个体的短期利益凌驾于整个政府发展目标之上,阻碍了政府整体目标的实现。这种分散主义和利益分歧,或许能够实现局部效率的提高,但本位主义严重,整个组织的效能弱化。

因此,应用电子政务促进政务信息资源共享,对于政府部门而言,就是要打破部门之间的资源分割、优化行政流程,最终跨部门业务协同和部门间无缝。具体来说,就是要运用网络信息技术优化业务流程、重组组织结构、改进管理行为方式和服务提供方式、实现资源共享与业务协同,使政府部门的许多业务从以纸张为基础变为基于无纸化的电子文件;使政府部门与公众的"接口"从办公室或柜台或窗口扩展到网络上;使过去只能在物理空间里行使的职能,通过电子化的方式延伸出去,将原来需要大量的人力来处理的公共事务,在数字化设备和虚拟空间中轻松、自动地进行,形成整体的、无缝隙的政府,使跨部门之间的业务处理实现集成整合、互动共享和网络化协同办公。

同时,政府各部门之间、各行政层级之间,不只是领导与被领导的行政关系,而且还是服务于被服务的互为用户的关系。因此,实现政务信息资源交换共享最关键的就是要形成各政务信息资源应用的各类主体(包括各级政府、政府各部门、社会公众等各类主体)之间的有机统一体的关系,明确各类主体在政务信息资源共享体系建设和应用中的角色、权利和义务。

**2. 办事不方便,办一件事要跑多个部门**

在政务信息资源分割、不能共享的情况下,企业、公民个人和其他社会组织常常处于一种被动的状态。庞大的政府机构各有自己的规章、行为方式与办事要求,它们常常以这种或那种方式影响公众和企业的活动。企业、公民个人和其他社会组织为了实现权利、履行义务而与政府之间发生的联系常常要经过若干个部门与繁杂的手续,要跑很多路,经过很多部门和环节,花费大量的时间和精力;层级传递信息和书面审核的工作方式使他们层层报批,花费大量的时间和精力,即使如此还不一定能顺利办成。企业、公民个人和其他社会组织为了办理行政申请,必须重复提交行政申请材料、重复申请。例如,某公民因住处变更的事实导致他与相当多的政府部门,如税务、公用事业、教育、卫生保健、车辆登记和投票登记等部门发生联系。每一个部门都要求他以不同的形式并在不同期限内提供他的个人信息,这些信息虽然不是同一个信息、填写的格式不同,但内容却非常相似。为此该公民必须周旋于这些部门之中。另外,人们对政府提供的公共服务,没有选择的余地,更谈不上个性化的服务。在这种管理体制下,政府部门办事烦琐、效率低下,日益加深了公众对政府部门的不信任感。

因此,促进实现政务信息资源共享,就是要将政府部门与企业、公民个人和其他社会组织有效地联系起来,打破政府部门之间的界限,使涉及同一个业务流程运作的相关部门组合起来,进行跨部门的网络化协同办公。这样,企业、公民个人和其他社会组织只需要从一个多功能的入口或站点就可以获得政府部门的各种政务信息和服务。企业、公民个人和其他社会组织能够通过网络迅速获取政府部门的机构组成、职能、办事流程、各项政策法规和公共服务项目等政务信息,能够通过网络直接表达自己的意志、提出对公共服务的要求和履行义务;政府部门也能够通过网络来公布信息、直接获得公民对服务种类与服务质量的要求和各种反馈信息、处理公民提出的各种要求、管理公共事务和提供服务;网络还能依据企业、公民个人和其他社会组织的要求提供各种不同的服务选择,提供个性化的电子服务。由此形成了一个高效运行的网络服务体系,实现了政府部门与企业、公民个人和其他社会组织之间交互式的信息传输和"一站式"不受时空限制的在线服务。

例如,在资源分散、不共享的情况下,某市民住处变更的事实将导致该市民与相关部门,包括税务、公用事业、教育、卫生保健、车辆登记和投票登记等部门发生联系。每一个部门都要求他以不同的形式并在不同期限内提供他的个人信息,这些信息虽然不是同一个信息,却非常相似。在资源共享的情形下,电子政务的在线服务系统能够使该市民登入一个以因特网为依托的公众信息网,并通过一个多功能的入口,该市民就可以在该网页上的许多搜寻引擎中选择他所要的搜寻引擎。之后,分别输入相关部门的名称,这些搜寻引擎就可以显示出结果,它们分别包含了相关部门网站的网页。通过各网站的服务器,他就可以在几秒钟内把各种必要的信息发往所有与住处变更相关的这些部门。

　　因此,电子政务促进深化行政改革、促进服务型政府建设,就是要实现从信息孤岛转向信息集成整合,核心是要按照整体政府理论,实现资源整合与共享,最终实现提高公共服务质量的终极价值。[①] 为了实现提供公共服务质量的终极价值,西方国家提出了运用网络信息技术不是只为了追求自动化技术水平的提高,而是为了提高公众的办事效率和改善绩效;不是只为了解决本部门的业务需求,而是要能够加强与其他部门的协作,实现跨部门业务协同和资源共享等电子政务建设与应用要求。例如,美国提出了要按照公众的方便来组织政务信息的提供,并提出要建立全国性的电子福利支付系统,发展整合性的电子化信息服务以及跨部门的申请、纳税处理系统和电子邮递系统等。英国提出要建立起政府的信息服务中心,提供单一窗口式服务,发展数字签章、认证、数码电视等。法国提出开放政府信息,通过网络为社会提供各种窗口式服务。

## 二、我国政务信息资源共享存在问题的原因分析

　　根据访谈、问卷调查及其结果统计,造成现阶段我国政务信息资源难以共享的原因是多方面的,既有法律制度不健全、体制性障碍等方面的深层次的政务原因;也有硬件、基础设施和技术方面的原因;还有观念、理念方面的原因。根据实际调查,我们在学理研究的基础上,将造成现阶段我国政务信息资源难以共享的原因归结为以下几个方面:

### (一)相关法律制度建设滞后和不完善
　　信息化建设比较发达的西方国家,资源共享的法制观念深入人心,如美国、英国、日本、新加坡等经济发达的国家,资源共享开展得非常有效,

---

　　① 蔡立辉:《电子政务:因特网在政府提供公共服务中的作用》,《政治学研究》2003年第1期。

究其原因,完善的信息资源共享的法律法规制度建设是主要的原因之一。各国政府对信息资源共享非常重视,纷纷颁布各种法规、条例对资源共享进行保护,为资源共享得以顺利开展提供了重要的基础性前提。随着电子政务建设的飞速发展,我国政府高度重视促进电子政务信息资源共享的制度化建设。2002 年出台《国家信息化领导小组关于我国电子政务建设指导意见》,之后中央政府先后出台了一系列关于政务信息资源共享的综合性和专门性的规范性文件。在这些规范性文件的指导下,地方政府也纷纷出台相关制度规定。但是,从电子政务发展的实际需求来看,我国相关的法制建设工作仍然滞后于政务信息资源共享的建设,且显得不太完善。纵观我国政务信息资源共享领域的法制发展状况,主要存在以下问题:

**1. 法规层次太低**

出台的制度性规定,基本都是规范性和政策性文件,属于高层次立法的基本没有。在我国,至今还没有制定出一部具有全面控制力和统一的资源共享法规,目前主要依靠各系统和地方政府制定的一些政策性文件来调节资源共享活动,甚至是借助行业自律、倡议书、宣言等来维系。[①] 层次不高,数量偏少,关键领域和关键环节的立法欠缺,导致规范的操作性程度比较低,不能满足政务信息资源共享的实际需要。

**2. 制度建设缺乏整体、系统规划**

已有的规章制度出现"政出多门"的状况,制度建设缺乏整体系统规划。已有的规章制度主要由各个部门和各级地方政府自行制定,国家和省级的制度相对较少。由于缺乏统一的统筹规划,法规的协调性和统一性不够,有些法规之间甚至出现冲突,导致法规制度的权威性缺失。

**3. 政务信息资源交换共享目录体系尚不完善,相关标准执行不力**

国务院信息化办公室从 2005 年开始编制"政务信息资源目录体系"

---

① 　查先进:《信息资源配置与共享》,武汉大学出版社 2008 年版,第 243 页。

和"政务信息资源交换体系"的政务信息资源共享系列标准,2006 年《政务信息资源目录与交换体系》征求意见稿发布,并在北京、上海等 4 省(市)的 531 个部门进行试点。2007 年,《政务信息资源目录体系》与《政务信息资源交换体系》系列标准通过国家批准,正式颁布实施。一些地方政府,如北京、天津、厦门等城市也先后制定了相关的信息资源标准。截至目前,仅我国已经颁布的国家级的标准就达 800 多个,此外还有各式各样的行业标准。① 但是,为数众多的电子政务标准建设缺乏统一性,导致标准之间的矛盾和冲突。同时,在一些城市中,部分信息主管部门的管理层还不知道有这些标准的出台,配套标准的宣传和执行力度还很不够。② 另外,当前针对电子政务信息安全的标准不多,电子政务信息安全标准体系尚未建立,尤其缺少有效保障当前电子政务在跨域互联、信息共享与交换、业务协同和面向公众服务等领域的信息安全标准,导致在电子政务建设及政务信息的采集、管理过程中,不同地区、不同层级的地方政府所采用的标准不一致,这导致政府部门和各业务应用系统之间的信息交流兼容性和整合性差,信息共享实施的难度很大。

**4. 已有的法规制度缺乏针对性、可操作性和科学性**

已有的法规制度的制定缺乏深入的调查分析和充分的论证研究,导致制度性规范比较笼统和模糊,缺乏针对性、可操作性和科学性。同时,由于缺乏受法规和政策保障的利益平衡机制,使得某些机构对资源共享的投入得不到应有的回报和补偿,所以各个部门对资源共建共享持观望和消极的态度。

因此,相关法律制度建设滞后和不完善,必然导致政务信息资源交换共享缺乏可遵循的依据,造成现阶段我国政务信息资源难以交换共享的

---

① 袁春玲:《论电子政务信息资源共享的制约因素》,《图书馆学刊》2009 年第 3 期,第 24 页。

② 吕欣:《电子政务信息资源共享中信任机制的构建》,《中国信息年鉴 2009》,中国信息年鉴期刊社 2009 年版。

问题。目前,政务信息资源共享依据缺乏,主要体现在以下两方面:

(1)缺乏政务信息资源共享的相关法律法规等制度建设。完善的法律和制度体系是政务信息资源共享建设的基础和前提。综观西方信息化水平较高的国家,比如美国、英国、日本、新加坡等经济发达国家,其政务信息资源已实现全面的共享,究其原因,完善的政务信息资源共享的法律法规制度建设是主要的原因之一。从我国电子政务和政务信息资源共享建设的实践来看,政务信息资源共享的法律法规体系已成为制约政务信息资源有效共享的障碍,主要表现在三个方面:第一,现行法律体系涉及政务信息资源共享的规定较少,相关规范的法律等效等次较低,我国还没有一门专门的法律来调整政务信息资源共享中的各种利益关系,已经出台的制度性规定,基本都是规范性和政策性文件,对政府的行为约束力不够;第二,已出台的制度性规定存在着"政出多门",制度间"兼容性"差的情况,由于我国的政务信息资源共享的建设缺乏统一的战略规划,政府各部门往往从本部门的利益出发,而没能充分考虑其他部门政务信息资源共享的需求,从而导致相关制度之间缺乏兼容性;第三,已出台的制度性规定缺乏操作性。这主要是由于政府各部门在制定政务信息资源共享制度规范是缺乏必要的调研和征求意见,闭门造车,缺乏实际的操作性。

(2)政务信息资源交换与共享目录体系尚不完善。建立健全《政务信息资源目录体系》与《政务信息资源交换共享目录体系》是政务信息资源共享的基础和前提,推进政务信息资源目录体系与交换共享目录体系建设,可以形成"逻辑上集中"的政务信息资源体系,满足跨部门、跨地区普遍信息共享的需求。国务院信息化办公室从2005年着手编制"政务信息资源目录体系"和"政务信息资源交换体系"等系列标准,2006年《政务信息资源目录与交换体系》征求意见稿发布,并在北京、上海等4省(市)的531个部门进行试点。2007年,《政务信息资源目录体系》与《政务信息资源交换体系》系列标准通过国家批准,正式颁布实施。但是,在一些城市中,部分信息主管部门的管理层还不知道有这些标准的出台。[①]

### (二)体制性障碍严重

现代通信技术和网络技术的迅速发展突破了跨越时间和空间的资源共享的局限,为信息资源共享提供了基础性物质条件,但我国政府管理和电子政务建设的体制性障碍却成为影响政务资源共享的桎梏。这种体制性的障碍主要表现为:"条块分割"的管理体制和政务信息资源"部门私有"的归属模式,同时在"条块分割"的管理体制下,又表现出政务信息资源的"纵强横弱"的配置格局。再加上传统的管理方式和观念对公共部门根深蒂固的影响,在我国政府及其职能部门中间政务信息资源共享的观念和意识比较薄弱。由于传统的工作指导思想与工作规程的影响,使不少拥有信息资源的组织和个人认识跟不上时代的发展,出现滞后状态,这在很大程度上阻碍了信息资源的共享。

#### 1."条块分割"的管理体制

我国现行的条块分割的行政管理体制具体表现为政府组织结构纵向层级制和横向职能制的矩阵式结构形式。这种传统行政管理体制及其运作机制存在着机构设置不合理、部门之间职能交叉和重叠、行政许可事项过多过滥、政府工作缺乏严格的程序、行政流程不合理、透明度低、政府决策科学性差、管理体制条块分割、投资分散、行政行为缺乏监督等问题。这些问题构成了我国电子政务建设的体制性障碍。[②]

条块分割的行政管理体制为部门利益和地方利益的滋生提供了肥沃的土壤。各地方政府和部门在进行电子政务建设时往往从本部门、本地方的利益出发,各自为政,采用各不相同的标准规范;只从解决本机构内

---

① 吕欣:《电子政务信息资源共享中信任机制的构建》,《中国信息年鉴 2009》,中国信息年鉴期刊社 2009 年版。

② 蔡立辉:《电子政务:信息时代的政府再造》,中国社会科学出版社 2006 年版,第204 页。

部的业务需求出发考虑新技术的应用。这在很大程度上造成各层级政府、各部门、各业务应用系统之间不能互联互通、信息资源不能共享,出现信息"孤岛"和自动化"孤岛",造成新的重复建设与浪费。当前,我国的信息资源共享的管理体制同我国政府行政体制一样,处于条块分割、各自为政、相互之间缺乏横向有机联系的状况。从各行政职能部门来看,其信息资源、技术设备、专业人员各具特色,如果开展协作则互补性很强,但各系统之间相互独立,缺乏协调,以致形成了许多平行建设的资源中心,使得大量资源重复建设,导致资源的严重浪费。组织与协调是整合资源、再造业务流程和共享信息的关键,是解决电子政务的统一性特征与政府层级制组织结构之间冲突的有效途径。实践表明,缺乏一个具有指挥协调能力的实体机构来对各级政府、各政府部门进行整合、调整是我国电子政务建设实践中反映最强烈的问题。

此外,经费预算不统一、投资分散,是我国政务信息资源共享建设过程中体制障碍的另一表现。目前,各地电子政务建设所需经费,除经济落后地方电子政务建设的一部分费用是实行转移支付之外,原则上都是由地方财政负责解决。国务院及其所属各部门的电子政务建设费用由国家财政支付,各地方的建设费用由各地方财政支付,迄今为止,还没有形成统一的电子政务建设经费预算体制、支付体制和电子政务绩效评估机制。完全实行各级政府、各部门自主投资、自主建设,经费预算不统一、投资分散,缺乏成本—效益分析和必要的绩效评估,都进一步加剧了电子政务建设过程中各自为政、标准不统一、信息资源不能共享、严重缺乏整体规划、重复建设与浪费等问题。

信息资源共享要求高度的整体化,其最终目标是建成覆盖各国、各行业、各部门的全球性的信息资源共享网络,能通过因特网,真正实现世界各地使用计算机的人都可以自由获取和利用网络上的信息资源。但由于管理体制方面的原因,许多资源中心处于封闭状态,不向外界开放,缺乏跨行业、跨系统的信息资源中心,信息资源建设条块分割,缺乏统筹规划、统一管理,宏观调控薄弱,协调性差,严重制约着信息资源共享的发展。信息资源共享网络实体的建立必将受到现行管理体制的制约。①

　　政务信息资源的配置主要分为横向和纵向两种布局结构,横向信息资源配置主要是指同级政府职能部门之间的信息资源建设、交换及共享;纵向信息资源配置则是上下级政府之间的或同一业务系统内的上下级之间的政务信息资源的建设、交换和共享。就当前的政务信息资源配置上来看,在"条块分割"的管理体制下,我国的政务信息资源的配置又呈现出"纵强横弱"的配置格局。即在具体的业务系统内部上下级之间的业务信息建设及信息互联互通比较完善。而在横向的不同政府部门之间的信息资源建设,虽然国家作出了大量的努力,但信息资源的建设和共享程度仍然很低。

　　一方面与我国的电子政务建设历程有关。从 1994 年国家重点打造的"三金"工程——金桥、金关和金卡工程开始实施以来,直到后来斥巨资全面开建的"十二金"系列工程,都是以中央政府各部门为主的垂直领域的建设。根据赛迪顾问 2003 年 2 月的报告,中国 300 多亿元的电子政务建设资金绝大部分都投在纵向垂直领域。② 而横向的政务信息资源建设和互联互通的起步较晚,并且建设的步伐非常缓慢,信息交换和共享因此而困难重重,信息孤岛现象非常严重。另一方面,是由于我国行政组织结构中的二元矩阵结构——纵向的层级结构和横向的职能分工结构所致。纵向的层级结构使得在纵向上的权力制约关系更为有力,如海关、工商、税务、公安等纵向业务系统,在全国范围内形成了一个个条状的独立行政系统,并在系统内部实行垂直管理;而横向上的职能部门之间的制约关系则相对较弱,行政职能部门之间各自独立行使自己的管理职能。这

　　① 查先进:《信息资源配置与共享》,武汉大学出版社 2008 年版,第 242 页。
　　② 黄萃:《中国电子政务信息资源开发的制度障碍分析》,《电子政务》2005 年第 13 期,第 47 页。

种"纵强横弱"的资源配置的模式无形中成为阻碍政务信息资源共享的重大桎梏。

**2. "部门私有"的归属模式**

当前,我国电子政务信息资源的所有权、采集权、开发权、经营权的归属、转移及相关管理还不明确,再加上条块分割的管理体制,成了政府部门将政务信息资源的产权部门化,人为地设置信息资源共享的障碍,从而形成政务信息资源"部门私有"的资源归属局面。这种"部门私有"的资源归属模式严重阻碍了政务信息资源的共享。

一方面,政务信息作为一种资源,给拥有信息的政府部门带来了直接收益。政府部门将自己所掌握的信息资源作为筹码,进行信息寻租。信息寻租是指信息拥有者凭借自己所掌握的信息,人为限制信息自由流动以谋取利益的行为。[1] 当前我国的政府部门掌握着全社会信息资源的80%(其中约有3000多个数据库)。政府作为政务信息的采集者、管理者和占有者具有其他社会组织不可比拟的信息优势。这些信息蕴涵着巨大的经济价值。政府部门可以凭借自身对政务信息的垄断地位向社会上的其他组织和个人出售信息,获得丰厚的经济收益。"政府信息部门化,部门信息利益化"现象成为社会上的一种常态。各级政府之间、政府的各个职能部门之间各自占有相关政务信息,互不连通和交流。信息共享将会导致部门信息资源垄断地位的丧失,部门利益也随之失去。

另一方面,政府部门内部的信息也是一种权力影响力的体现。在公共行政的管理体系中,信息的拥有量和质量影响着一个政府部门在横向同级职能部门中的地位与影响力,信息共享在某种程度上也意味着权力的丧失。鉴于此,政府部门出于维护部门的权力地位以及部门主管为维护自身的政治利益的考虑,没有政务信息资源共享的动力和

---

[1]　周淑云、陈书华:《信息寻租问题浅析》,《情报杂志》2007年第5期,第93页。

积极性。

### 3. 缺乏交换共享的机制

从美国、英国、加拿大等西方发达国家电子政务与政务信息资源共享的政策和实践来看，虽然各国基于其经济社会发展的差异使得其在政务信息资源共享方面存在着一定的差异性，但都充分认识到了政务信息资源的重要性，将政务信息资源看做是国家和社会的重要资产，并且建立完善的政务信息资源共享机制来确保政务信息资源的开发利用与共享。而我国政务信息资源共享处于部门自发建设的混乱状态，尚未建立完善的政务信息资源共享管理机制和工作机制。

政务信息资源共享的管理机制主要包括："组织保障机制、政策保障机制、资金保障机制、监督考核机制等"。[①] 我国政务信息资源共享的管理机制不健全，主要表现在：第一，我国电子政务和政务信息资源共享建设主要是一级政府的科技与信息化主管部门牵头负责推动，其推行力比较弱，综合协调能力有限，具有综合协调能力、组织指挥能力的综合性部门没有成立；第二，我国政务信息资源共享的政策保障机制缺乏，尚未建立相关的政策和制度来规定专门负责政务信息资源共享建设、管理部门的职责和规范各部门电子政务与政务信息资源共享工程的建设工作；第三，我国政务信息资源共享的资金保障机制不健全，资金来源比较单一，主要靠政府公共财政投入，尚未建立其多渠道的融资模式，社会资本参与不多；第四，我国政务信息资源共享的监督考核机制不完善，负责监督考核部门的责任和义务界定不清晰，监督考核的内容和范围不明确，监督考核流程不完善，考核结果使用不落实。

政务信息资源共享的业务工作机制主要包括："政务信息资源采集、建设、组织、使用、保存等全生命周期的机制建设"。[②] 具体来说，目前我

---

① 郭家义：《政务信息资源共享机制研究》，《电子政务》2007 年第 5 期，第 26 页。

② 郭家义：《政务信息资源共享机制研究》，《电子政务》2007 年第 5 期，第 27 页。

国政务信息资源共享机制缺乏的主要表现是：第一，从政务信息资源采集环节看，我国尚未形成一套有效的政务信息资源采集机制与管理措施，没有明确政务信息采集实施过程中的内容，包括政务信息采集的内容、责任单位、共享单位以及规定采集的流程、规范、队伍和资金等。第二，从政务信息目录体系、交换共享目录体系和公共数据库的建设来看，我国各级政府尚未形成同级政府的政务信息资源目录体系、交换共享目录体系，公共数据库的建设缺乏依据或者与业务处理脱节，公共数据库不能有效发挥作用。第三，从政务信息资源组织和管理体制来看，领导和管理体制不顺畅，政务信息资源运行所需要的政务与技术标准规范不完善，政务信息资源运行机制不畅通。第四，从政务信息资源开发利用来看，各种不同主体的角色、权利义务、开发管理体制还没有建立起来，政务信息资源共享过程中需要遵循的安全管理问题、政务信息资源共享的授权机制和安全保密机制都还没有得到应有重视和不完善。

### （三）缺乏交换共享的正确推进路径

### 1. 技术驱动的建设模式违背了政务优先的原则

电子政务应该包含政务和技术两大方面的内容。长久以来，在我国的电子政务建设中，存在着"重技术轻政务"的观念，这在我国电子政务建设的发展历程中可以清晰地表现出来，重大基础设施工程的建设，重大项目资金的审批都比较容易，软硬件基础设施建设速度也比较快。在政务信息资源建设过程中，同样存在"技术驱动"的现象，资金投入的主要对象是硬件设备的购买，而不是政务信息资源的采集、开发、更新和维护。

从电子政务的产品结构来看，我国电子政务建设过程中的政府采购分为三个方面：硬件产品、软件产品和信息服务。当前，我国电子政务建设过程中硬件设备的投资依然是电子政务市场投资的主体部分，软件和信息服务的投资比例还比较低。其中，采购额中硬件支出比例高达 80％ 以上,①信息资源共享系统建设是一项系统的、长期的工程,前期的软硬件设备只是一次性投入,这只是前期的基础性工作,最主要的是系统平台建成后的维护成本将是一个持续的过程。这需要支付较高的数据预处理成本,包括对数据的编码、采集。整理、储存、规范化等数据管理以及相应数据库的维护等管理工作,这些工作是持续性的,当前针对这部分的费用还没有专门的财政拨款予以支持。由于后期的数据采集、更新和维护的资金不足,导致诸多数据库在建设完成之后,不能有效发挥应有作用。这就导致在政务信息资源应用的领域出现"有路无车、有车无货"的现象。② 巨资购买的网络基础设施和建设的数据库成为摆设,诸多的政务信息资源数据库未能很好地开发利用,成为"死库",导致国家投资效益的递减。此外,我国政务信息资源建设的项目规划方案基本都是由技术部门所提出来的,他们对业务信息的需求以及社会信息需求不是很明确。没有以需求为导向的政务信息资源建设是盲目的,不能满足实际工作需要。

## 2. 政务信息资源开发利用水平太低

自 20 世纪 90 年代以来,信息化成为政府建设的重点,我国政府回应电子政务发展的需要,加大力度建设"人口基础信息库、法人单位基础信息库、自然资源和空间地理基础信息库、宏观经济数据库"等四大基础数据库和"十二金"工程,但是仍未实现跨层级跨部门的政务业务系统的互联互通,政务信息资源开发利用率低。究其原因,主要是由于我国政务信息资源共享的建设缺乏正确的推进路径。

(1)在政务信息资源共享建设中,只强调了建立公共数据库,并没有

---

① 山红梅:《电子政务信息资源共享的制约因素分析与对策研究》,《现代情报》2008年第 1 期,第 57 页。

② 在网络环境下,信息基础设施由"路、车、货"构成。其中,"路"指信息高速公路,"车"指信息高速公路上各种信息传输工具,"货"指因特网上大量可流通的信息资源(数据包)。

将这些数据库与共享业务应用有机整合起来,从而导致数据库的建设与政务信息资源的开发利用严重脱节,开发利用水平非常低下。例如,在四大基础数据库建设中,由于人口、法人单位等信息基础信息资源分别由公安、工商、税务、质检、卫生等部门多头采集,各单位之间独立采集的数据,数据库未能互联,且又不相互核对,误差很大,因而就会出现标准不统一和数据矛盾的现象,这造成各部门数据交换和共享时数据之间出现冲突,难以有效匹配的问题。如图3-26所示。在信息化比较发达的广州出现在汇集流动人口数据的过程中,计生部门和公安部门的数据比对中出现了很大误差。① 宁波市的公安管理系统和社会保障管理系统采集的人口基础信息也存在着大量数据冲突的现象。② 数据指标的重复采集,必然导致数据之间的冲突。这造成了资源浪费、监管缺位和业务难以协同等问题。

（2）我国政务信息资源共享的建设没有从政务信息资源交换与共享目录体系建设入手,而是各职能部门基于自身利益需求。在政务信息资源"政出多门"的管理体制和"部门私有"的资源归属模式下,各职能部门之间的业务信息不能实时交换和共享,导致重复采集政务信息资源的现象严重。如自然人基础信息中的姓名、性别、身份证号、学历、住所等信息;法人单位基础信息,如单位名称、单位地址、发证单位、营业执照注册号、注册资本、发证机关、发证日期等信息;项目审批的基础信息,如项目名称、审批单位、审批日期、审批意见、许可证编号、有效期等信息在不同的行政职能部门之间都存在着重复采集的现象,最少的重复8次,最多的

---

① 胡小明:《广州市电子政务信息共享步入良性循环的原因分析》,《电子政务》2008年第1期,第58—66页。

② 顾德道、高广耀:《宁波市政务信息资源共享管理对策分析》,《信息化建设》2008年第6期,第31—33页。

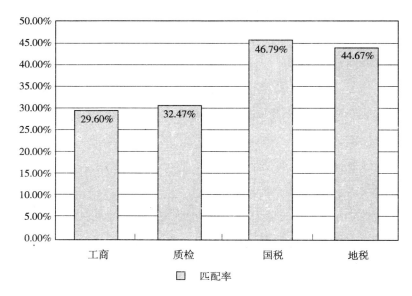

图3-26　某省企业基础信息四部门数据比对的匹配一致率①

重复达90次。如表3-1所示。

表3-1　浙江省重要信息指标部门重复采集情况②

| 指标名称 | 重复采集次数 | 指标名称 | 重复采集次数 |
|---|---|---|---|
| 发证日期 | 90 | 证书编号 | 19 |
| 有效期 | 76 | 注册资金 | 16 |
| 法定代表人 | 76 | 住所 | 15 |
| 地址 | 68 | 身份证号码 | 14 |
| 企业名称 | 42 | 性别 | 14 |
| 项目名称 | 38 | 单位地址 | 13 |

　　①　王艳华、章晓航:《我国政务信息资源共享问题分析和立法研究》,《档案学研究》2007年第1期,第41页。
　　②　王艳华、章晓航:《我国政务信息资源共享问题分析和立法研究》,《档案学研究》2007年第1期,第40页。

| 指标名称 | 重复采集次数 | 指标名称 | 重复采集次数 |
|---|---|---|---|
| 注销日期 | 35 | 营业执照注册号 | 11 |
| 联系电话 | 32 | 组织机构代码 | 10 |
| 姓名 | 21 | 审计处理落实情况 | 9 |
| 注册资本 | 20 | 审计通知书时间 | 9 |
| 经营范围 | 19 | 税务登记证号 | 8 |

**3. 政务信息资源数据库库藏数据量不足**

我国政务信息资源开发利用与共享总体而言滞后于电子政务的基础设施建设,更落后于政府和社会对政务信息资源的需求。政务信息资源数据库库藏数据量不足,主要表现在以下两个方面:

(1)从政务信息资源数据库库藏数据总量来看,当前既有的政务信息资源数据库库藏数据远远不能满足现实的需要。主要表现为:政务信息资源总量不足,信息内容匮乏,静态信息多,动态信息少,信息资源更新速度慢。数据的实时性是信息系统的生命力所在,不能实时更新的静态数据库成为低层次建设和内容贫乏的数据库,也必将成为事实上的"死库"。这种类型的信息资源数据库不能成为政府决策支持系统的有力助手,其应用价值非常低。

(2)从政务信息资源数据库库藏数据有效利用率来看,由于政务信息资源的利用和开发程度较低,导致其利用率也非常低,因而政务信息资源的价值不能得到有效体现。主要表现在两个方面:一方面,我国政务信息资源共享的建设只强调了"人口基础信息库、法人单位基础信息库、自然资源和空间地理基础信息库、宏观经济数据库"等四类基础数据库的建设,忽视了数据库与业务应用系统和数据库的互联互通和共享建设,导致四类数据库有效使用率低,同时,相关业务应用系统和数据库由于缺乏四类数据库数据的有效支持,其相关功能未能得到最有效利用。另一方面,信息质量不高,对信息深度挖掘不够,信息针对性不强,政府在工作过程中产生的大量信息还没有加工成可供交换和共享的数据库资源。信息资源加工深度是衡量其质量的最主要指标。对于信息的使用者来说,更多需要的不是原始数据,而是经过分析加工过后的数据。信息资源的离散、无序和缺乏关联性,是导致信息质量不高的重要原因,也是造成信息资源利用率低的重要原因。

# 第四章  西方发达国家政务信息
# 资源共享的经验分析


## 一、西方发达国家政务信息资源
## 共享的有关规定与做法

### （一）美国政务信息资源共享的有关规定与做法

### 1. 管理机构

政府首席信息官组织,作为美国电子政务建设的管理和执行机构。其"严密"的组织架构对于整个美国政府体系来说,是缺一不可的部分。美国联邦政府首席信息官的组织架构如图4-1所示。

其中,美国总统管理委员会(President of the Management Committee, PMC)是电子政务建设的最高领导机构,联邦管理和预算办公室(Office of Management and Budget, OMB)是其执行机构。首席信息官(Chief Information Officer, CIO)办公室下设在联邦管理和预算办公室之下,管理整个政府各部门的首席信息官,首席信息官办公室主任由总统直接任命,全权负责整个联邦政府的信息资源管理。为了加强监督,在首席信息官办公室之外,还成立首席信息官委员会,由各部门的正副首席信息官共同组成,并由联邦管理和预算办公室的副主任担任首脑,负责指导、建议、评估首席信息官办公室的工作。

所有联邦政府机构,都设立了直接向部门主要领导报告的信息主管,设有专门的办事机构。各个部门必须制定本部门的《信息资源管理战略

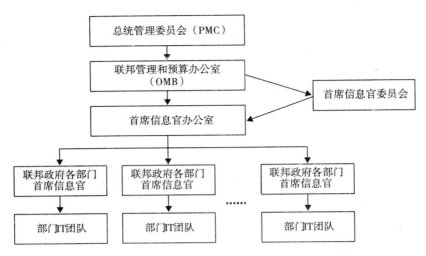

**图 4-1　美国联邦政府首席信息官组织架构图**

规划》,而且每年滚动进行。信息资源管理战略规划主要包括网络建设规划、信息收集规划、重要信息系统规划等内容,提出每年和五年的目标及对资源(包括资金)的要求。州政府有的设立信息资源管理部,如得克萨斯州、明尼苏达州等;有的设置州信息主管,在信息主管下设一个或几个管理机构,如加州、新泽西州等。①

**2. 法律法规**

美国颁布的政府信息资源管理方面的法律法规和标准主要包括:《信息自由法》、《隐私权法》、《阳光下的政府法》、《文书工作削减法》、《电子数据交换标准》和《政府信息定位服务应用标准》等②,这些法律法规和标准避免重复采集个人信息和减轻了公民负担。此外,为了对政府信息资源管理工作进行有效的指导和规范,美国管理与预算办公室于

———

① 国家信息中心、中国信息协会编:《中国信息年鉴 2009》,中国信息年鉴期刊社2009 年版。

② 国家信息中心、中国信息协会编:《中国信息年鉴 2004》,中国信息年鉴期刊社2004 年版。

1985 年制定了《联邦信息资源管理政策》,并于 1994 年、1996 年和 2000 年先后 3 次对其进行了修订。该政策对联邦政府各机构的信息采集、公开、发布、共享、记录管理以及统计信息管理、信息系统管理等信息资源开发利用活动进行了规定。①

《信息自由法》系《美国法典》第五篇"政府组织与雇员"第 552 条的通称,该法于 1967 年 6 月 5 日由美国总统批准,同年 7 月 6 日实行,是规定美国联邦政府各机构公开政府信息的法律。《信息自由法》的主要原则:(1)政府信息公开是原则,不公开是例外;(2)政府信息面前人人平等;(3)政府拒绝提供信息要负举证责任;(4)法院具有重新审理的权力。《信息自由法》的主要内容:(1)政府信息的获取权(Right of Access);(2)政府信息的公开方式;(3)政府信息的豁免公开;(4)政府信息的可分割性(Severability);(5)《信息自由法》的诉讼;(6)反《信息自由法》的诉讼(reverse FOIA action)。

《隐私权法》(The Privacy Act),又称为《私生活秘密法》,是美国行政法中保护公民隐私权和了解权的一项重要法律。1974 年 12 月 31 日,美国参众两院通过该法律,1979 年第 96 届国会修订《联邦行政程序法》时将其编入《美国法典》第五篇"政府组织与雇员",形成第 552a 节。该法律就政府机构对个人信息的采集、使用、公开和保密等问题作了详细规定,以此规范联邦政府处理个人信息的行为,平衡公共利益与个人隐私权之间的矛盾。《隐私权法》立法的基本原则是:①行政机关不应该保有秘密的个人信息记录;②个人有权知道自己被行政机关记录的个人信息及其使用情况;③为某一目的而采集的公民个人信息,未经本人许可,不得用于其他目的;④个人有权查询和请求修改关于自己的个人信息记录;⑤任何采集、保有、使用或传播个人信息的机构,必须保证该信息可靠地用于既定目的,合理地预防该信息的滥用。

---

① 郭家义:《政务信息资源共享机制研究》,《电子政务》2007 年第 5 期。

《阳光下的政府法》于1976年9月13日由美国第93届国会参众两院通过,1976年国会修订《美国法典》第五编"政府组织与雇员"时,将其列为第552b节。该法是一部规定美国合议制行政机关会议公开举行的法律。依据该法,公众可以观察会议的进程,取得会议的文件和信息。《阳光下的政府法》的主要内容包括:(1)会议信息的公开;(2)信息的豁免公开;(3)记录的保存与使用;(4)《阳光下的政府法》的诉讼。

### (二)英国政务信息资源共享的有关规定与做法

#### 1. 管理机构

虽然英国是一个联邦国家,但在电子政务的发展和建设问题上,他们建立了强有力的领导机构,做到了在全国范围内实现统一、协调的领导。

英国首相任命了电子大臣(e-Minister),全面领导和协调国家信息化工作,并由两名官员(内阁办公室大臣、电子商务和竞争力大臣)协助其分管电子政务和电子商务,负责政府信息化的整体进程与全面发展,全面推进电子政务建设。联邦政府各部门都相应地设立电子大臣一职,由联邦政府核心部门的电子大臣组成电子大臣委员会,该委员会为电子大臣提供决策支持。同时,将原设在贸工部的电子特使(e-Envoy)职位调整到内阁办公室,并在内阁办公室下设电子特使办公室,专职负责国家信息化工作,电子特使办公室又下设若干工作组。电子特使与电子大臣一起,每月向首相汇报有关信息化的进展情况,并于年底递交信息化进展年度报告。由联邦政府各部门、授权的行政机构和地方政府指定的高级官员组成国家信息化协调委员会(e-Champions),协助电子大臣和电子特使协调国家信息化工作。①

#### 2. 法律法规

英国政府颁布了一系列有关公共部门信息资源开发利用的政策和法

---

① 国家信息中心、中国信息协会编:《中国信息年鉴2009》,中国信息年鉴期刊社2009年版。

规,如《政府信息公开条例》、《信息自由法》和《政府出版物之未来管理白皮书》等有关公共部门信息资源开发利用的法律政策和政策规划。① 这些法律法规和政策规划主要涉及信息公开、有偿信息开发和电子记录管理等领域。2001 年 10 月,英国政府率先推出了跨部门的信息共享系统,即"知识网络"系统,便于政府工作人员共享数据库、网站、目录索引、论坛和知识库等。②

　　英国早期的政务信息资源公开和共享制度模式倾向于分散式立法,主要是见诸 20 世纪 80 年代的《地方政府法》、《数据保护法案》、《个人资料获得法案》、《环境和安全信息法案》等单行法律,这些法律中对政务信息资源公开和共享都只有零散规定,没有独立的立法。进入 20 世纪 90 年代后,为回应制定独立的信息公开法的需求,英国于 2000 年 11 月议会通过了《信息自由法》,2005 年 1 月正式生效。为确保该法律的顺利推行,英国政府废止或修改了大约 300 个禁止政府信息公开的法律条文,并制定了《公共部门信息再利用条例》作为对《信息自由法》的补充。

### (三)加拿大政务信息资源共享的有关规定与做法

#### 1. 管理机构

　　加拿大的首席信息官制度的基本体系比较完备,形成了较为健全的组织体系和明确的职责分工体系,建立了比较合理的管理体制。加拿大总理府财政委员会(Treasury Board,TB)是加拿大电子政务建设实施的最高决策机构,在其内部机构设置上加强了电子政务管理协调的组织机构,如图 4-2 所示。

　　为保障"政府在线"工程的有效进展,保证部门间的政务信息资源共享和业务系统的互通,实现政务信息资源和政务的跨部门的整合,财政委

---

① 郭家义:《政务信息资源共享机制研究》,《电子政务》2007 年第 5 期。
② 程万高:《政府信息资源开发利用》,科学出版社 2009 年版,第 77 页。

员会秘书处还成立了由各部常务副部长组成的联席委员会,其结构图如图4-3所示。

其中,副部长级委员会(Deputy Minister Committee)由33名成员组成,服务与信息管理委员会(Service and Information Management Board)由部长级助理官员组成。跨部门专项小组负责各种特定业务,比如服务转型(约有20位成员)、架构评估(20~25位成员)、信息与政策管理(20~25位成员)、人力资源及交流等。①

**图4-2　加拿大电子政务管理结构图②**

## 2. 法律法规

为加强对政府信息资源的管理,加拿大先后颁布了《隐私权法》、《信息公开法》和《个人信息保护和电子文档法案》等一系列法律法规,对政府信息资源开发利用活动进行规范。2003年5月,加拿大开始实施《政府信息管理政策》,以取代1995年实施的《政府信息资产管理政策》。上述的法律政策主要涉及政府信息资产的管理、信息公开和隐私权保护与

---

① 程万高:《政府信息资源开发利用》,科学出版社2009年版,第77页。
② 国家信息中心:《国家信息中心2004年加拿大电子政务考察报告》,2004年。

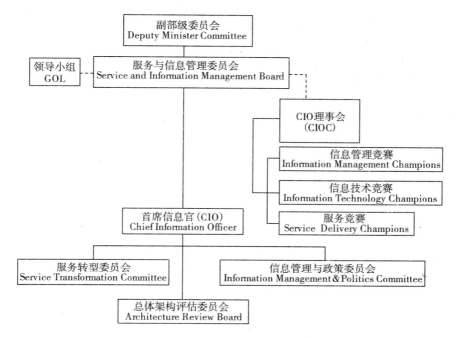

**图 4-3　TBS 联邦委员会组织构架图①**

增值开发等,为联邦政府机构开展政务信息资源开发、利用和共享提供了有力的指导。②

　　加拿大政府颁布的《隐私权法》(*Privacy Act*)着重于鼓励公民使用政府信息资源,保护公民个人隐私。《隐私权法》的宗旨是为确保政府信息公开中的个人信息安全提供法律依据。③ 为了在线服务的过程中保护公民的隐私,加拿大政府还专门制定了"隐私影响评估政策",该政策规定所有部门和机构都要对新设计的服务项目进行隐私影响评估,从而为实现公民与政府部门之间的政务信息资源的有效共享提供了有力保障。

---

　　①　资料来源:http://www.gol-ged.gc.ca/governance/gov-gouv_e.asp。
　　②　郭家义:《政务信息资源共享机制研究》,《电子政务》2007 年第 5 期。
　　③　国家信息中心、中国信息协会编:《中国信息年鉴 2002》,中国信息年鉴期刊社 2002 年版,第 785—787 页。

### （四）其他西方发达国家政务信息资源共享的有关规定与做法

其他西方国家也意识到了政务信息资源的共享对提高政府行政效率、及时回应公民的需求、避免重复建设、减轻政府财政负担具有极其重要的作用。

欧盟制定了《公众获取欧盟议会、理事会和委员会法令》、《欧盟公共部门文件商业开发利用指令》、《eEurope2002 行动计划》、《eEurope2005行动计划》和《公共部门信息：欧盟的重要资源——信息社会公共部门信息绿皮书》等法律法规。欧盟 1995 年开始实施的公共部门数据交换（IDA）项目，极大地促进了欧盟成员国公共部门之间，以及公共部门与公众之间的电子数据交换和共享。

日本为促进政府信息资源的开发、利用与共享，制定了《行政信息电子化提供指导方针》、《关于行政机关持有的信息公开的法律》（简称《信息公开法》）和《行政机关持有的个人信息保护法》（简称《个人信息保护法》）三部法律。① 这几部法律法规对日本政务信息的采集、存储、交流、共享及服务等活动进行了规定，为政务信息资源开发、利用与共享奠定了法律基础。

俄罗斯政府高度重视政府信息资源交换共享工作，制定了《信息、信息化和信息保护法》、《电子公文法》、《国际信息交换法》、《国家信息政策构想》、《国有信息资源管理构想》和《非国有信息资源国家调控构想》等一系列法律法规，有效促进了政府信息资源跨部门共享。②

## 二、西方发达国家政务信息
### 资源共享的共同特性

综观西方发达国家的政务信息资源共享的政策和实践，我们可以做

---

① 郭家义：《政务信息资源共享机制研究》，《电子政务》2007 年第 5 期。
② 程万高：《政府信息资源开发利用》，科学出版社 2009 年版，第 175 页。

这样的分析,虽然它们在政务信息资源共享的管理机构设置、法律法规建设和具体做法等方面存在一定的差异性,但是,都充分认识到了政务信息资源开发、利用和共享的重要性。总体而言,它们都将政务信息资源看作是国家和社会的一种重要资产,并且采取了一系列措施来推进政务信息资源的开发利用与共享,从而提高政务信息资源共享的有效性,提高政府的行政效率,满足公民在网络环境下的政务服务高效和高质量的需求。西方发达国家政务信息资源共享机制建设的特点主要表现在以下几个方面。

### (一)长远规划,立足未来:突出战略规划的指导性作用

西方发达国家十分重视发挥信息化的战略规划和计划在电子政务建设中的指导性作用,虽然战略规划和计划的制定方式不尽相同,但主要还是表现为两种形式:"一是,在制定信息化建设规划时,对有关信息资源共享的问题进行规定,而且还根据实际需要,就某一领域的信息资源共享制定专门的政策框架和发展计划;二是,在国家信息化建设整体规划还未出台前,就根据形势发展的需要,制定了有关信息资源共享的政策和规划"。① 如欧盟制定的《eEurope2002 行动计划》和《eEurope2005 行动计划》以及日本制定的《行政信息电子化提供指导方针》属于前者,美国和俄罗斯信息化的战略规划或计划属于后者。

### (二)领导机构有力,职责明晰:形成科学的管理体制

消除电子政务分散建设、分散应用是走向政务信息资源共享的重要途径。西方发达国家为了消除电子政务的分散建设、重复建设现象,大多都指定了相关机构或设置专门部门来从总体上统筹全国的电子政务建设和政务信息资源的开发利用。这些机构或部门大多数是负责信息化建设

---

① 郭家义:《政务信息资源共享机制研究》,《电子政务》2007 年第 5 期,第 24 页。

的领导与协调机构,其他部门的有关的部门或者办公室则是按照各自的职责协助其开展信息化建设工作。例如,美国和加拿大等西方发达国家业已形成政府首席信息官制度,并作为其发展电子政务的基本制度。政府首席信息官制度就是由政府首席信息官以及其相应的管理机构来负责专业的电子政务的总体规划、具体实施和全面管理的工作。政府首席信息官和其相应的管理机构在全国电子政务建设中职责权利明晰,比如美国的联邦首席信息官委员会和加拿大的首席信息官办公室都是负责指导和协调全局的政务信息资源共享建设的机构,加拿大成立的跨部门专项小组、美国政府各部门的首席信息官则主要是做好配合工作。英国的做法则是首相任命电子大臣(e-Minister),由他全面领导和协调国家信息化工作,并由两名官员(内阁办公室大臣、电子商务和竞争力大臣)协助其分管电子政务和电子商务,负责政府信息化的整体进程与全面发展,全面推进电子政务建设。

根据韩国、新加坡电子政务建设与应用的经验,在电子政务建设中:第一,由专门部门负责电子政务项目建设的政务问题。凡是电子政务项目建设涉及的政务问题,包括电子政务项目中的业务需求提出及其分析、政务标准规范、功能模块设计等,除了各部门提出自己的业务需求之外,还必须由专门部门负责审查项目建设是否符合电子政务建设与应用的整体规划和政务标准规范,甚至在建设过程中由这个专门部门派人到建设现场进行业务指导;并对项目建设经费的额度提出建议。第二,由专门部门负责电子政务项目建设的技术问题。凡是电子政务项目建设涉及的技术问题,包括技术方案的设计与确定、技术选择、技术标准和规范等,必须要由专门部门负责审查项目建设是否符合电子政务建设与应用的整体规划和统一的技术标准规范;根据负责政务的部门对项目建设经费额度的建议,提出项目建设经费的合理额度。第三,由财政部门负责电子政务项目建设经费的统一审核、统一支付。财政部门根据负责项目建设政务的部门、负责项目建设技术的部门对项目审核的有关意见,进行项目建设经费的审核、支付,消除电子政务建设项目分散预算。同时,对于民间资本投资建设电子政务项目,也必须符合统一的电子政务建设整体规划、政务标准和技术标准。通过政务审核、技术审核、经费审核和统一支付这样三个环节程序,确保电子政务项目建设的整体性。电子政务项目建设的整体性,是实现政务信息资源共享的重要途径。

　　西方国家的这个经验,对我国电子政务建设项目从项目立项、政务审核、技术审核、建设经费审核等管理环节的完善,都具有非常重要的借鉴意义。目前,我国电子政务项目建设过程中,缺乏了对这三个环节的有效管理,导致电子政务建设的整体性无法实现,各自为政、分散建设无法避免,分散应用、资源不能共享也就无法避免。因此,各级政府为电子政务建设、应用,要明确政务中心、科技部门、信息化主管部门、财政部门等相关部门的职责:科技部门负责电子政务项目的立项、项目经费审批和项目鉴定、验收;政务中心负责项目建设的政务问题审查与指导、建设经费的建议,参与项目验收和鉴定;信息化主管部门负责项目建设的技术审查和指导、建设经费建议,参与项目验收和鉴定;财政部门负责项目经费的审查和支付。

### (三)立法先行:凸显法制保驾护航作用

　　西方发达国家很早就认识到政务信息资源开发利用的重要性,各国都制定了有关政府信息公开、隐私保护、信息安全等一系列法律法规,以确保政务信息资源共享的健康有序发展。关于政府信息公开的法律,如美国制定了《信息自由法》、英国制定了《政府信息公开条例》和《信息自由法》和《隐私权法》,英国制定的《政府信息公开条例》和《信息自由法》,加拿大制定《信息公开法》等来明确政府各机构必须在法律的范围内公开政府信息,确保公民能便捷获得政府信息,减轻公民的负担。关于保护公民隐私的法律,美国制定了《隐私权法》,加拿大先后颁布了《隐私权法》和《个人信息保护和电子文档法案》等来鼓励公民使用政府信息资源,保护公民个人隐私。

### (四)信息标准化建设:实现资源有效整合

从上文我们可以得知,西方发达国家,如美国、英国、加拿大、欧盟、日本和俄罗斯等都出台了关于政务信息资源分类的标准和原则,极大促进了各国国内政务信息资源的交换和共享,实现了资源的有效整合。而俄罗斯出台的《国际信息交换法》和欧盟实施的公共部门数据交换(IDA)项目,更是在国际范围内,各国之间的政务信息资源的交换和共享方面做出了有益的尝试,这也有效促进了国家之间、政府公共部门之间以及公共部门与公众之间的电子数据交换和共享,实现政务信息资源跨国、跨政府的整合,最大化地实现了政务信息资源的价值。

# 三、西方发达国家政务信息
## 资源共享给我们的启示

### (一)凸显战略规划的指导性作用

战略规划和计划对政务信息资源开发利用与共享具有重要的指导作用,做好政务信息资源共享发展的战略规划和计划,有利于政府信息资源、社会信息资源、公民信息资源的整合和政务信息资源共享工作的有效推进,从根本上提高我国信息化建设整体水平,进一步促进我国经济社会快速健康发展和提高国家竞争力。

同时,政务信息资源共享建设是一项系统工程,涉及各层级政府及其部门,在我国"条块分割"的体制下,容易出现各级政府各自为政,政务信息资源共享系统的重复无序建设,浪费大量的人力、物力和财力,从而加重政府的财政和公民的负担。因而,我国需要制定政务信息资源共享建设和发展的长远规划、优化资源配置,指引各级政府及其部门的政务信息资源共享建设工作,协调各层级政府和政府部门,从而实现政务信息资源的优化配置与整合共享,保障电子政务的长效有序的发展,提高政务信息资源共享的有效性。

从政务信息资源共享建设的战略规划和计划具体操作来看,目前迫切的是要对涉及政务信息资源建设的人力、物力和财力资源进行统一规划,对现有的政务信息资源共享的平台进行评估,采取"试点田"的建设模式,集中力量在某一个区域试点研制一套能实现政务信息资源共享和部门业务协同的一体化智能信息处理平台。采取强制性手段做到分散管理集中控制,各层级政府和部门强制性将其政务信息资源和业务信息统一发送或交换到统一的处理平台,从而将过去分散在各层级政府以及政府各部门的信息集成整合起来,实现政务信息资源共享。

### (二)形成科学的完善的管理体制

形成科学合理的政务信息资源共享的管理体系,需要借鉴西方业已形成的,并作为电子政务建设的基本制度的政府首席信息官制度。这包括科学规范和协调的政府首席信息官管理制度与政府首席信息官职权责利的合理配置。

从设计科学规范和协调的政府首席信息官管理制度而言,我们要借鉴西方发达国家的政府首席信息官的管理制度设计的经验,形成:第一,任用的政府首席信息官必须具备政府公共事务的管理素质和专业的技术素质,这就要求政府首席信息官必须有政府工作的经历和从事电子政务建设的经历;第二,建立健全政府首席信息官的绩效考核制度,注重考核其工作实绩,主要是考核其职责范围的工作的实际绩效和效果,不能套用一般公务员的考核模式;第三,建立高效协调的管理体制是政府首席信息官制度建设的一项重要内容,结合我国行政管理体制和政务信息资源共享建设的现状,"一把手+首席信息官"的电子政务管理模式是一种有效的协调管理模式。

从合理配置政府首席信息官职权责利的角度而言,我国的政府首席信息官既要有较高的权威性,同时也需要做到职位权力与其承担的责任和享受的利益相一致。从西方电子政务发展的历史来看,一般而言,领导的支持是电子政务取得成功的重要因素。因此,既然电子政务属于"一把手"工程,那么在我国政务信息资源共享建设的制度设计和安排中,就要明确政府首席信息官在政府内部应具有较高的地位和权威,而不是现在的政府内部中级管理层。同时,必须建立政府首席信息官的定时汇报制度和问责制度,政府首席信息官要参与该层级政府电子政务建设的最高决策,直接对该层级政府的最高领导人负责,及时汇报工作。当然,也要实行重大决策和重大项目的问责制。总而言之,通过提升政府首席信息官的地位,强化其职责行使的权威性,提高政府及其部门电子政务建设决策的科学化和专业化水平,保证政务信息资源共享建设的良好效果。

### (三)加快法律法规和标准化建设

我国已经在政务信息资源共享方面开展了立法工作,但从总体上讲,还处于起步阶段。纵观我国政务信息资源共享领域的法制现状,主要存在以下的问题:一是法制的结构不合理,大多数为行政规章、规范和制度,没有真正意义上的国家"法律";二是立法缺乏统筹规划,各地方政府和中央政府部门的部门规章的协调性和相通性不够;三是有些法规、规章的针对性和操作性不够强;四是制定法规、规章时与国际惯例不适应。

从国际关于政务信息资源共享领域立法的经验来看,我国政务信息资源共享领域的立法工作要做到以下几点:第一,无论是国家权力机关制定法律,还是政府制定行政法规或规章,政府都应发挥积极的推动作用,采取强有力的手段和措施保障政府及政府各部门积极参与到立法中来,进而有效实施相关法律法规,从而形成政府各部门的自觉共享行为。第二,实行中央立法与地方立法相结合。由于我国地区间经济和社会发展水平的差异比较大,各地对电子政务建设重视程度和投资资源不一致,导致各地政务信息资源共享发展不均衡。因此,在政务信息资源的立法中,可以采取地方政府的先行探索与中央政府的适时统一的模式。中央政府应该鼓励经济比较发达,对电子政务建设比较重视的地区先行探索,然后,基于电子政务建设发展的时机适时统一,这样也使得政务信息资源共享领域的相关法律法规更加具有针对性和操作性。第三,要满足国际化要求。从各国的电子政务和政务信息资源共享领域的立法趋势中可见,电子政务创新国家愈来愈重视立法在国际范围内的统一和标准化,例如,欧盟实施的公共部门数据交换(IDA)项目在国际范围内,对推动各国之间的政务信息资源的交换和共享方面作出了有益的尝试。因此,我国在推动政务信息资源共享领域的立法过程中也应该注意国际惯例,积极地实时地与国际接轨。第四,要构建合理的法制结构。既要完善行政规章、规范和制度,更需要在真正意义上的"法律"方面作出更大的努力。

当前,需要抓紧制定和完善的政务信息资源共享领域的法律法规和标准。主要包括:政府信息公开、信息安全、个人信息保护、网络环境下知识产权的保护和消费者权益的保护、电子记录管理、元数据、信息资源分类和检索、电子数据交换和互操作性等。

### (四)与政府职能重组再造相结合

电子政务在全球范围内,成为政府行政改革和提高效率的首选方案。我国自1999年推行电子政务建设以来,已经取得巨大的成效,提高了政府的行政效率,规范了政府公务员的行为。但是,随着电子政务的深入发展,结合电子政务发展阶段的理论,政务信息资源共享愈来愈成为制约电子政务健康发展的"瓶颈"。因此,在网络环境下的政府,应该改变以往传统的政府工作流程,建立相对集中的数据中心或信息资源中心及信息交换平台,实现各层级政府及其部门的政务信息系统的接轨和有机整合,从根本上消除本位主义和部门利益。电子政务健康有序长效发展,不仅要满足平台统一、信息安全等技术层面上的要求,更重要的是,要以公众需求为中心,整体政府信息资源,从逻辑上打破政府机关"条块分割"的行政划分,重塑业务工作流程,采用各层级政府多部门联合协同工作模式,实时解决公众所遇到的各种问题。并由某一职能部门牵头,统一策划和协调,为公众提供"一站式"的政府服务,实现政府网络公共服务的无缝整合与集成。

# 第五章　整体政府建设：政务信息
资源共享机制形成的环境

## 一、政务信息资源共享机制的概念内涵

政务信息资源共享是政务信息资源共享机制作用的结果，因此，政务信息资源能否在各级政府之间、政府各部门之间形成共享的结果状态，打破分割体制、构建整体政府是关键。

### （一）政务信息资源的概念

### 1. 信息资源的概念

关于政务信息资源的概念内涵，我国许多学者都作了比较详细的分析论述。一般认为，"信息资源"这个术语最早由罗尔科（J. O. Rourke）在"加拿大的信息资源"（*Information Resources in Canada*）一文中提出，该文刊载于美国《专业图书馆》（*Special Libraries*）1970 年 2 月号（61 卷 2 期）第 59—65 页。①

关于信息资源的含义，目前国内外还没有形成统一的概念。具有代表性的含义有：美国里克斯（Betty R. Ricks）和高（Kay F. Gow）在《信息资源管理》一书中认为，信息资源包括所有与信息的创造、采集、存储、检索、分配、利用、维护和控制有关的系统、程序、人力资源、组织结构、设备、

---

① 陈畴镛：《信息资源管理》，浙江大学出版社 2004 年版，第 14 页。

用品和设置。

随着信息化技术及其应用的发展,霍顿(F. W. Jr. Horton)提出了不同的信息资源概念的含义。他在 1974 年提出的含义是:信息资源包括各种信息的生产者、供应者、处理者、传播者,各种形式的信息,文献化与非文献化的,原始数据,经过评价的信息,图书馆的馆藏,信息中心的库藏,信息系统和数据库中的数据、记录、报刊、录音带和电影以及其他存储和处理媒介中的信息。他 1979 年提出的含义是:信息资源包括所有的信息源、服务、产品和各种信息系统。他 1985 年提出的含义是:从政府文书管理的角度看,信息资源具有两层意思:第一,当资源为单数(resource)时,它指某种内容的来源,即包含在文件和公文中的信息内容;第二,当资源为复数(resources)时,信息资源是指支持工具,包括供给、设备、环境、人员、资金等。1986 年,霍顿与 P. A. Marchand 提出的含义是:对于整个社会和国家来说,信息资源包括如下四个方面的内容:具有与信息相关的技能的人才;信息技术中的硬件和软件;信息机构,如图书馆、计算中心、通信中心和信息中心等;信息处理服务的提供者。

列维坦(K. B. Levitan)1982 年提出了著名的信息生产生命周期说。他认为,无论从字面上讲还是从具体角度来看,信息资源就是已经建立的,因而能够再使用的信息源。也就是说,信息资源是一系列已经制度化了的,为一个或多个用户集团反复使用的信息。

德国的斯特洛特曼(K. A. Stroetmann)认为,信息资源包括信息内容、信息系统和信息基础结构三部分:信息内容包括产生于信息服务或从外部信息源获取的信息,也包括与内容活动有关的理论和方法论信息、管理和操作信息、与决策相关的信息,还包括与外部活动有关的交易信息、用户信息和市场信息;信息系统包括系统目标、操作人员、信息内容、硬件、内部规则等;信息基础结构是指一个组织的信息基础设施,它由各种可共享的数据库、计算机硬件没备、数据库管理系统和其他软件、局域网等构成。信息内容、信息系统、信息基础结构形成了一个组织的信息管理的三位一体结构。

中国学者孟广均等人从广义和狭义两个角度提出了信息资源的含义。① 认为,狭义的信息资源仅指信息内容本身;广义的信息资源是指除信息内容本身外,还包括与其紧密相连的信息设备、信息人员、信息系统、信息网络等。

上述国内外学者关于信息资源概念的含义,我们可以归纳为狭义的信息资源概念和广义的信息资源概念:

狭义的信息资源仅指记录在载体上的信息内容,是指限于信息本身的文献资源或数据资源,或者说各种媒介和形式的信息集合,包括文字、声像、印刷品、图形、图像、电子信息等。信息资源狭义的理解,突出了信息内容这一信息资源的核心和实质。

广义的信息资源是与信息内容产生、利用有关的一切资源,包括与信息相关的人员、设备、技术、资金和信息资源管理体制等各种要素的总称。也就是说,信息资源是一个贯穿于人类社会信息活动中从事信息生产、分配、交换、流通、消费的全过程的多要素集合,包括信息劳动的对象——信息(数据),信息劳动的设备——计算机等工具,信息劳动的技术——网络、通信和计算机技术等信息技术手段,信息劳动者——信息专业人员,如信息生产人员、信息管理人员、信息服务人员、信息传递人员,以及信息资源管理体制等。广义的信息资源概念把信息活动的各种要素都纳入信息资源的范畴,这更有利于全面、系统地管理和开发利用信息资源。

狭义信息资源与广义信息资源的关键区别在于是否将与信息内容有关的设备、技术、人员和管理体制也纳入信息资源的范畴。信息内容、信息内容的表达和组织方式、信息表达所依附的载体以及信息资源管理体制,是信息资源的构成要素。本书从管理的角度出发,采用了广义的信息资源的含义。信息资源不仅具有经济学意义上的需求性、稀缺性和可选

---

① 孟广均:《信息资源管理导论》,科学出版社 2003 年版,第 29 页。

择性特征；而且还包括共享性、时效性、动态性、不可分性、不同一性、支配性等独有特征。

**2. 政务信息资源的概念**

政务信息资源作为信息资源的重要组成部分，是各类公共部门及其授权的公共组织等在依法履行职能过程中制作或获取的、以一定形式记录与保存的信息，以及制作或获取信息的技术、设备、网络、人才资源和信息化管理体制。具体来说，政务信息资源包括以下六个方面：

（1）各类公共部门及其授权的公共组织等公共管理主体为履行职能而采集、加工和使用的信息资源；

（2）公共部门在办理业务和事项过程中产生与生成的信息资源；

（3）公共部门直接管理的信息资源；

（4）各公共部门投资建设的政务信息资源；

（5）与政务信息资源的制作和获取有关的技术、设备、网络、人才等信息资源；

（6）信息化管理体制及其运行机制。

因此，政务信息资源是指公共管理活动所涉及的、对公共管理活动产生影响作用的信息资源的集合，它包括政务信息内容资源以及与信息采集、处理、储存、分级分类、交换共享和开发利用活动有关的信息人员、信息设施、信息技术、信息资金和信息管理体制。政务信息资源与公共管理活动息息相关，与社会生活息息相关，是信息资源中最核心的资源，在人类社会经济发展和公共管理中具有特殊的重要地位。政务信息资源的构成包括：政务信息内容资源、政务信息人员、政务信息技术设施、政务信息资金和政务信息资源管理体制、机制。


**（二）政务信息资源共享的概念**

政务信息资源是政府公共部门管理公共事务、提供社会服务不可缺少的、具有战略意义的资源；同时，政务信息资源也是公民个人、企业和其他社会组织履行社会义务、享有权利所不可缺少的资源。

从政务信息资源的概念内涵中我们可以发现，在政务信息资源中，已经包含了政府部门及其行政过程中形成的各类信息，以及公民个人、企业和其他社会组织及其在履行社会义务、享有权利过程中形成的各类信息：

（1）政府部门及其行政过程中形成的各类信息。包括：政府部门自身的各种信息资源，例如政府部门职责、职能、机构组成、行政程序、行政申请要求、行政业务流程、各种规章制度和政策法规等；政府部门在办理业务和事项过程中产生与生成的信息，例如行政许可证、各类证照等；政府部门投资建设的各类政务信息，例如四大基础数据库等。

（2）公民个人、企业和其他社会组织及其在履行社会义务、享有权利过程中形成的各类信息。例如，公民个人、企业和其他社会组织在行政申请时所提交的各类信息，公民个人的基本信息、纳税信息、社保信息和信用信息等；企业的基本信息、业务范围信息、经营信息、纳税信息、产品信息、从业人员信息、财务信息和信用信息等。

行政过程是一个各行政层级之间、政府各部门之间、政府部门与行政相对人（包括公民个人、企业和其他社会组织）之间相互联系、相互作用的动态过程。因此，在这个动态过程中，就会形成各种行政关系。只有各种信息资源充分交换共享，各种行政关系才会协调处理、高效率处理和便捷处理，才会摆脱信息不对称情况下的错误行为、错误判断。这无疑说明政务信息资源在各种用户之间（包括各行政层级之间、政府各部门之间、政府部门与行政相对人之间）根据信息的密级程度、职责履行需要和办事需要，进行公开共享非常必要和重要。

政务信息资源共享是指各行政层级之间、政府各部门之间、政府部门与行政相对人（包括公民个人、企业和其他社会组织）之间因为政务信息公开或者因为履行公共管理职能和办事的需要而提供、获取和利用政务信息资源的行为，实现政务信息资源共享是充分开发利用政务信息资源、提高政务信息资源利用水平的有效途径。一个部门从另一个部门获取的政务信息资源只能用于本部门履行职能的需要,行政相对人(包括公民个人、企业和其他社会组织)经过有关部门批准而获取的信息只能用于申请时的专门用途,不得转给第三方和用于其他目的。政务信息资源共享要避免出现过度的、不合理的共享要求和现象。政务信息资源交换共享包括两个阶段,如图5-1所示。

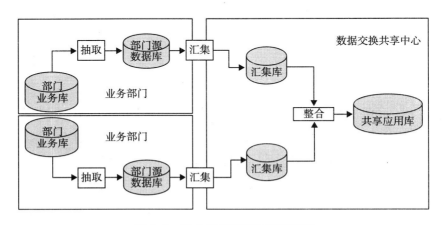

**图5-1　政务信息资源共享过程图**

第一阶段:数据抽取汇集阶段。在这个阶段,一是充分了解和掌握各部门、各行政相对人现有信息情况,了解各部门的需求和可供共享的数据,明确各部门的数据格式、业务表结构详细说明、字典表等;二是根据实际需求和数据格式制定数据抽取规则,从业务系统中进行数据抽取,形成部门可供交换共享的源数据库;三是通过数据交换将源数据库汇集到数据交换共享中心,形成各部门的业务数据的汇集库,从而完成第一阶段的数据的抽取汇集工作。

第二个阶段:数据整合共享阶段。通过数据共享交换中心,进一步将汇集库的数据进行清洗、整合等处理,形成共享应用数据库。在此基础上,编制共享数据目录,注册后通过政务信息资源共享平台对各部门和行政相对人提供数据目录查询、数据共享等信息服务。

因此,概括起来,政务信息资源共享的含义包括了以下几个方面:

(1)以需要为前提,包括政府部门履行职责的需要、行政相对人行使权利的需要;

(2)以密级和公开程度为限度,必须避免过度的、不合理的共享现象;

(3)以统一的政务与技术标准规范为实现手段和保障;

(4)以政务信息公开、提供政务信息、获取政务信息、利用政务信息等行为为内容;

(5)以提高政务信息资源开发利用水平、提高办事效率与便捷、提高服务质量为目的。

### (三)政务信息资源共享机制的概念

从政务信息资源共享的概念内涵中我们可以分析到,政务信息资源共享是在多种用户之间、多种主体之间的政务信息资源利用,这些用户、主体包括政府及其部门、公民个人、企业和其他社会组织。由于资源具有价值,各种主体追求利益最大化的"经济人"属性,都只有要求从他处获取信息资源而不想提供,这样,就必须有一个健全的机制来确保政务信息资源共享的实现。

因此,要实现信息化条件下政务信息资源在各种用户、主体之间共享的状态,就必须克服、摆脱传统行政管理体制下政府各部门之间、各行政层级之间、政府部门与行政相对人之间只是领导与被领导、管理与被管理的行政关系,要形成领导与被领导、管理与被管理、服务与被服务的互为用户的关系。这样,实现政务信息资源共享最关键的就是要形成各政务信息资源应用的各类主体(包括各级政府、政府各部门、行政相对人等各类主体)之间的有机统一体的关系,明确各类主体在政务信息资源共享体系建设和应用中的角色、权利义务。

概括起来,政务信息资源共享机制的含义就是:在为实现政务信息资源共享以及政务信息资源共享过程中,各种政务信息资源应用主体之间的相互关系和实现条件,最重要的是各应用主体的角色(职责、功能定位)、权利义务、实现手段(技术与标准规范)和政务信息资源的开发利用与管理体制。因此,政务信息资源共享机制的建立,一要依靠顺畅的体制,明确各类主体在政务信息资源开发、利用和共享过程中的角色、权力与责任;二要依靠有力的保障,包括健全的制度保障如法律法规、政务标准和技术规范,以及先进的技术保障;三要依靠以指导、服务的方式去协调各个主体间关系的运行机制。政务信息资源有效的管理体制、健全的制度和标准规范、先进的网络信息技术和有力的运行机制,是相互联系、相互作用、相互渗透的有机统一体,共同就构成了政务信息资源共享机制。

## 二、整体政府建设:促进资源共享的必要性分析

以分工为基础、以各司其职和层级节制为特征的传统官僚制,日益导致了行政业务之间、政府各部门之间、各地方政府之间、垂直部门与地方政府之间、各行政层级之间的分割,形成了"碎片化"的分割管理模式。随着网络化、信息化的快速发展和普遍应用,这种管理模式的缺陷日益凸显,既妨碍了政府整体效能的实现、加大了部门间协调的成本,又妨碍了服务政府的建设、给公众办事带来了极大不便。整体政府(Holistic Government)就是针对分割和"碎片化"问题而产生的一种新型的政府管理模式和运作机制。整体政府以元素服从集合、部分服从整体的系统论为核心理念,以业务协同和资源共享为特征,以目标、机构、资源、业务、服务及其提供途径等要素的整合为内容,以网络信息技术为支撑。整体政府是当代行政改革的一个新理念,是变革分割管理模式、实现"跨部门协作"(Cross-agency Collaboration)的一场革命,是 21 世纪公共服务改革最迫切的需求,成为学术研究的热门话题。

**（一）分割管理模式的形成**

从历史的观点来分析,分割管理模式源于 18 世纪中后期亚当·斯密的"劳动分工原理"和 19 世纪弗雷德里克·泰勒(F. W. Taylor)的"制度化管理理论"。亚当·斯密在《国富论》中提出,在劳动生产率上最大的增进,以及运用劳动时所表现的更大的熟练、技巧和判断力,都是分工的结果。① 泰勒的"制度化管理理论"强调专业化分工,强调把业务过程分解为最简单、最基本的工序。这样工作人员只需重复一种工作,熟练程度大大提高,同时对各个业务过程实施严格控制。的确,在工业革命后形成的工厂经济时代,"分工出效率"在社会生产和管理领域得到了广泛应用和充分应验,并形成了层级节制的金字塔式组织结构和部门化管理方式。

20 世纪初期,以专业分工、等级制和非人格化为特征的"官僚制"政府组织形式的确立为这种分割管理模式的形成奠定了基础,并日益发展成为支配公共行政的普遍组织形式,政府组织中的专业化和分工化倾向进一步得到了发展。② 这种专业化分工的管理模式强调以职能为中心设置政府部门。以职能为中心设置部门的方法使一个部门、一个岗位只需重复一种工作而有助于效率的提高。因此,早期行政学者积极推崇基于专业分工、等级制管理的官僚制组织形式,例如怀特、威洛比、古利克等人积极探索专业化分工、管理层次与幅度、统一指挥等公共行政的一般原则和原理。韦伯(Max Weber)也坚信,"推进官僚制度的决定性理由一直是超过其他组织形式的纯技术优越性……精确、速度、细节分明……减少摩擦、降低人和物的成本,在严格的官僚制治理中这一切都提高到最佳点"。③ 这种

---

① 亚当·斯密:《国民财富的性质和原因的研究》,郭大力、王亚南译,商务印书馆 1981 年版,第 5 页。

② 拉塞尔·M. 林登:《无缝隙政府——公共部门再造指南》,汪大海译,中国人民大学出版社 2002 年版,第 24 页。

③ 文森特·奥斯特罗姆:《美国公共行政的思想危机》,毛寿龙译,上海三联书店 1999 年版,第 37 页。

以职能为中心设置部门和层级节制的组织结构,具有效率高、便于控制和指挥等优点;但也使一个行政业务流程分割为若干环节、横跨多个部门,人为地把行政流程割裂开来,使一个完整的流程消失在具有不同职能的部门和人员之中,容易造成多头指挥。

20 世纪 70 年代末,针对传统官僚制机构臃肿、效率低下、反应迟钝等弊端,西方各国普遍推行了以"政府再造"(Reengineering Government)为内容的新公共管理运动。新公共管理运动的一个基本思路就是大量借鉴工商企业的管理方法(私有化、分权化、市场检验、强制性竞争等)对政府组织进行改造,从而达到提高行政效率、改善公共服务质量的目的。无论是奥斯本、盖布勒倡导的"企业家政府"(Entrepreneur Government)组织模式,还是彼得斯提出的未来政府治理模式,其突破性变革在于大量建立执行机构或半自治性的分散机构,让它们负责公共项目的执行和公共服务的提供。从而使政府组织结构从官僚制组织模式向分散化、独立化、分权化和灵活性的组织模式转变。但这种新公共管理运动在革除官僚制效率低下、反应迟钝等弊端的同时,又进一步强化了"机构裂化"、"管理分割"。

因此,这种基于专业分工、等级制的官僚制组织形式和分割管理模式,虽然一直占据着公共行政的统治地位,但随着现代经济社会和科学技术的发展,这种分割管理模式日益暴露出其固有的弊端,越来越遭到学者和实践家们的批评。马丁·米诺格(Martin Minogue)等人批评了西方国家大量存在的管理分权、"机构化"和"公司化"的问题;①英国"撒切尔时期公共行政改革在引入竞争机制的同时,严重忽视了部门之间的合作与协调,造成了碎片化的制度结构"。② 佩里·希克斯认为,从功能上讲,分

---

① 马丁·米诺格等:《超越新公共管理(上)》,《北京行政学院学报》2002 年第 5 期。

② Sylvia Horton, David Farnham. *Public Adimiministration in Britain*. Great Britain Macmillan Press LTD,1999;251.

割化的治理存在让其他机构来承担代价、互相冲突的项目、重复、导致浪费并使服务使用者感到沮丧、在对需要做出反应时各自为政、公众无法得到服务,或对得到的服务感到困惑等问题,所有这些问题正是治理中的一些协调、合作、整合或整体性运作想要解决的。①

以碎片化②为显著特点的分割管理模式,具体表现在行政业务之间、政府各部门之间、各地方政府之间、垂直部门与地方政府之间、各行政层级之间的分散与分割。这种分割管理模式形成于工业革命时期,以分工和专业化为理论指导,其目的是为了满足工业革命以后社会经济发展对政府管理效率的需求。应该说,适度的分工和专业化是有助于提高效率的。

### (二)分割管理模式的弊端分析

综合上述的分析,我们认为,分工理论在不断提高效率的同时,也给行政组织的持续发展套上了一道无形的枷锁。以分工为基础的分割管理模式及其诱发的其他问题已经严重阻碍了网络经济和信息化社会的发展,阻碍了信息技术的应用,阻碍了行政管理体制改革的进一步深化,阻碍了政务信息资源共享机制的形成,阻碍了统一市场的形成进程。具体

---

①　竺乾威:《从新公共管理到整体性治理》,《中国行政管理》2008 年第 10 期。

②　"碎片化",原意是完整的东西破成诸多零块。它在传播学中使用时,是用来描述传播语境的一个形象性说法。Lieberthal、Lampton 等西方学者用"碎片化"来描述中国政府的各部门根据本部门的利益进行政策制定或者影响政策制定的过程,以及中央政府各部门之间、中央和地方政府之间、各级地方政府之间通过争论、妥协、讨价还价来制定公共政策的过程。到现在,"碎片化"一词广泛运用于技术领域、社会领域和政治领域。在政府管理领域,"碎片化"指向的是部门内部各类业务之间、系统或行业内部各组成部分之间、政府各部门之间、各地方政府之间以及各行政层级之间的分割状况。"碎片化"在我国明显地表现为部门分割、条块分割和地方分割。参见 http://media. people. con. cn/GB/22114/64606/75212/5244163. html,喻国明:《解读新媒体的几个关键词》; Lieberthal, Kenneth G. & David M. Lampton. 1992. Bureaucracy, Politics and Decision: Making in Post-Mao China. Berkeley: University of California Press.

来说,分割管理模式的弊端日益表现为:

第一,分工过细导致了部门林立、职责交叉重复、多头指挥和无所适从。按照分工的原则,政府管理按照职能划分为诸多不同的部门,同一个行政事项多个部门同时管辖,"九龙治水"就是部门林立、职责交叉重复的真实写照。

第二,分工过细导致了流程破碎、组织僵化和资源共享程度差。分工过细意味着一个完整的业务流程被若干部门和环节所分割,即使是一项简单的工作也要被拆分成一系列烦琐的活动。将一个完整、连贯的业务流程分割成许多支离破碎的片段,造成了相互隔离的部门壁垒,增加了各个业务部门之间的交流和协调工作,使得行政过程运作时间长、协调成本高。"我们大部分政府和商业组织建立的原则是劳动分工、专业化、标准化、明确的等级制度、个人责任、可互换的零部件和员工,这些原则产生了以隔离为特征的高度分散的组织:部门之间的隔离,部门与职员的隔离,机构和顾客的隔离,机构和供应商以及卖主的隔离"。[①] 这种相互隔离和自我封闭使行政组织的灵活性大为下降,很难适应快速多变的信息化社会环境,也无法对公众的需求作出快速、及时的回应。分割管理使资源分散在不同的领导、部门、业务人员和环节之中,不可能实现资源的有效整合,资源从一个部门转到另一个部门,必然增加了交换环节和复杂程度。

第三,分工过细和专业化劳动导致了行政人员技能单一、适应性差。分工将一个连贯的业务流程分割成多个支离破碎的片段,不仅增加了各个业务部门之间的交流工作和大大增加了交易费用,而且也导致了行政人员的技能愈加专业化,成为一个片面发展的机器附属。行政人员的管理行为被同化于标准化产品的生产之中,不再带有个人的印记。行政人

---

① 拉塞尔·M.林登:《无缝隙政府——公共部门再造指南》,汪大海译,中国人民大学出版社2002年版,第24页。

员如同官僚机器上的一颗螺丝钉,固守着各种规章制度,在各自职责范围长期从事某种单调的工作。这种非人性化的官僚体系必然导致"新的奴役铁笼"。正如马克思所说,劳动逐渐成为外在于劳动者的一种"异化",从而破坏了工作的趣味性。"狭隘的求同现象;对个人进取心和创造性的限制,难以忍受的一致服从,称职但并不出色的工作表现,以及同样的自鸣得意……这样,工作变成了乏味的例行公事"。① 因此,专业化分工限制了人的创造性的发展,没有刺激,导致行政人员缺乏积极性、主动性、责任感差,直接影响了工作质量与服务质量。此外,长期从事某一种或一类工作,使得行政人员的技能过于单一,如同凡勃伦所说的"受过专业训练的无能"一样,很难适应复杂多变的社会要求。

第四,分工过细导致了本位主义、整体效能低下和无人对整体负责。每个部门都有自身的利益追求和目标,各司其职。在执行任务时,部门往往从本部门的工作和利益出发,精心构思自己的行为,只注重局部环节而缺乏整体协调,忽视了政府的整体使命和目标,甚至使本部门的目标凌驾于政府整体目标之上。过细的专业分工导致部门把工作重心放在个别作业与环节效率的提升上,而忽视政府的整体使命;部门间的利益分歧往往促使个体的短期利益凌驾于政府发展目标之上,阻碍了政府整体目标的实现,并日益演化为"铁路警察各管一段"的管理盲点、僵化的本位主义和管理的"真空地带"。这种分散主义和利益分歧,或许有助于局部效率和部门绩效的提高,但严重的本位主义日益导致了政府整体绩效的下降和弱化。"职权要分割,每一级的治理都以排他的方式实施其职权。领域要分割,每个领域都由一个部门机构负责。行动者分割,每个人,特别是公共行动者,都有自身的责任领域。对明晰的追求,出发点是好的,即需要区分权力、明确责任,但是当问题相互关联时,当任何问题都不能脱

① 欧文·休斯:《公共管理导论》,彭和平等译,中国人民大学出版社2001年版,第51页。

离其他问题而被单独处理时,这种明晰就成了效率的障碍"。① 如图5-2
所示,我国食品安全监管不是国家不重视,也不是没有专门的机构,而是
机构间的分割削弱了监管效能。

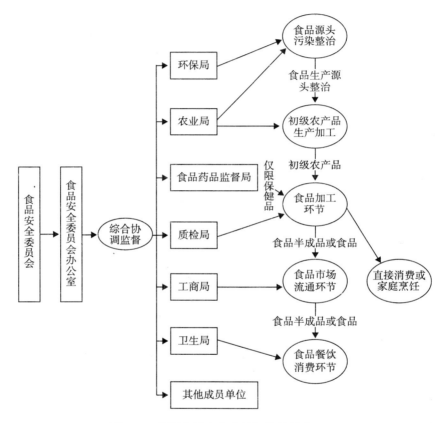

**图5-2    我国食品安全监管机构及其分工图**

　　第五,分工强化管理驱动、局部效率与个体绩效,导致了对社会的服
务意识不强、服务效能低下。分割管理模式遵循"管理驱动"的逻辑,以
个体自身管理的便利为出发点,并非以服务对象的利益为导向。在碎片

---

　　①　皮埃尔·卡蓝默:《破碎的民主:试论治理的革命》,高凌瀚译,三联书店2005年
版,第11页。

化的分割管理模式下,提供什么样的公共服务、提供多少,一般都是由部门自己来决定。企业和公众对政府提供的公共服务常常处于一种被动的状态。庞大的政府机构各有自己的规章、行为方式与办事要求,它们常常以这种或那种方式影响公众和企业的活动。公众为了实现权利、履行义务而与这些不同部门发生的联系常常要经过若干个部门与繁杂的手续,进行相关资料的重复提交和重复申请。这样,不仅浪费了大量的社会资源、增加了社会交易成本,也大大损害了公共部门的形象,使得政府部门与公众的矛盾日益加深,并为政府部门的腐败行为留下了巨大的空间。例如,某公民因申请户口迁移而导致他要与相当多的政府部门发生联系。每一个部门都要求该公民以不同的形式并在不同期限内提供他的个人信息,这些信息虽然不是同一个信息、填写的格式不同,但内容却非常相似。为此该公民必须周旋于这些部门之中。另外,人们对政府提供的公共服务没有选择的余地,更谈不上享受个性化的服务。在分割管理模式下,政府部门办事烦琐、效率低下和服务的分散化,日益加深了公众对政府部门的不满。

## 三、整体政府构建:促进资源共享与业务协同

从结构性分权、机构裁减和设立单一职能的机构转向整体政府,[①]是20世纪90年代中后期西方国家行政改革所采取的新举措,是在信息技术革命推动下,对传统官僚制和新公共管理运动所形成和强化的分割管理模式进行深刻反思而提出来的。整体政府的核心目的是通过对政府内部相互独立的各个部门和各种行政要素的整合、政府与社会的整合以及社会与社会的整合来实现公共管理目标。在现实社会条件下,公共管理

---

① Tom Christensen、Per L greid:《后新公共管理改革——作为一种新趋势的整体政府》,张丽娜、袁何俊译,《中国行政管理》2006年第9期。

目标的实现既不能靠相互隔离的政府及部门,也不能靠成立新的"超级部门";既不能靠单一的政府主体,也不能靠单一的市场或社会主体,唯一可行的就是围绕公共管理目标,在保留部门的前提下实行跨部门协作,实行公私部门之间、政府与非政府组织之间、中央与地方之间的协作。

　　克里斯托夫·波里特(Christoppher Pollit)在综合评述了相关文献的基础上揭示了整体政府的内涵:排除相互破坏与腐蚀的政策情境;更好地联合使用稀缺资源;促使某一政策领域中不同利益主体团结协作;为公民提供无缝隙而非分离的服务。① 整合(integration)是整体政府最本质的内涵。英国学者汤姆·林(Tom Ling)对西方各国整体政府改革的实践与经验进行理论总结,归纳出一种最佳实践的整体政府组织模式,如图5-3所示。②

　　汤姆·林认为,整体政府组织模式包括了"内、外、上、下"四个"联合"子集:一是"内",指组织内部的合作,通过新的组织文化、价值观念、信息管理、人员培训等途径来实现"联合",意味着一种新的组织结构形式;二是"外",指组织之间的合作,通过分享领导权、共同预算、融合性结构、联合团队等途径来实现"联合",意味着一种跨组织的工作方式;三是"上",指组织目标的设定自上而下以及对上的责任承担,通过以结果为导向的目标分享、绩效评估、公共服务协议等途径来实现"联合",意味着一种新的责任和激励机制;四是"下",指以顾客需要为服务宗旨的公共服务供给过程,通过联合磋商、顾客参与、共享顾客关注点等途径来实现"联合",意味着一种新的公共服务供给方式。正是新的组织结构形式、新的工作方式、新的责任和激励机制、新的服务供给方式这四者的有机结合,构成了既不同于传统官僚制又不同于纯市场化的一种新型管理模

---

　　① Christoppher Pollit, Joined-up Government: a Survey. *Political Studies Review*, 2003(1): 135.

　　② Tom Ling. Delivering Joined-up Government in the UK dimensions, Issues and Problems. Public Administraion, 2002(4): 625-642.

式——整体政府。

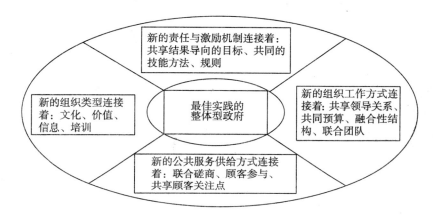

**图 5-3　最佳实践的整体型政府组织模式图**

　　整合是整体政府最本质的内涵。这种整合既包括行政系统内部各部门之间基于业务流程所形成的政务协同,也包括政府作为整体在公共服务供给层面与非营利组织、企业或社区之间合作所形成的公私合作与伙伴关系。这样,不仅使行政系统的组织结构和各种资源得到了整合,打破了部门界限(Boundaryless Government)而使部门成为流程上的节点,实现了跨部门的网络化政务协同与无缝(Seamless Government);而且,还使各种主体提供的公共服务及其提供途径得到了整合。整体政府的内涵为我们探索整体政府的构建途径和实现公共治理,提供了理论指导。本研究主要是从政府内部管理的角度论述了打破分割管理模式、构建整体政府四个途径。

**(一)结构整合:从金字塔结构向扁平化网络状结构转变**

　　从组织结构的角度看,整体政府是一种新型的组织设计或结构重组,它强调打破部门界限,打破分割管理模式中分散化、功能分割、各自为政的管理和服务方式,强调将专业分工、层级节制的金字塔组织结构转变为以流程为中心的由多个工作团队或节点组合而成的扁平化网状结构,由此形成了"联合岬"(joined-up-ness)。

　　适应网络化、信息化发展要求的整体政府构建,如图5-4所示。组织结构整合,实质上是把工业化模型的大政府,即集中管理、分层结构在管理领域中运行的传统政府,通过现代科学技术手段转变为以扁平化和网络化管理模式为特征的新型管理体系,以适应虚拟的、以知识为基础的网络经济和信息社会发展要求。

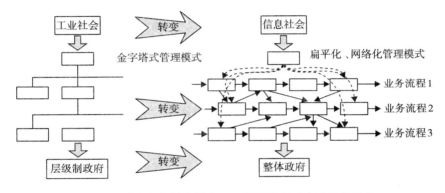

**图 5-4　政府组织结构整合——从层级制政府到整体政府**

　　要实现政府组织结构的整合,关键是要面向任务目标,构建网状层次组织结构。因为,在分割管理模式下,政府组织结构是条块分割的金字塔式层级结构,如图5-5所示。

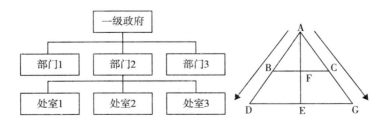

**图 5-5　金字塔式层级结构及权力运行走向**

从塔顶到塔底权力运行呈自上而下走向,A>B>D。在塔的同一层级,理论上权力是相当的,B=C=F;D=E=G。但在这种条块分割的组织模式下,政府部门是以职能为基础设置的,各部门相互隔离、独成一体,跨部门之间的业务协同几乎不可能,资源难以共享。

因此,构建整体政府必须使分割管理模式下的金字塔式组织结构变革为扁平型的网状组织结构。这项工作的完成,必须分两步走:第一步,实行任务分解,如图5-6所示。任务的科学分解促进了金字塔层级结构逐步过渡到网状化组织结构、按职能划分的纵向静态层次结构逐步过渡到按任务划分的横向动态网状结构。纵向反映了面向职能的部门行政管理形式,横向反映了为完成某项任务动态组成的人员组织形式。这种组织形式描述了以任务为基础进行分类,而不是以解决某一类问题所涉及的职能进行分类。协作群体既可以是一个职能部门,也可以是一个跨部门的任务型组织。它直接面向任务,对客户负责,这符合整体政府关于跨部门之间业务协同的需要。

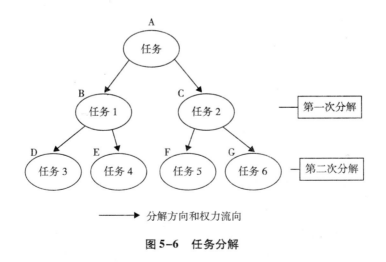

**图5-6　任务分解**

第二步,构建网状层次结构。图5-6表明,跨部门业务协同的完成需要层级(垂直)部门和职能(横向)部门之间相互配合才能完成,形成交

叉型的任务管理模式。图5-6把一项共同任务进行二次分解,把分解出
的小项目由不同层级不同的部门协同完成。A是上层部门,B和C是中
层部门,D、E、F和G是基层部门,权力运行从A到B到D,从A到B到
E;从A到C到F,从A到C到G。但在分割管理模式下,A、B、C、D、E、G
这些部门之间的信息流、资源流、业务流是沿着权力的流向而进行的,同
级之间基本没有互动。因此,要构建整体政府,还必须在任务科学分解的
基础上,构建网状层次结构,如图5-7所示。

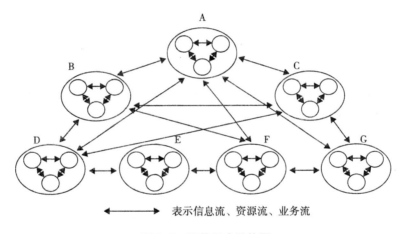

图5-7   网状层次结构图

    在整体政府模式中,信息、资源将突破传统职能(条条)和层级(块
块)分割的权力壁垒,实现相互流动、交叉流动,并且通过资源整合与共
享实现资源配置最优,形成随需应变的业务流程和跨部门协作的工作环
境。各部门在具有其相对独立性的同时,又是各个流程上的工作团队或
节点,通过信息流、资源流和业务流实现了跨部门之间的业务协同,实现
了全程的互联互通,最终形成了网状层级结构的整体政府管理模式。
    如图5-8所示,传统行政组织结构经过整合而形成的整体政府模
式,使得行政系统内部各行政业务之间、政府各部门之间、各地方政府之
间、垂直部门与地方政府之间、各行政层级之间的关系,不再是一种分割、

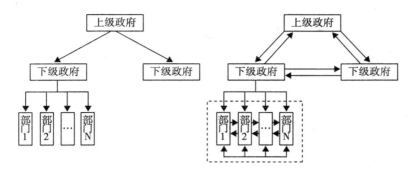

**图 5-8　层级节制下的分割管理模式、共享协同下的整体政府模式**

分散的关系,而是一个相互协作的有机整体。在这个整体中,既注重目标之间的冲突,尽力做到目标之间的统一;又注重通过互动和资源共享达到目标与实现方式的统一,在确保目标一致的前提下发展多样化的目标实现方式。

**(二)资源整合:形成跨部门以共享为特征的信息运行环境**

信息资源整合是一个把环境、行政系统内部各个管理层次和各个部门、信息资源和公众结合起来的综合概念;①是政府对不同来源、不同层次、不同结构、不同内容的信息资源进行选择、汲取、激活和有机融合,使之具有较强的柔性、条理性、系统性和价值性,并对原有的信息资源体系进行重构,摒弃无价值的资源,以形成新的核心资源体系的一个复杂的动态过程。② 整合后的信息资源具有更高的关联度,许多隐藏在信息中的知识逐渐显现或被挖掘出来,更加便于行政人员和公众对资源的充分利用。

因此,信息资源整合并不是简单的对政府的各种信息资源进行收集

---

① 　小瑞芒德·麦克劳德、乔治·谢尔:《管理信息系统:管理导向的理论与实践》(第8版),张成洪等译,电子工业出版社 2003 年版,第 35 页。

② 　饶扬德:《企业资源整合过程与能力分析》,《工业技术经济》2006 年第 9 期。

和归纳,而是以社会和公众的需求为导向,采用科学的管理方法,让社会部门及公众一起参与政府信息资源管理,实现政府信息资源的全方位共享和开发效率的最优化,从而使整个政府服务过程系统化、规范化、电子化。

信息资源整合是构建整体政府的重要基础。在碎片化的分割管理模式下,各部门相互隔离、独成一体,信息资源完全孤岛化。因此,信息资源整合是政府信息资源管理和开发利用工作的重要内容,是社会对信息资源均衡分配的需要,是基于政府职能间整体关联的需要。[①] 消除信息资源孤岛化是构建整体政府必须要解决的问题。

**(三)业务整合:实现以跨部门业务协同为特征的流程再造**

流程再造是一种系统的、综合的提高公共部门绩效的方法,它是要运用网络信息技术重组组织结构、打破条块分割体制和部门界限,从而实现跨部门资源共享和业务协同。因此,流程再造是组织结构整合、信息资源整合和业务整合的基础。

传统的以职能为中心的观念把业务流程人为地割裂开来,使业务流程消失在具有不同职能的部门和人员之中,导致多头指挥,影响作业效率,使公众无所适从,缺乏整体观念和有效的整合,产生了许多不创造价值的活动。流程再造强调以流程为中心和打破部门界限,强调以整体流程全局最优为目标来设计和优化流程中的各项活动,强调跨部门的集成整合和网络化工作,强调将功能性的层级结构转化为跨功能的工作团队,强调运用网络信息技术打破传统层级传递信息和书面审核的工作方式,使政府行政组织的金字塔结构改变成扁平式、无中心式的网络结构。因此,基于流程再造的业务整合是构建整体政府的重要途径。

---

① 冯惠玲主编:《政府信息资源管理》,中国人民大学出版社 2006 年版,第 160—166 页。

在信息资源整合、交换共享的条件下，流程再造突出了业务流程的自动化处理这个环节。政府流程的自动化处理就是以网络信息技术为支撑，实现管理过程各个环节事务的计算机自动化处理和跨部门的网络化协同办公。每一项工作或业务处理都具有一个完整的流程，围绕事务的处理将所涉及的各个部门或管理人员、各个环节、资源配置进行有效整合，形成一个具体的流程。由发起者发起流程，经过若干各部门和环节的处理，最终到达流程终点；政府部门所有的工作流程又是互相连接、交叉或循环进行的，一个工作流程的起点可以是另一个工作流程的终点；淡化了工作流程之间的界限，加强了各流程之间的集成、互动与联系。整合端到端的业务流程，能够柔性地、快速地响应公众的请求和适应不断变化的经济环境。对行政服务的使用者来说，无缝隙政府是感觉不到边界的政府，是对部门、人员、信息、服务与流程进行了有效整合的虚拟政府。①

流程再造实现了组织结构和业务的整合，具体表现为：第一，各部门之间的无缝化，实现了各部门业务流程的一体化。所有政府部门只有一个统一的窗口对外，让公众感觉到各部门是一个整体，公众可以通过对互联网等技术的利用搜索到自己所需要的信息和服务，不再需要去特别注意这些信息与服务是由哪个部门提供的，而只关心自己的需求就能方便地获取和无缝地接受各项服务。第二，中央政府与地方政府间的无缝化。中央政府部门和地方政府部门之间的手续办理和业务处理，都在网上进行，公众在获取政府服务时可以完全不必注意中央和地方政府部门之间的界限。第三，政府部门与民间机构之间的无缝化。在市场经济体制下，政府部门不是公共服务的唯一提供者，除此而外，非政府公共机构、民间机构等也都参与了公共服务的提供。② 因此，为了提高公众获取公共服

--------

① Richard Heeks, *Reinventing Government in the Information Age: International Practice in IT-enabled Public Sector Reform*. New York: Routledge, p. 259, 2001.

② 詹中原主编：《新公共管理——政府再造的理论与实务》，（台北）五南图书出版股份有限公司 2002 年版，第 20—40 页。

务的便捷性、提高公共服务质量,实行政府部门、非政府公共机构和民间机构之间的信息与服务对接,推动了社会服务的一体化提供。

因此,正是通过以跨部门业务协同为特征的流程再造,实现了业务整合。通过政府部门内部业务处理流程再造,改变了各职能管理机构重叠、中间层次多的状况,使每项职能只有一个职能机构管理,做到机构不再重叠、业务不重复;通过跨部门业务流程再造,构建了跨越多个职能部门边界的业务流程,把处理同一个业务所涉及的各个部门整合在一个流程上,使完成该项业务所涉及的各个职能部门、所需要的各个功能环节和机构的人员以及各种资源整合成为一个完整的业务处理流程,打破部门界限,实现跨部门的网络化协同办公;通过社会服务流程再造,实现了政府部门与公众沟通的电子化和网上办事,实现了为公众的无缝化、整体化服务。

**(四)服务途径整合:实现以一体化为特征的便捷服务**

社会服务的质量与水平如何,是整体政府社会效果评价的重要指标,因而社会服务及其提供途径的整合是构建整体政府的重要途径。以一体化为特征的便捷服务,意味着公众通过一个统一的入口就可以提交办事申请和获取政府服务,而不必周旋于多个部门。

在分割管理模式下,部门分割、分灶吃饭的财政体制都会导致政府对公众的服务及其服务提供的方式也都是部门化的、分散的。例如,市民平时对私家小车的供养,按照规定需要缴纳车船税、养路费和城市年票,但这三种收费分属于三个不同的部门来收取。市民为了供养这辆车而必须去三个不同的地方缴费。为此,市民常常为政府缺乏"一条龙"式的收费服务而抱怨政府。因此,如何改变这种分散化、部门化的、各自为政的公共服务提供方式,使公众和企业能够在统一窗口实现"一次性"提交和办结,便成了构建整体政府的重要内容。

在整体政府模式下,正是通过服务内容的整合和服务提供途径的整合,公众无须同时面对多个部门,只需面向一个代表政府的窗口;公众无须关心所需办事是由哪些部门办、在哪里办,只需关心需要什么服务、提交的资料是否合乎法律规定;能够及时查询和了解到事情办理的进度。这样,大大提高了公众办事的效率和便捷程度,大大降低了公众的办事成本。并由此形成了"一卡式"、"一站式"、"一网式"和"行政超市式"等具有鲜明整合特点的政府服务模式,形成了高效运行的一体化政府服务体系。

# 第六章　联合审批：政务信息
# 资源共享的应用(上)

　　联合审批是电子政务应用的重要体现,也是推进电子政务深度应用和广度应用的有效途径,它以政务信息资源交换共享为基础、以业务流程优化再造为核心。因此,研究联合审批对解剖电子政务应用中的政务信息息资源共享问题意义重大。

## 一、联合行政审批:凸显政务信息资源共享瓶颈

### (一)联合审批的概念

　　联合行政审批包括了以前人们所说的并联审批和串联审批,是并联审批和串联审批的结合,如图6-1所示。

　　根据图6-1,新建设项目事项的办理,根据现行法律必须经过项目立项、规划用地和建设设计、施工报建三个步骤或环节;在每一个步骤或环节上,除牵头部门外,还涉及多个相关部门。因此,将事项办理从开始到结束的若干步骤或环节串起来,优化、减少环节,提高效率;将每一个步骤或环节上涉及的若干相关部门在信息资源共享的条件下同时进行业务处理,有利于缩短事项办理的时间。

　　因此,联合审批的概念就是:按照时间、条件的先后,行政业务的办理可以区分为不同的步骤和环节,由此形成了行政程序。一个行政事项的办理,都需要按照程序经历若干个步骤和环节。把这些步骤和环节有机

新建设项目联合审批流程图（社会投资类）

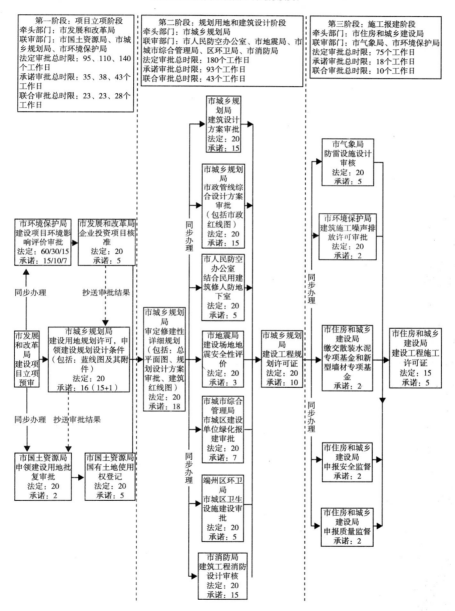

图6-1　新建设项目联合审批图

地串起来,形成一个完整的程序,这就是串联。因此,提高行政效率的一个重要举措就是优化程序、减少步骤和环节。在同一个步骤或者同一个环节上,涉及若干个部门时,这些部门通过信息交换和资源共享同步、同时地对业务进行处理,这就是并联。因此,提高行政效率的另一个重要举措就是要通过信息交换和资源共享,不同部门在同一个步骤或者同一个环节上能够同步、同时地处理业务。

联合审批正是行政并联审批和行政串联审批的有机结合。行政联合审批不仅准确表达了行政行为过程的程序性特点,而且还表达了优化程序、减少环节和同步处理业务以提高办事效率的功能。联合行政审批是实现电子政务应用从分散走向整合、促进深化行政管理体制改革从碎片化走向整体政府、实现电子政务服务功能和提高电子政务应用绩效的重要途径,是电子政务未来发展的趋势。

### (二)联合审批的必要性及其发展分析

我国政务信息化建设从 20 世纪 80 年代开始起步,经历了从单机到联网、从分散到集成、从办公自动化到政务信息化三个发展阶段。目前,我国大部分地区已经构建了统一的业务协同工作平台,并实现了业务平台与大多数部门的互联互通,电子政务建设和应用取得了阶段性的成果。

但是,由于受条块分割体制的影响,我国在电子政务建设、应用过程中,仍然存在着不少问题:一是存在着部门分割、条块分割的管理体制障碍,导致各部门之间、各业务应用系统之间不能资源共享和互联互通,电子政务通过信息技术所固化的是原有办事方式和条块分割体制;二是各业务应用系统采取分散建设的模式,缺乏统筹规划和统一、科学的标准规范,导致资源整合不力、分散建设、重复建设,导致各业务应用系统之间普遍存在着相互独立、互不兼容,分散应用的问题突出,难以完成系统间的动态交互和信息共享,妨害了政府部门之间、各应用系统之间的相互操作或交流。这种"信息孤岛"、"自动化孤岛"现象成为实施电子政务深度应用的极大障碍,也是电子政务不能有效发挥作用的重要原因。

在传统政务管理模式下,一个事务的处理可能跨越不同的政府部门或同一政府部门的不同处室。公众要在多个机构之间寻找服务、要多次重复地递交相同的信息,办理一件事情要跑很多路、经过很多政府部门、花费大量的时间和精力,即使如此还不一定能顺利办成,造成了传统服务方式的烦琐与不便。

推进电子政务建设、促进政务信息化,其根本目的就是要改变传统管理与政府服务的这种缺陷,实现政府服务的高效便捷。实施电子政务之后,虽然建立了业务应用系统,单独与一个部门办事提高了效率,但是,所办理的事项涉及若干部门、若干业务办事系统的时候,由于系统采用的软硬件来自不同的厂商、技术标准规范存在着较大的差异、数据和报表格式互不兼容、用户界面各式各样,导致政府部门之间、各应用系统之间不能很好地共享信息;导致业务运作过程中,用户常常需要从一个系统切换到另一个系统,进行多次的点击,或者多次重复输入相同的信息;造成工作效率低下、数据准确性差、公众不得不在多个应用系统之间寻找服务等一系列问题。例如,建设领域的报建审批,现在报建过程繁杂、耗时过长,一个普通的房地产项目从立项到正式施工的全部审批事项所需总时限超过三百多个工作日,其中还不包括申请单位准备相关材料和因拖延耽搁或中断申报所耗费的时间。如调查显示,一个建设项目从立项到施工在正常情况下需要两年左右的时间。① 这都雄辩地证明,电子政务高效便捷的优越性并没有充分发挥出来,电子政务分散建设、分散应用以及通过计算机模拟传统行政的行为方式,在不仅要求提高行政效率而且还要求提高行政效能、提高纳税人办事效率与便捷、减少社会交易成本的现实条件

---

① 课题组通过对我国电子政务应用水平较高地方、应用水平次之地方和较差地方的调查,在电子政务推行和办公自动化推行了若干年的今天,新企业设立所要经历的时间从两年、一年到几个月不等的时间,这在全国是极为普遍的现象。

下,资源共享和推进联合审批已成为深化行政管理体制改革、提高电子政务绩效的重要组成部分。

因此,随着电子政务建设与应用的深入开展,部门分割、信息资源不共享等问题越来越凸显,不能满足提高政府部门管理能力与服务能力的社会发展要求,也不符合当代电子政务实现业务与信息的集成整合、形成跨部门的网络化协同办公、提供一体化无缝式服务的发展趋势。因此,突破体制性障碍,整合信息资源、优化行政业务流程,实现跨部门网络化协同办公和业务协同,把面向社会公众的行政审批事项逐步通过互联网提供"一站式"电子化服务,已成为地方政府政务信息化建设并实现政府管理创新、提高行政效能与服务质量、规范行政行为、促进行为公正的重要内容,实现联合行政审批是实现电子政务服务功能和社会绩效的重要体现。对政府的行政审批流程进行整合、梳理和优化,在此基础上实施联合审批,已是大势所趋。

联合审批是深化行政审批制度改革、推进服务型政府建设的实际举措,是电子政务深度应用的重要内容,是提高电子政务应用绩效和整体行政效能、方便公众办事的有力途径,因此推进联合审批非常必要。同时,我国现阶段已经基本具备了开展网上联合审批的现实条件,包括通过以往电子政务应用系统的建设与应用,政府部门及公务员已经培养了网上办事的习惯、各部门业务应用系统得到了建设与完善、全国大部分地区统一的协同工作平台已经建立并实现了与一定数量职能部门的对接、开始注意到统筹规划与标准规范的重要性以及国家在电子政务应用方面的法律逐步完善,这些都为推进网上联合审批的试点工作提供了条件。网上联合审批既是电子政务深度应用的具体体现,也是以政务信息资源交换共享及其机制的健全为条件和前提。

纵观行政审批的发展,实现行政审批的方式,其发展有以下三个阶段:一是从分散审批走向物理式集中审批(即"一楼式"审批)——正在成为过去;二是从物理集中式审批走向"物理+网络"集中式审批(因为"一楼式"审批模式局限性日益明显,信息化应用条件改善和普及,特别是信息资源共享问题逐步解决)——正是现阶段;三是从"物理+网络"集中式审批走向网络虚拟的"物理分散、逻辑集中"审批——行政审批的发展未来。这都表明:行政审批必须实行集中审批。

## 二、联合审批:以资源共享为基础、原则和目标任务

在原有"一站式"网上行政审批系统的基础上进一步通过整合资源,逐步实施联合审批,这对于促进深化我国行政审批制度改革、打破部门分割、促进实现政务信息资源共享和跨部门业务协同,对于充分发挥电子政务对人民群众生产、生活和经济社会活动的服务作用,对于提高行政审批效率、改善经济社会发展的政务环境,都具有重大的现实意义和实际应用价值。

### (一)联合审批的基础条件

联合审批本身作为电子政务的一项重要应用,它一方面受制于"碎片化"管理的体制环境和信息资源交换共享的信息化条件;另一方面,它的开展与应用,对促进深化行政管理体制改革从"碎片化"走向整体政府、政务信息资源利用从"信息孤岛"走向交换共享具有推动作用。因此,联合审批与改革"碎片化"管理体制、促进政务信息资源交换共享,是相互作用、相互影响的辩证统一关系。联合审批既以"碎片化"管理体制改革和信息资源交换共享为条件,又是改革"碎片化"管理体制、实现政务信息资源交换共享的途径与内容。

纵观我国电子政务发展的历史,从 20 世纪 80 年代开始起步,到现在经历了从单机到联网、从分散到集成、从办公自动化到政务信息化三个发展阶段。与此相适应,电子政务的应用也必将经历从各部门、各行业根据

不同需求的、各自为政的分散式应用,发展到跨部门、跨业务、跨应用系统的集成整合,再发展到以数据中心形式实现的数据共享,从而实现党政部门从分散的、各自为政的方式进行公共事务管理和提供公共服务向集中的、整体和无缝的方式进行公共事务管理和提供公共服务的方向转变,实现党政部门信息资源共享。这是电子政务建设和应用的发展规律。

但是,实际的情况是,由于各党政部门在电子政务建设过程中,基本上采取的是分散建设模式,很少有一级政府统一的应用系统,各部门的业务系统都由不同的 IT 公司在不同的时间里进行开发与建设,缺乏统一、科学的规范,信息分类缺乏科学的标准,存在着资源整合不力、建设分散、重复建设等体制性的问题,导致资源共享程度差、信息利用率低和业务系统应用绩效差。

服务型政府建设的需要,推动电子政务要深度应用、推动电子政务朝联合审批的方向发展以提高申请人办事的便捷性。这样,信息公开、信息资源交换共享的需求进一步强化,信息不能交换共享的问题也越来越凸显。因此,突破体制性障碍,整合信息资源,规范信息资源交换共享及其管理,已成为我国进一步提高信息资源开发利用水平、促进电子政务深度应用、提高各类电子政务业务系统应用的绩效、实现跨部门业务协同和跨部门联合审批、实现管理创新的迫切任务和重要内容。

因此,推进联合审批应当做好以下几个方面的基础性工作:

第一,在统筹规划的基础上进一步完善政府信息化基础设施建设,包括完善政府网络建设、深化政府上网工程。特别是要完善政府信息化管理体制,各部门信息化建设项目纳入统一管理,进行统一申报、统一审批、统一经费预算,强化统筹规划和避免各部门重复建设。

第二,统筹建设各级政府公共数据库、《政务信息资源交换共享目录体系》和政务信息资源共享交换平台,实行各部门、各业务应用系统与公共数据库的高效链接和信息资源交换。这是实现联合行政审批的基础性、前提性工作,为全面建设网格状电子政务和随需应变政府准备条件。

第三,加强资源整合,主要包括整体政府业务流程、信息、服务内容、办事路径;进一步优化再造业务流程,为各部门之间业务协同、形成跨部门的网络化业务协同办理环境提供条件;强化技术标准规范建设和体制改革,规范垂直部门与地方政府的关系,解决垂直部门系统与联合审批系统的有效对接问题。

第四,深化政府网站建设,实现网上办事,进一步扩充网上办理的业务范围,这包括:一是强调各部门网站与一级政府门户网站之间、各部门网站之间的高效连接;二是要整合资源,形成一网式服务,改变从一个网站跳到另一个网站去寻找和获取服务的方式;三是完善政府网站的功能,提高政府网站办事的便捷性,实现政府与公众之间交互式的信息传输和"一站式"不受时空限制的在线服务。

### (二)联合审批的指导思想

指导思想,按照通俗的说法就是要选择什么样的思路问题,就是支配行为的意志。联合审批系统的建设和应用是涉及深化行政审批制度改革、构建服务型政府的大事,是电子政务建设能否取得实质性推广应用的核心内容。因此,必须认真分析国内外电子政务发展的趋势,理清本部门、本单位对电子政务建设的需求和所掌握的现实资源条件,为更好地开展网上联合审批打好基础。只有将信息化的整体形势和本单位的现状分析透彻,有明确的需求,才能在此基础上明确电子政务建设的指导思想。因此,一方面,要对联合审批系统建设的外部环境有客观正确的认识,包括世界信息化发展趋势,本国经济发展水平,党和政府的政策和路线,相关行业、部门和公众的情况,政府信息化所处阶段,组织财力支持的可能性等;另一方面,要弄清楚联合审批系统建设的内部环境,包括电子政务系统的结构和功能、技术实现手段、软硬件设施、信息处理能力、管理机制、人员素质、现有系统的性能以及存在的问题等。认清形势与现状,明确联合审批系统建设的指导思想和原则,是电子政务建设的灵魂和关键。

只有在正确思想的指导下,明确建设的基本原则,才能保证建设方向的正确性和有效性。

在经济全球化和全球信息化的今天,基于社会生产力的发展规律和我国客观现实,党和政府高度重视信息化建设。"十一五"时期,国家对未来我国信息化和电子政务作出了新的战略部署,颁布了《2006—2020年国家信息化发展战略》纲要,明确指出我国信息化建设的指导思想是:以邓小平理论和"三个代表"重要思想为指导,贯彻落实科学发展观,坚持以信息化带动工业化、以工业化促进信息化,坚持以改革开放和科技创新为动力,大力推进信息化,充分发挥信息化在促进经济、政治、文化、社会和军事等领域发展的重要作用,不断提高国家信息化水平,走中国特色的信息化道路,促进我国经济社会又好又快发展。

同时,纲要也为我国信息化建设提出了战略指导方针:统筹规划、资源共享,深化应用、务求实效,面向市场、立足创新,军民结合、安全可靠。要以科学发展观为统领,以改革开放为动力,努力实现网络、应用、技术和产业的良性互动,促进网络融合,实现资源优化配置和信息共享。要以需求为主导,充分发挥市场机制配置资源的基础性作用,探索成本低、实效好的信息化发展模式。要以人为本,惠及全民,创造广大群众用得上、用得起、用得好的信息化发展环境。要把制度创新与技术创新放在同等重要的位置,完善体制机制,推动原始创新,加强集成创新,增强引进消化吸收再创新能力。要推动军民结合,协调发展。要高度重视信息安全,正确处理安全与发展之间的关系,以安全保发展,在发展中求安全。

基于此,我国电子政务建设坚持以适应改革开放和现代化建设对政务工作的要求为指导,转变政府职能,提高政府工作效率和监管的有效性,更好地为人民群众服务;以需求为导向,以应用促发展,通过积极推广和应用信息技术、网络技术以及人工智能技术,增强政府工作的科学性、协调性和民主性,全面提高依法行政能力,加快建设廉洁、勤政、阳光、透明高效和对公众负责的政府,促进国民经济持续快速健康和谐发展和社会全面进步。

我国联合行政审批系统建设应注重吸取"重概念轻应用、重建设轻整合、重电子轻政务"的经验教训,坚持现代网络通信技术的运用与政府行政改革的有机结合;注重分步实施、逐步发展的建设原则;坚持以科学发展观为指导、以法律为依据,充分体现《中华人民共和国行政许可法》关于相对集中行使行政许可权制度和"一个窗口对外、统一办证、联合办证"的法律精神;注重资源整合,以优化行政业务流程、转变政府职能、实现跨部门业务与服务的整合为建设内容;立足现实、着眼未来、突出应用,全面提高政府依法行政能力、管理协调能力、科学决策能力、应急处理能力和公共服务能力,以形成行为规范、运转协调、公正透明、廉洁高效的行政运行方式为建设目标,以解决政府与企业、政府与公众之间、行政管理部门与其他政府部门之间的互动互联障碍为突破口,建立起政府与企业、公众之间的良性互动机制,实现跨部门的一体化协同办公和为公众提供"无缝式"电子化服务,实现联合审批网上行政审批服务系统与现有各业务应用系统的有机整合与联通,形成面向企业和公众的良性互动机制,为提高行政效能和透明度、提高服务质量提供支持。

### (三)联合审批的原则

根据国务院制定的有关方针、政策,电子政务建设必须坚持的原则,概括起来就是"以需求为导向,以应用促发展,统一规划,协同发展,资源共享,安全保密"。具体地讲:

(1)统一规划,加强领导。电子政务建设必须按照国家信息化领导小组的统一部署,制定总体规划,避免重复建设,各级党政主要领导同志亲自抓,防止各自为政。要正确处理中央与地方、部门与部门的关系,明确各自的建设目标和重点,充分发挥各方面的积极性,分类指导,分层推进,分步实施。

(2)需求主导,突出重点。电子政务建设必须紧密结合政府职能转变和行政管理体制改革的契机,根据政府业务的需要,结合人民群众的要求,突出重点,稳步推进。要讲求实效,坚持经济效益和社会效益相统一。当前要重点抓好建设统一网络平台、建设标准、健全法制,建设和整合关系国民经济和社会发展全局的业务系统。

(3)整合资源,推动产业。电子政务建设必须充分利用已有网络基础、业务系统和信息资源,加强整合,促进互联互通、信息共享,使有限的资源发挥最大效益。要在符合标准的条件下优先使用国产设备与软件,逐步推进系统建设、运行维护的外包和托管模式,带动我国信息产业发展。

(4)统一标准,保障安全。加快制定统一的电子政务规范,大力推进统一建设标准的贯彻落实。要正确处理发展与安全的关系,综合平衡成本和效益,一手抓电子政务建设,一手抓网络与信息安全,制定并完善电子政务网络与信息安全保障体系。

**(四)联合审批推行的目标和任务**

联合审批系统建设的总体目标是:按照《中华人民共和国行政许可法》等相关法律、法规的规定和要求,采用先进的网络信息技术和行政管理理念,建设"安全可靠、标准规范、接口统一、功能完善、信息共享、高效快捷"的"一站式"网上联合行政审批服务平台,推动实现"外网集中受理"、"内网协同办理";整合政务信息资源,优化行政审批服务的程序和行政业务流程,提高政府管理效能;采用网上在线受理和政务服务中心大厅窗口受理两种方式,保证受理信息统一处理、统一登记,保证外网受理和窗口受理的一致,实现政府部门在线电子化办公和网上行使行政审批职能,实现政府行政审批职能的网络化创新,为提高政府部门依法行政能力提供支持和解决方案;健全和完善"一站式"网上联合行政审批服务系统的功能模块建设,实现网上信息交换与流转功能、业务集成整合功能、网上申请功能、联合审批功能、网上查询功能、网上答疑功能、网上投诉功能、网上绩效管理与效能监察功能、电子化认证功能和行政服务中心对行政审批部门及其审批过程的管理等功能。

建设的具体任务包括:

(1)在统筹规划的基础上进行电子政务应用系统基础设施建设。强化统筹规划,避免各部门重复建设,提高资源利用率;按照"物理分散、逻辑集中"和"资源整合、集约建设"的原则,统筹建设公共数据中心和政务信息资源共享交换平台,实行各部门与公共数据中心的高效链接和信息资源交换;加快网络等基础设施的建设,建成覆盖广泛的计算机网络和数据库管理系统,有效解决因受空间物理阻隔而制约管理与服务的"瓶颈"问题;注重技术标准规范的建设,解决有效对接的问题。

(2)再造行政业务流程,实现行政业务信息化和跨部门、跨应用系统之间的整合与集成。在业务流程优化的过程中,要加强网络信息技术与业务流程再造的有机结合,发挥网络信息技术对业务流程再造的作用,形成比较系统和完整的电子政务应用领域框架。为此,必须重新设计行政业务流程及其操作规程。行政业务流程优化主要表现为政府部门内部行政审批流程的优化,改变各职能管理机构重叠、中间层次多的状况,使每项职能只有一个职能机构管理,做到机构不再重叠、业务不再重复;跨政府部门行政审批流程的优化,优化跨越多个职能部门边界的行政业务流程,把处理同一个行政业务所涉及的各个部门整合在一个流程上,使完成该项行政业务所涉及的各个职能部门、所需要的各个功能环节和机构的人员以及各种资源整合成为一个完整的业务处理流程,打破部门界限,形成跨部门的网络化协同办公环境和业务协同。

政府各部门之间、各业务应用系统之间的整合、交互与集成是电子政务实现行政联合审批的核心内容。运用网络信息技术逐个环节地实现行政业务流的信息化,优化政府业务流程,避免固化或强化传统行政业务流程;提供各种便捷的网上办事流程,特别是"一站式"网上行政审批流程,使大量公共事务管理与公共服务提供都通过网络来进行;大力开发具有战略性、宏观性、基础性和公益性的政务信息资源,提高政府决策、监管和服务的水平。政府部门之间的交互与集成应用主要是通过跨部门、跨应用系统的办公自动化,分布式交互政务应用系统和决策支持系统三种形式来体现。

(3)完善政府网站建设,实现网上办事。政府网站是电子政务实施的载体,是政府部门与公民、法人和其他组织沟通的桥梁,是电子政务统一的对外窗口,是为公民、法人和其他组织提供服务与信息并使用户以最简单的操作方法快速找到自己所需要的信息与服务的途径;电子政务应用系统的功能和内容都是通过政府网站的形式表现出来的,外部对政府业务信息化的了解和获取电子化服务也都是从政府网站开始的。因此,深化政府网站建设、实现网上办事是电子政务应用系统建设的首要工作,也是电子政务深度发展的重要建设内容。

作为电子政务的窗口和应用系统,要求政府网站的建设具有政务公开、丰富的信息内容、更新及时和强大的网上办公办事等功能,提供最具权威的政府信息发布和最方便的公众信息服务;实现政府与公众之间交互式的信息传输和"一站式"不受时空限制的在线服务,它所提供的更加快捷、方便的政府服务包括网上申报、审批、注册、年检、采购、配额、招标、纳税、招商、投诉、举报和咨询等服务。同时还应成为接受舆论和社会公众监督的重要渠道。

(4)注重政务规范和技术标准规范建设。跨越各政府部门之间、各应用系统之间的限制,实现政府部门之间、各应用系统之间的互联互通和一体化协同办公是实现行政联合审批所必需的。要做到这一点,就必须建立电子政务建设的标准化体系,统一电子政务应用系统建设的政务规范和技术标准规范。

(5)加强电子政务应用系统的安全体系建设。电子政务系统的安全关系到国家安全和国家的整体利益。一个安全、完整的电子政务应用系统是电子政务发展的最终要求,也是电子政务效能高低的重要体现。安全的电子政务体系就是要确保信息内容在存取、处理和传输各个环节中的机密性、完整性和可用性，确保电子政务应用系统的合理应用和有序运行。电子政务应用系统的安全要从内外网互联、操作系统、数据库、中间件和应用服务器以及应用程序等每个环节作出具体考虑和整体规划。

(6)加强政务信息资源的管理，实现资源共享。要从根本上健全和完善政务信息资源的管理体制，改变以前技术导向的管理方式，真正体现对信息资源的管理；要加强对政务信息资源以采集、公开、交换、共享和开发利用为主要内容的各个环节的管理，并形成相关的制度。

## 三、联合审批的政务支撑

联合审批是行政并联审批和行政串联审批的有机结合。行政联合审批包括两种主要形式：一种是以行政服务中心为中心的同步联合行政审批，其主要做法可归结为：同时受理，同步审批，中心协调，限时办结；一种是牵头联合行政审批，其主要做法归结为：牵头受理，抄告相关，同步审批，限时办结。这两种方式各有优劣，具体可以根据需要办理的不同联合审批事项的特点来加以具体选择，汲取优点，摒弃不足，选择一种最适宜行政业务处理特点的、可操作性强的联合行政审批方式。

根据行政审批项目的复杂程度、在信息网络上处理内容的多少以及行政审批项目所在地的实际情况，对行政审批流程进行优化再造。优化再造后的行政业务审批流程，在一级政府的各部门之间要打破传统的职责分工和部门分割管理模式，以资源共享为基础，以业务、信息资源、人员、业务处理步骤和环节等要素的整合为内容形成信息流、工作流，形成跨部门的业务协同；同时，在行政审批过程中，有些环节的审批超出了本级政府的审批权限而必须经过上级政府时，优化再造后的行政审批流程应该考虑不同行政层级之间政务的畅通与衔接。因此，优化再造行政审批流程，需要充分结合现代网络信息技术的应用与业务处理，充分考虑管理体制、审批权限等政务问题，打破纵向层级界限、横向部门"碎片化"，实现信息资源在不同层级之间的畅通，以及不同部门之间信息资源动态化、联合化、部门集成化。

一是以行政服务中心为中心的同步联合行政审批。

行政服务中心作为政府的派出机构，代表政府为公民、企业和其他社会组织提供行政审批服务，是连接政府行政审批部门与行政审批申请人的桥梁和中介。以行政服务中心为中心的同步联合行政审批是指行政审批申请人将申请材料提交给行政服务中心网站或窗口、行政服务中心再将申请材料分发给相关行政审批部门、行政审批将审批结果反馈给行政服务中心、申请人再到行政服务中心领取审批结果的一种行政审批模式。

在这种模式下，一是政府审批部门必须高度重视政务公开工作，根据政务信息公开的要求公开行政审批信息，包括本部门所行使的行政审批事项、每个事项审批的具体内容、需要申请人提交的具体资料、审批的具体要求和应注意的事项等信息进行公开；二是行政服务中心发挥中介作用，连接和沟通申请人与审批部门，同时还要对审批部门进行必要的组织协调；三是申请人要根据政府公开的有关行政审批信息的要求或者通过信息查询，备齐提起行政审批所需要的相关材料，然后将备齐的相关材料提交给行政服务中心窗口或网站，对不符合要求的材料申请人要及时补充和备齐，申请人通过申请受理号查询审批的进展情况，最后到行政服务中心窗口或通过快递获取审批结果。整个审批过程，申请人不一定要与审批部门见面。因此，以行政服务中心为中心的同步联合行政审批模式，强调了行政服务中心物理集中和网上办理相结合，有利于发挥行政服务中心的组织协调作用来弥补信息资源不能充分共享的局限，是现阶段推行行政审批制度改革的一种比较有效的实现方式，如图6-2所示。

在行政服务中心将申请材料分发给相关审批部门之后，审批工作应当注意以下三点：

第一，由于行政服务中心窗口接收申请材料时只是进行了形式审查，

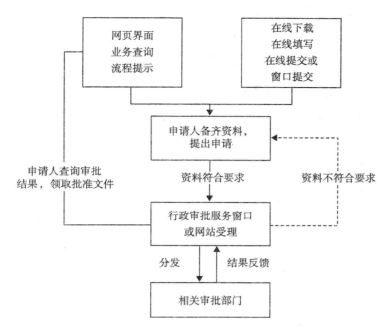

**图6-2 以行政服务中心为中心的同步联合行政审批图**

因此,在行政服务中心将申请材料分发给相关审批部门之后,应当由该申请事项的主管部门(牵头审批部门)对申请材料进行实质性的审查,并作出受理或不受理的决定。在作出受理或不受理决定时,如果需要其他相关部门的意见,牵头部门不能代替签署,牵头部门要做好组织协调工作,发挥业务主管的作用。与此相适应,行政服务中心的《行政审批管理办法》应当明确行政审批牵头部门制度。

第二,要形成集体现场勘察、集体会签制度。在行政审批过程中,有的审批事项涉及多个部门都需要到现场勘察的情况,每个审批部门单独到现场勘察,不仅给被勘察的申请人带来负担、缺乏效率,而且容易导致权力寻租。因此,强调集体现场勘察、集体会签,就是涉及现场勘察的审批部门一同到现场,根据各自审批的业务需要进行勘察,并从各自的业务需要出发提出勘察结果,所有参与现场勘察的部门一起在勘察结果上签字,并将勘察结果及时反馈到审批系统。这样有助于提高效率,有效地规范了现场勘察行为。

第三,行政审批进入到每个审批部门之后,应当优化部门内部行政业务流程,使接受审批申请——不同环节审批——结果反馈的流程走向非常清晰,如图6-3所示;要尽量内设职能管理机构重叠、中间层次过多的状况,这样有助于提高效率。

二是跨部门的网上联合审批。

跨部门的网上联合审批又称为一体化行政审批,具体地讲,就是通过行政业务流程的优化再造,将一个行政审批事项涉及的若干部门按照行政程序整合在一个流程上,使这个流程成为跨越多个政府部门边界的行政审批流程,使完成该项行政审批业务所涉及的各个政府部门、所需要的各个功能环节和机构的人员以及各种资源整合成为一个完整的业务流程,打破部门界限,形成跨部门的网络化协同办公环境。

申请人所要办理的事项,有些是单独的一个部门就可以办结。但在现实中,申请人所要办理事项更多的是需要多个部门才能办结,在这种情况下,实现跨部门的联合审批不仅有助于提高整体效能,而且极大地方便了申请人,解决了重复申请、重复审批的问题。在联合审批模式下,如图6-4所示:

(1)申请人根据政务信息公开或者信息查询,在备齐了所欲申请办理事项的材料之后,或者到行政服务中心窗口提交纸质的申请材料,或者直接向网上行政审批系统提交电子化的申请材料;最后,申请人到行政服务中心窗口或者通过快递获取行政审批的结果。如果是到行政服务中心窗口提交了纸质申请材料,行政服务中心工作人员将其纸质本电子化后提交到网上行政审批系统。

(2)发挥网上行政审批系统的功能作用:一是分发作用,审批系统收到申请人提交的申请材料后,能够自动识别申请人所办理事项的主管审批部门,然后将申请材料分发给主管部门及相关审批部门;二是信息反馈

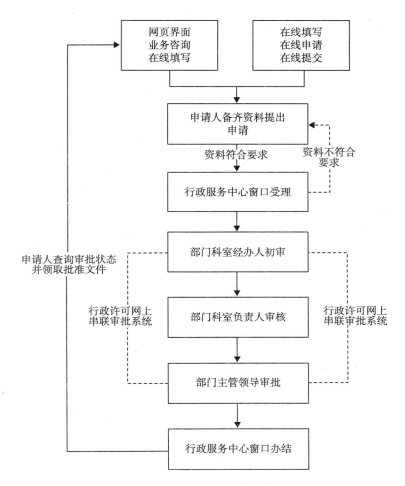

图6-3　部门内部审批流程图

功能,事项审批的主管部门和相关部门依法对申请人的材料进行审查后,
作出是否受理的决定;以及在行政审批的过程中,实时地将审批结果反馈
到审批系统,申请人通过审批系统可以进行办理进展的在线查询;三是审
批功能,网上行政审批系统采取"外网受理、双网审批"的方式,实行行政
审批系统集中受理、一门制受理;相关行政审批部门既可以运用密钥在行
政审批系统进行行政审批,也可以将审批业务交换到本部门的业务系统

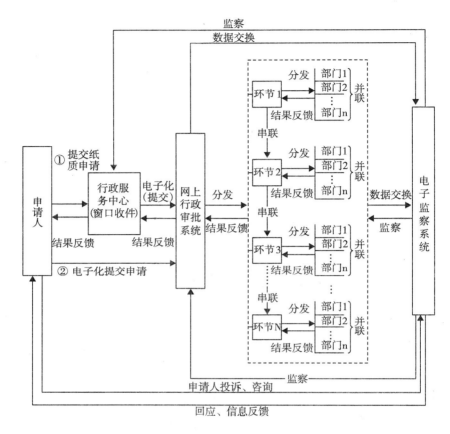

**图6-4    跨部门联合审批与电子监察示意图**

进行审批,但审批结果必须实时地交换到行政审批系统,方便其他部门交换共享和申请人查询;四是绩效评估功能,行政审批系统通过计时,对行政审批的办结效率、审批行为的合法性与准确性、申请人对行政审批的满意度等,进行数据统计和评估。

(3)发挥串联的作用,优化和减少行政审批环节,特别是对不增值的环节予以删除和优化;发挥并联的作用,使每一个步骤、环节上所涉及的相关部门在信息资源共享的条件下同步处理业务。串联和并联的有机结合,极大地提高了行政审批效率,极大地提升了行政审批的整体效能,极大地方便了申请人,申请人不再需要在部门之间来回折腾。

(4)发挥电子监察的作用,将行政审批系统与电子监察系统进行对接,使行政审批过程产生的数据实时地交换到电子监察系统,实现了行政审批行为与监察同步,极大地提高了监察的质量与水平,使监察部门获取的数据具有真实性。同时,也有助于监察部门对行政审批行为的预警提示和督促、督办,消除了过去监察的被动局面;还有利于申请人直接通过电子监察系统,对行政审批行为进行投诉和信息咨询服务。

联合行政审批是符合我国《行政许可法》规定的行政审批方式。我国《行政许可法》第二十六条规定:行政许可需要行政机关内设的多个机构办理的,该行政机关应当确定一个机构统一受理行政许可申请,统一送达行政许可决定。行政许可依法由地方人民政府两个以上部门分别实施的,本级人民政府可以确定一个部门受理行政许可申请并转告有关部门分别提出意见后统一办理,或者组织有关部门联合办理、集中办理。

跨部门联合审批是行政审批业务中数量最大的审批,直接影响到行政审批的效率和申请人对政府服务的满意度。因此,抓好联合行政审批具有非常重要的意义。要使联合行政审批真正发挥作用,必须抓好以下两个方面:

第一,要高度重视和抓好信息资源管理、交换共享的工作。这是能否实现联合审批的基础和前提,包括与审批业务挂钩和有机结合的公共数据库、数据交换平台、数据管理办法、数据交换标准等软硬件建设工作。只有这样,才能实现多个部门、一个政府,公众申请办理行政审批事项只需面对一个窗口或者一个站点,实现一表制;才能实现行政审批事项办理过程中从一个环节到另一个环节、从一个步骤到另一个步骤,以及在同一个环节或同一个步骤涉及多个部门办理中的信息资源交换共享(在信息资源交换共享环境下,特别强调提高政府随需应变能力、再造业务流程、优化组织结构,真正实现任务分工责任化与明确化、业务运行程序化、信息处理精细化);才能实现行政审批过程中各个环节、步骤上审批结果数据(审批办理进程数据)在统一的行政审批平台上的及时反馈,政府主管领导、行政监察部门、公众能够根据权限在网上在线看到行政审批办理的全过程。

第二,要科学优化再造业务流程。联合审批涉及若干部门、若干行政步骤和环节,由此构成的流程十分庞杂,不同部门的业务经常需要交叉协作。因此,业务流程优化再造,涉及行政组织结构重组、打破部门分割而将部门以工作团队、节点的面貌整合到一个完整的流程上;涉及部门间信息资源交换共享,将部门、业务都数字化而变成工作流、信息流在流程上流动和畅通;涉及行政程序,以及业务处理的合法性,涉及信息技术应用对业务处理的支撑。由此观之,业务流程的优化再造,不是一个纯粹的技术解决方案,政务是核心;业务流程优化再造的目标就是要实现任务分工的责任化与明确化、业务运行程序化、信息处理精细化,就是要形成跨部门的网络化协同办公。

### (一)联合审批推行的现状分析

在信息化、经济全球化的社会背景条件下,西方国家政府再造的理论、模式及其实践对我国产生了深远的影响,开阔了我国公共管理研究的视野。在理论研究上,导致了我国公共管理方兴未艾。在实践上,改革开放以来,特别 20 世纪 80 年代以来,在机构改革、人员精简、工作机制的优化等方面都取得了显著成效。利用现代信息技术对传统政府服务方式和内容进行改造和创新,不仅极大提升了顾客服务的响应速度,而且提高了服务的效率和准确性。全国各地电子政府服务的建设,伴随着党的十七大的东风,进行得如火如荼。但是,我国正处于由传统计划经济体制向社会主义市场经济体制过渡、转轨的历史时期,经济体制的转轨、现代科学技术的发展变化与政府管理体制变革之间的内在关联性,必然推动着我国政府再造理论与实践的进一步展开。

将流程再造的理论运用到深化政府行政改革之中,不仅要提高政府的信息化水平、提高政府的工作效率,而且要促进政府转变职能,使政府职能能更好地发挥管理、决策、服务的功能。① 行政业务流程再造是电子政务建设和应用的核心内容,这种流程再造是运用成本、效益、工作质量、服务、速度等衡量和提升行政业绩,是对行政理念、组织结构形式、行为方式、业务模式和服务传递方式等进行根本性再思考和彻底再设计,是将一个事项的办理科学地划分为若干环节,并明确每个环节上的具体工作内容和由谁来执行,是以提高整体行政效能、政府服务质量和实现行政变革为目标。② 根据我国各地在建的电子化政府的现状的分析,得出了我国目前通行的三种流程再造的政府信息化建设模式。③

### 1. 垂直型集成模式的电子政务

政府及其职能部门作为行使国家行政权力、执行国家意志的行政系统,存在着一整套自身适用的行为准则,这决定了政府行政工作具有较强的连续性和严格的程序性。G2G 是上下级政府之间、不同地区政府之间、不同政府部门之间的电子政务,主要表现为政府机关内部的电子政务和政府机关之间的电子政务。

针对以往 G2G 电子政务建设模式存在的种种弊端,垂直型的电子政务集成模式,如图 6-6 所示,从组织结构方面解决了部门林立、部门分割、职能交叉的问题,在相当程度上解决了只关注一个部门内部的职能环节、将职能环节支离破碎到各个部门而形成由部门分割引起的环节分割问题;垂直型的电子政务集成模式是职能环节为节点的集成(突出强调一个完整的事项有多少个节点、每个节点上负责做什么、谁来做)。因此,垂直型的电子政务集成模式解决了由于组织职能边界僵化问题带来

---

① 梅绍祖、James T. C. Tang:《流程再造——理论、方法和技术》,清华大学出版社 2004 年版,第 12 页。

② 蔡立辉:《电子政务:信息时代的政府再造》,中国社会科学出版社 2006 年版,第 97 页。

③ 彭东辉:《流程再造教程》,航空工业出版社 2004 年版,第 45 页。

的整体效能低下的困境,为实现不同政府部门之间的无缝和数据共享创造条件。通过政府之间的垂直型的电子政务集成模式的创建,设定统一的数据接口,制定规范的协议等。但是,如何加强部门间的沟通与协作,仍然是需要进一步研究的问题。

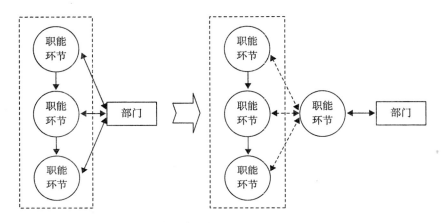

**图6-6   从传统服务过程到垂直型集成模式**

### 2. 水平型的集成模式

在传统的政务管理结构中,其结构模式为金字塔形,管理决策和权力都是顺着塔顶依次顺流而下,而信息的反馈则正好相反。但是,在部门与部门之间,部门与企业之间,由于条块分割和利益驱动,它们之间的信息沟通效率低下,而上面提到的垂直型的信息集成模式因其耗时长、成本高、建设难度大以及效率低下等因素,不再适应信息时代的要求。

水平型的电子政务集成模式,如图6-7所示,主要侧重于政府组织工作之间以及政府与社会组织之间的交互式沟通机制的建立。G2B 的电子政务建设模式就是指政府通过现代网络信息系统来精简和再造行政业务流程、打破政府部门界限在部门资源能够共享的基础上,进行政府部门与企业的无缝化交流和服务。

G2B 的电子政务运行机需要在网络系统的一个入口节点,分布式地集成各个政府部门业务系统中的公共服务,实现跨政府部门的网络化和无缝式服务。

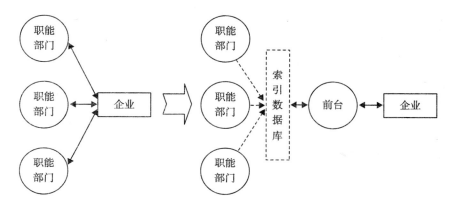

**图6-7　从传统服务到水平型的服务信息共享模式①**

### 3. 交叉型的电子政务集成模式

"政治体制问题含有两个层次,一是公共权力系统内部关系,二是公共权力与公民社会的关系"。② 交叉型的电子政务集成模式,既包括了垂直型的电子政务集成模式,也含有水平型电子政务集成模式的内容。因此,交叉型的电子政务模式既解决了金字塔式的服务结构所固有的组织结构僵化带来的服务效率低下的问题,也解决了水平型模式中因为部门与部门之间、部门与社会组织和公众之间因为沟通、协调的不畅带来的服务效率不高的问题。

目前,我国电子政务建设正处于交叉型的信息化建设集成模式的阶段上,如图6-8所示。

在信息化突飞猛进的今天,随着我国行政体制改革的逐步深入,政府

---

① 李靖华:《电子政府一站式服务:浙江实证》,光明日报出版社2006年版,第12页。
② 李习彬:《电子政务与政府管理创新》,科学出版社2004年版,第44页。

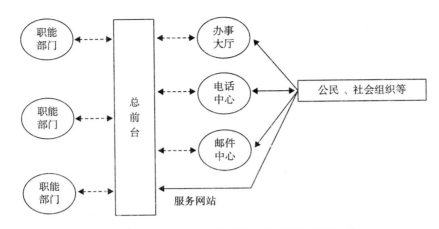

**图6-8　电子化服务与传统服务的交叉运行模式①**

部门之间、政府与企业之间、政府与公民之间、政府与其所领导的公务员之间的交流和沟通日益频繁,这就对电子政务的应用和建设提出了更高的要求,探索如何通过流程再造和组织结构的重组来满足政府需要改革以往"碎片化"的、各自为政的行政审批模式,满足公民对政府服务效率提高的要求,是今后一段时间电子政务的主要任务。

总之,电子政务建设的三种模式,即垂直型的集成模式、水平型的集成模式和交叉型的集成模式以及它们各自的运行方式,都是根据我国当时的政府管理的内在规律来设计的,每种模式是和它们所代表的当时的政府职能部门的角色和当时社会对政府服务的要求相适应的。

电子化政府服务的三种基本模式,实际上存在一种演进变迁的发展规律。作为"一站式"电子服务演进的缘起,首先是过程集合机制。而"一站式"服务的提出主要是为了获得一种跨部门的过程集成和协调的效果。

作为电子政务建设和应用的最高境界,基于流程再造的联合审批系

---

① 李靖华:《电子政府一站式服务:浙江实证》,光明日报出版社2006年版,第12页。

统的服务和应用,是最复杂,也是最现实、最方便的电子化政府服务模式。可以说,联合审批系统的实现并不意味着传统服务方式的消亡,而是各种服务途径、各种服务工具的混合有序运行。

根据"过程集成——信息共享——混合运行"的流程再造模式,以及我国目前电子政务建设和应用的情况看,一方面,经过四轮行政审批制度改革和《行政许可法》的实施,实体性质的政府行政服务中心已经在省市县区普遍建立,甚至一些发达地区的镇街也建立了相应的政府服务中心。① 由于原有的行政许可部门仍然是行政审批服务的主体,并具有相应的法律法规体系支撑,因此行政服务中心在建立的初始被界定为"集中办理的场所",表现为一种弱前台的态势。另一方面,从20世纪80年代的"三金工程"、90年代的"政府上网工程"算起,我国政府信息化的步伐不断加速。而且政府信息化往往表现为"部门信息化",不同部门间应用水平差异较大,而且互不兼容、信息难以互通。就电子政府信息技术应用的阶段,如图6-9所示。如何充分利用已有的信息系统和信息资源,实现信息共享机制,进而实现电子政府一站式服务,同样是我们面临的一大问题。

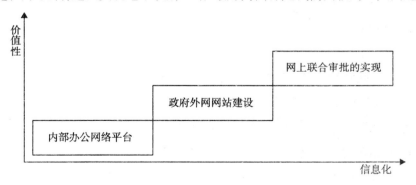

**图6-9 政府信息化的一般进程**

---

① 蔡立辉:《电子政务:信息时代的政府再造》,中国社会科学出版社2006年版,第30页。

　　因此,我国电子化政府服务的现实演进路径如图6-10所示,主要表现为:

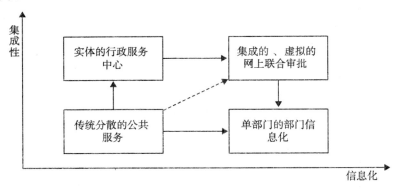

図6-10　电子政府一站式服务演进示意图①

　　实体的行政服务中心的信息化(基于和/或连接于部门信息化)以及基于网络的虚拟的部门信息化集成。如果以信息化和集成性为两个维度来刻画电子政府的演进模式,可以发现,传统的分散公共服务为演化的初始状态,先集成化再信息化为中心信息化路径,先信息化再集成化为部门信息整合路径。

### (二)联合审批的功能模块设计

　　联合审批系统是电子政务深度应用的重要体现,联合行政审批系统是通过运用先进的网络计算机技术来设计底层构架平台,通过集成办公自动化系统、各类业务应用系统,设计顶层各类具体应用,建立起政府与公民、企业、社会组织之间网上办事和交流沟通的渠道与机制,实现网上申请、网上查询、网上审批等多项功能,以满足应用和管理的需要,如图6-11所示。为此,我们将联合行政审批系统的功能模块概括为:面向公众事务的服务系统、面向审批部门行政审批职能的网上协同办公系统、面

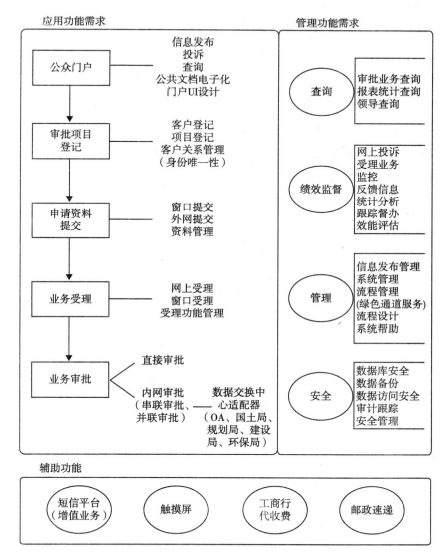

**图6-11 网上许可服务系统功能需求图①**

———————
① 梅绍祖、James T. C. Tang:《流程再造——理论、方法和技术》,清华大学出版社2004年版,第48页。

向监察部门的监察系统三个部分。

### 1. 面向公众事务的服务系统模块

面向社会公众的公共事务服务系统模块,主要的功能是面向公众和企业公布业务事项信息,其中发布行政审批事项的办理信息是至关重要的。行政审批事项信息根据《中华人民共和国许可法》的规定,需要按照统一的格式、一定的目录和业务模板要求,对相关网页、电子触摸屏、窗口系统进行自动更新,提供与在线申请相集成的互联网信息发布功能(行政审批信息发布流程图如图6-12所示)。

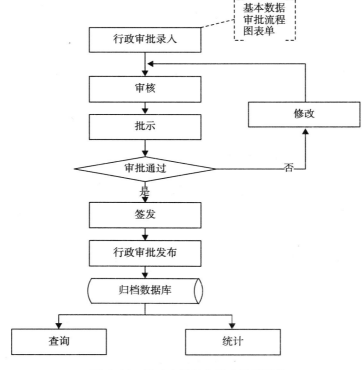

图6-12    行政审批信息发布流程图①

---

①    蔡立辉:《电子政务:信息时代的政府再造》,中国社会科学出版社2006年版,第319页。

（1）行政审批事项信息发布

发布与行政审批业务相关的政策、法律、规章制度、组织机构、办事流程、申报表格、公告、通知、动态等信息,以便申请人查询各类信息和服务,查询行政审批事项办事流程、收费标准等方面的内容,如图6-12所示。

申请人点击每一个行政审批部门、行业或其他类别时,能够方便、快捷地查找出该部门所能办理的行政审批事项或审批内容,并能实现在网上申请和提交,基于此,行政审批事项信息的发布应按照如下的标准:（1）行政审批事项名称;（2）行政审批的具体内容;（3）实施该项行政审批的法律依据;（4）实施该行政审批的行政部门;（5）申请人应递交的材料;（6）审批期限的设置与承诺;（7）审批的最终批准形式;（8）是否需要收费;（9）具体审批流程图;（10）其他事项。

（2）申请事项登记

企业及公民个人在提起行政审批申请前,首先要登记相关企业及个人的资料及信息。申请人可以通过互联网或到行政审批服务中心窗口进行登记,办理登记手续。用户在网站上登记注册,填写个人资料。注册会员可直接凭用户名和密码登录,未注册的用户则需注册成为会员才能进入。用户注册流程如图6-13所示。

用户注册的程序主要包括:

第一,用户选择个人用户还是企业用户,不同的选项将出现不同的表格填写;

第二,用户填写注册资料,包括用户名、真实姓名、密码、电子邮件等等;

第三,系统将判断用户注册资料的正确与否,例如注册资料某些必须填写的项为空,或填写格式不符合等等;

第四,如果填写资料不合法,则系统会自动提示是否退回重新填写注册资料即步骤,同意则转向步骤2,不同意则退出注册;如果注册资料合

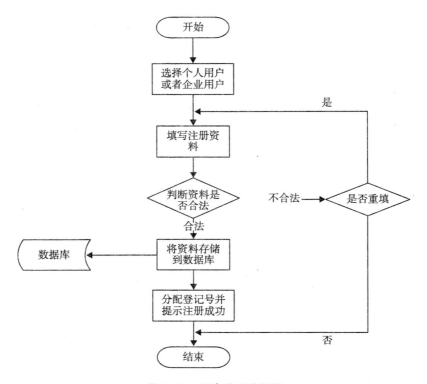

**图6-13 用户注册流程图**

法,则系统会自动存储至数据库,并给用户分配一个唯一的登记号,提示注册成功,转向其他事务。

申请人在得到系统注册后,需要填写一份用户登记电子表格,分企业登记表和个人登记表。登记提交后,系统将检查登记人的邮箱和手机信息,在确认登记人的邮箱和手机回执无误后,将被系统确认为正式合法用户,并在一定时间内通知登记人注册成功。

就申请事项登记而言,已进行客户登记的申请人,可以通过网上和窗口两种方式进行行政审批项目登记。对于未进行客户登记的申请人,如采用窗口登记方式进行行政审批项目登记,可同步完成其客户登记工作,如图6-14所示。

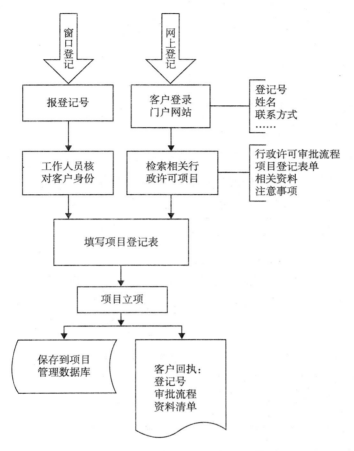

**图6-14　申请事项登记流程图①**

①网上登记

申请人通过客户登记号登录门户网站,选择一项行政审批,查看该行政审批的业务流程和注意事项;然后申请该行政审批的表单,详细完整地填写表单中的项目信息并保存,取得该行政审批项目的回执(回执内容

①　蔡立辉:《电子政务:信息时代的政府再造》,中国社会科学出版社2006年版,第325页。

包括审批流程图、资料清单以及系统按照国家统一的编码规则自动分配给该申请项目唯一的项目登记号等）。系统通过唯一的项目登记号识别每一项行政审批项目。

②窗口登记

申请人可以到区审批服务中心窗口或各业务部门窗口办理行政审批项目登记，并由窗口打印回执。

系统按照申请事项分类进行一次性登记，将申请事项与申请事项中涉及的子项目之间采用层次关系进行编号，以便于数据分析和科学决策；系统对重点项目预先生成编码并能通过修改项目属性使其变成重点项目；系统通过项目属性自动区分重点项目和一般项目，并按照绿色通道审批流程对重点项目进行审批。

**2. 面向审批部门行政审批职能的网上协同办公系统模块**

大部分的网上审批业务都涉及多个职能部门，业务流转方式纵横交错，异常复杂。因此，网上审批是政府多部门跨网络协作的综合性运用，审批信息往往需要跨网络流动。整个网上协同办公平台模块①应该包括审批受理系统和审批处理系统：

（1）审批受理系统

申请事项受理作为"联合式"网上行政审批流程中的一个重要环节，直接影响到后续工作环节是否顺利进行。系统为业务受理提供了功能管理模块，主要包括受理预审、补办件管理、自动分发、受理告之、分类管理和上报件管理等子系统，如图6-15所示。

①受理预审。是指对申请人提交的申请材料和内容依法进行内容和形式的审查，预审通过且该业务可以即时办结的则予以办结，不能即时办结的，则通过数据中心转到内网进行行政审批。

②补办件管理。是对符合受理条件但缺少部分资料的申请事项所进

---

① 耿强：《电子政务大厅功能结构分析》，《中国现代教育装备》2003年第12期。

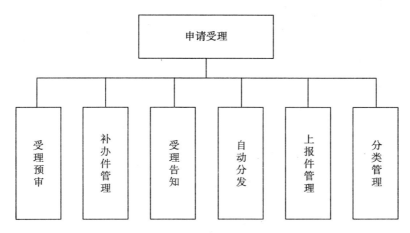

**图6-15 申请受理功能图**

行的管理,旨在提醒申请人补齐相关资料和证件。

③受理告知。是指申请受理后,系统将分配给申请人受理登记号,申请人可以根据该号码对自己申请的行政审批事项在审批过程中的信息、进程进行查询。

④自动分发。是指对需要多个部门联合进行行政审批事项所进行的管理,实现资料的共享,避免重复审批。

⑤上报件管理。对受理中遇到需要上级行政部门审批的申请事项进行管理,通知用户到有权限的职能部门进行行政审批。

⑥分类管理。是包括对即办件、紧急件、退回件等进行分类管理。①

(2)审批处理系统

业务审批环节是"一站式"网上行政审批服务系统的核心环节。体现电子政务对公民、企业的服务,主要表现在办事高效、方便和降低办事成本等方面。这也是公民、企业对政府公共管理高期望值的重要体现。

---

① 蔡立辉:《电子政务:信息时代的政府再造》,中国社会科学出版社2006年版,第325页。

因此,如何通过"一站式"网上行政审批服务系统的建设,使涉及多个政府部门的业务处理和行政审批能够实现一个入口和一个出口的统一、能够将涉及事务处理或行政审批的多个政府部门整合在同一个流程上实现跨部门的网络化协同办公,这是政府对公民、企业的电子政务模式的核心。因为,只有这样,才能大大缩短企业的办事时间,使过去企业要多次奔波周旋于各个政府部门、跑许多路、花几天甚至数月时间才能办完的事,如今在网上几小时或规定的工作日内便可办理完毕;也才能大大降低企业的办事、人力资源成本和社会交易成本。

审批处理系统主要是对具有行使行政审批权的政府部门根据行政审批项目的流程,对申请人申请的行政审批事项进行网上行政审批,同时将中间状态的信息和结果反馈到数据运行中心的运行方式。主要包括接受、分发、反馈、查询和获取申请批准的全过程。网上行政审批功能,如图6-16所示。

如图6-16所示,行政审批包括直接审批以及内网审批。直接审批需要支持以下功能。自动登记:对于申报信息进行自动登记,同时系统提供设置功能,允许用户根据业务信息要素(如,密级、文件号、费用类别、费用科目等)设置哪些类型的业务数据需要自动登记到系统,哪些类型的业务数据不需要自动登记到系统。对于加密信息,系统自动将加密的信息截留,留待手工处理,其他内容则仍然自动登记到系统。待办业务:自动搜索未完成的业务工作及创建的新的未完成的业务记录,以醒目的方式显示提醒。业务转交:如果收到待办业务后认为需其他人办理该项业务,可启动转交功能将本业务记录的处理转交给其他人处理。知会处理:如果处理前或者处理完业务后觉得需要知会其他人,可启用知会功能,选择指定的人进行知会,将相关的业务信息知会给相关人等,相关人等收到该业务信息后可浏览内容但是不可修改和处理,当领导收到该业务信息的知会后,阅览后如果需要填写意见,可利用系统提供的允许领导填写相关意见并反馈给相关人等并留痕的功能,但

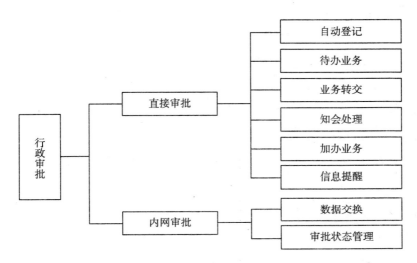

**图 6-16 网上行政审批功能图①**

不会影响业务流程的正常流转。加办业务:如果处理业务的时候认为本业务信息在本步骤还需要其他人协助处理,可启用加办功能指定相关的人等在本步骤进行加办,且相关人等均可填写处理意见和建议并进行相应的处理。信息提醒:可通过短信(结合审批服务中心原有短讯平台)、邮件等方式,根据系统设置,由系统自动决定是否给下一步办理人进行提醒。

### 3. 面向监察部门的电子监察系统模块

行政审批—电子监察系统是行政监察机关利用网络技术开展行政监察,建立健全行政权力运行监控机制的一项重要内容。② 建立行政审批电子监察系统,可以进一步规范行政工作程序,明确职责权限,减少管理上的漏洞;还能要利用网络系统特有的实时监控、预警提示等功

---

① 蔡立辉:《电子政务:信息时代的政府再造》,中国社会科学出版社 2006 年版,第328 页。

② 张荣久:《行政许可网上监察系统——一个成功的电子政务案例》,《电子政务》2005 年第 11 期。

能,使监督关口前移,将不当行政行为,甚至违纪违法行为控制在萌芽状态。

行政审批—电子监察系统,是将网上行政审批系统与电子监察系统进行有效对接,将行政审批数据实时地交换到电子监察系统,实现了行政审批行为与监察部门的监察行为同步、动态监督、全过程监督。监察系统的效能监察功能可归纳为六大模块,即实时监控功能、综合查询功能、统计分析功能、效能测评功能、业务督办功能和信息服务功能。因此,行政审批—电子监察系统主要依靠信息交换共享机制实现了行政审批系统与电子监察系统数据的交换共享,为监察提供了真实可靠的数据。监察部门通过实时的数据比对,可以加强对超时限、越权行政等违法违规问题的监督管理,促进行政审批部门依法行政和提高行政审批效能。如图6-17所示。

行政审批—电子监察系统的总体架构,如图6-18所示,主要包括以下部分:

(1)绩效监察平台。负有监督职责的各监督主体如党委政府领导、纪检监察部门、业务主管部门等通过安全认证登录"一站式"网上行政审批系统,通过绩效监察平台实现实时监控、流程监控、预警纠错、业务督办、绩效评估、统计查询等监督功能。

(2)业务处理平台。业务处理平台承载着行政审批从受理到办结的全过程,同时也是绩效监察的主要载体,与绩效监察平台构成不可分割的统一整体。

(3)数据交换平台。通过数据交换平台,实现外网上的公众投诉、咨询等信息分发、交换到相关部门,实现各职能部门及其业务系统之间的数据交换、信息实时共享,实现各职能部门业务系统与统一的"一站式"网上行政审批系统的数据交换。这样,为绩效监察范围的延伸提供数据支持。

(4)安全保障平台。安全保障平台是"一站式"网上行政审批系统的

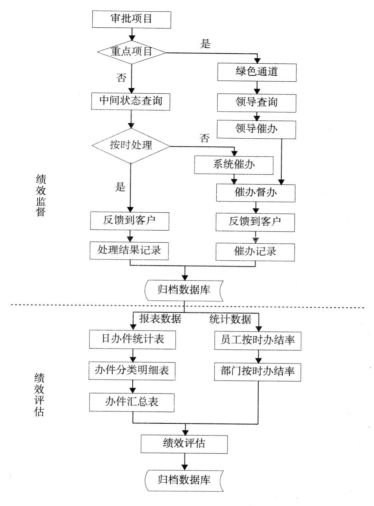

**图6-17 绩效监督流程①**

支撑,任何功能的实现都必须以此为基础,绩效监察功能也不例外。绩效

监察主体的登录、各主体监控权限的设置以及监控权限的实现都离不开

———————

① 蔡立辉:《电子政务:信息时代的政府再造》,中国社会科学出版社2006年版,第

334页。

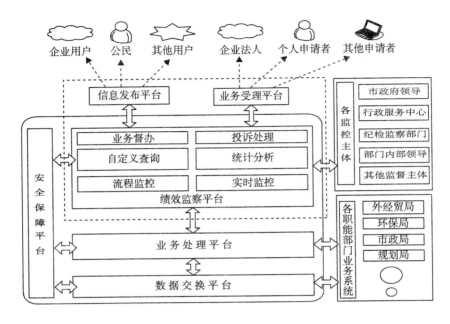

**图6-18    行政审批—电子监察系统的总体架构图**

安全保障功能,系统通过密码设置、安全认证、权限限制、防火墙隔离等方式实现对系统的安全支撑。

(5)业务受理平台与信息发布平台。企业、公民个人及其他申请者通过业务受理平台输入业务信息,信息发布平台则通过行政服务中心网站面向公众发布相关业务信息。两者都是基于因特网的外部业务应用系统,也是绩效监察功能对外的通道和平台。

### (三)联合行政审批的政务规范建设

重视政务规范的制定与完善,是进行行政业务流程再造必不可少的内容,特别是在业务描述上,如何适合各类不同的政府部门的业务特点、业务需求来制定业务流程设计方法规范,也是十分重要的工作。

目前,无论学术界还是实践部门,关于技术标准规范的研究和讨论颇

多,但关于政务规范建设的研究和讨论颇少。我们根据电子政务的运行
机制,研究和讨论"一站式"网上联合审批服务系统的政务规范。

**1. 信息交换与流转方面的政务规范**

(1)建立以统一的行政许可服务平台为中心的信息交换与流转系
统,通过政府部门窗口或"一站式"网上联合审批许可服务平台统一受
理,由窗口或"平台"统一分发,充分体现一个窗口进,一个窗口出的"一
站式"服务。

(2)在申请人(指公民、法人或其他组织)与政府部门之间,建立信息
传递——反馈——回应机制,能够实现网上办事,服务平台能够为政府部
门管理公共事务和提供网络化协同办公的电子服务提供支持。

(3)在政府部门之间,能够实现申请资料的分发和许可意见、许可决
定的回馈;实现跨部门的网络化协同办公和资源共享,各政府部门能够根
据行政业务流程的需要进行整合和业务集成,解决各部门之间互动联通
的问题。

(4)在每一个政府部门内部,实现该部门与其所属的公务人员之间
行政事项的分配、协调和对其行政行为的监督。

**2. 实施联合行政审批流程方面的政务规范**

(1)"一站式"网上行政许可服务平台应该能够根据申请人的需要,
提供个性化服务。

(2)逐步实现申请人从面对若干个行政许可部门到只面对一个窗口
或一个站点。在申请人还不得不直接面对行政许可部门时,要实现行政
许可部门窗口受理与后台处理之间的高效无缝链接。

(3)实现各政府部门与行政许可服务平台的链接,形成跨部门整合
和网络化协同办公环境,实现政府部门之间的互联互通和信息共享。

(4)各政府部门能够在行政许可服务平台上或自己的业务系统上同
时办理申请人申请事项的具体许可业务。在自己的业务系统中操作和进
行行政许可时,许可进度和许可结果要能够适时地在行政许可服务平台

上反映;申请人能够在线查询许可进度。

(5)各政府部门能够方便、快捷地进行数据交换和信息传输。申请人申请办理一个许可事项,只需一次申请,减少重复申请;某一行政许可部门的许可结果或数据能够为其他部门进行行政许可时所运用,减少部门的重复许可和重复劳动;各部门能够将许可意见通过数据交换、回馈到行政服务中心"联审"窗口。

**3. 申请人信息获取方面的政务规范**

(1)通过短信、E-mail 或其他方式,申请人能够与政府各部门进行方便快捷的联系;各政府部门通过短信、E-mail 或其他方式将许可意见、许可标准或决定反馈给申请人;在各个部门进行许可的过程中,对于申请人资料的短缺或申请表格填写的错误,行政服务中心工作人员或各部门行政许可人员可直接与申请人通过短信、E-mail 或其他方式进行联系。

(2)申请人根据自己的需要,方便、快捷地在服务平台上查找到适合自己需要的办事流程;申请人还可以根据自己的需要,方便、快捷地查询到自己所需要的各类信息和服务。

(3)申请人点击政府部门时,能够方便、快捷地查找出该部门所行使的行政许可事项和许可内容、每个许可事项或许可内容进行许可时的依据、申请人提交的材料、许可期限、涉及的部门、审批的形式和是否收费等方面的内容,并能实现申请人当场在网上申请和提交。

(4)申请人点击行政许可流程上的具体的许可事项或许可内容时,能够方便、快捷地查找出进行该事项许可的依据、申请人应该提交的材料、许可期限、批准的形式和是否收费等方面的内容,并能实现申请人当场在网上申请和提交。

(5)申请人通过政府部门服务窗口或服务平台投递申请材料后,可获得政府部门发出的电子化登记,并得到申请人受理号码;申请人根据该号码可通过在线或短信等多种方式查询许可进度。

(6)实行政务信息公开,除受到法律规范不得公开的信息(例如涉及国家安全、商业秘密和个人隐私等有关信息)外,其他的政府信息应该尽量以电子化的形式并经过系统的处理后公开,让公众能够较容易地获取所需要的信息。政府在收集与公众自身或企业有关的信息时,必须遵守信息保护的法律与相关程序,以确保信息收集过程的正当性、信息内容的准确性,维护信息的安全,并容许公众取得与自身有关信息或修正其中错误的内容。

**4. 效能评估与监督方面的政务规范**

(1)根据每个许可事项许可时限的设定,当接近达到许可规定的时间时,系统对实施许可的部门或许可人员予以自动提示;但超过规定的许可时间时,该许可事项在系统登记中呈现黄色或红色,以示警告。

(2)各有关部门能够对超时的行政许可部门或许可人员发出催办或督办。

(3)政府信息部门、监察部门、法制部门或主管市长办公室等有关政府部门能够对一定时期内本市接收许可的事项以及许可实际情况进行网上分析。

(4)当每一个行政许可事项实施终了时,系统要能够出具一份申请人对本事项的行政许可过程是否满意的"民主测评"意见书,使申请人行使投诉的民主权利。

**5. 安全方面的政务规范**

(1)提供电子化认证和安全功能。

(2)根据国家有关法律、法规的要求实行政府信息公开,对不能公开的信息要加强管理。

(3)维护申请人的合法权益,防止泄露申请人的秘密信息。

(4)提供电子政务中的数据的保密性、完整性、真实性和不可抵赖性服务。

**（四）联合行政审批的信息资源整合建设**

联合行政审批与政务信息资源共享关系非常密切。据不完全统计，目前我国县级以上政府设立的行政审批服务中心达到4100多个。我国在探索行政审批制度改革实践中，普遍推行了以行政审批服务中心为载体的集中审批方式，通过实行物理集中，将所有行政审批部门集中在一个大楼，形成了"超市式"的、"一楼式"集中审批环境来解决分散审批、部门分割等问题。条块分割、部门分割是我国行政管理体制的突出特征。

但是，在运用信息化手段进行行政审批的时候，各个垂直部门都建立了自己的业务应用系统，各垂直部门之间的业务应用系统、各垂直部门与地方政府的业务应用系统之间，由于采用的技术以及技术标准不同，导致各垂直部门的业务应用系统之间、垂直部门与地方政府的业务应用系统之间都互相不能连通、资源不能共享。

**1. 要解决垂直部门审批系统与地方政府审批系统不兼容问题**

部门分割、条块分割的体制导致各部门自行设计、开发和建设自己的业务应用系统；应用信息技术所建设的各种业务应用系统，反过来使这种分割更加严重，进一步加剧了这种条块分割、部门分割的体制。这些分散建设、分散应用的业务应用系统，严重妨害了资源共享、影响了行政审批的效率；同时，公众申请一个行政审批事项要面对多个部门、重复提交资料、重复申请，给公众带来极大的不便，办事成本大。

例如，珠海市住建局反映："我们的一些审批也是这样，要在省建设厅系统平台上操作，然后在本市住建局系统上几乎重复同样的操作，我们许多人的办公桌上都是一台电脑装两套系统，但两系统不能通用"。①

例如，珠海市交通局反映：我们行业自己的系统平台与市政府的审批平台不能转换，我们很多时候的审批必须通过行业内平台（如省交通

---

① 资料来源：课题组对珠海市31个具有行政审批权的职能部门从2009年3月至2010年9月间进行了多次座谈调研、实地观察。资料来源于座谈和观察记录。

厅),但交通系统内平台与市里的平台无法转换(互融),有70%的审批涉及这个问题。我们尝试突破技术屏障,试图让不同系统可以对接,但未成功。

例如,珠海市公路局:省公路局要求我们2010年8月1日开始上省公路局自己开发的系统,珠海市政府要求我们使用珠海行政审批系统,省公路局的系统与珠海市政府的行政审批系统在功能、技术标准等方面都不相同。这样审批同一个事项必须在两套系统中重复进行,更加占用了我们的时间。

这些行业业务应用系统与地方政府业务应用系统不能互联互通、不能自由共享的事实证明,信息化助长部门壁垒、信息技术进一步加剧了条块分割和部门分割,解决这个问题,信息化建设、应用的管理体制必须提到议事日程,改变过去信息化分散建设、分散应用的做法,强调整合、共享和跨部门业务协同。

因此,针对"超市式"的、"一楼式"行政审批所存在的问题,应用现代信息技术深化行政审批制度改革、建立健全"一站式"网上行政审批系统、实现跨部门业务协同和信息资源共享、为公众和企业提供真正的"一网式"服务,就成为深化行政审批制度改革,强化服务型政府建设的迫切问题。

政务信息资源分散、分割和不能共享,是制约联合行政审批推行的瓶颈和障碍。应用电子政务深化行政审批制度改革、构建一级政府统一的协同工作平台和功能完善的"一站式"联合行政审批服务平台,实现数据交换、跨部门业务协同和信息资源共享,为公众和企业提供真正的"一站式"服务,就成为深化行政审批制度改革,强化服务政府、法治政府、责任政府、廉洁政府和效能政府建设的迫切要求。也是促进我国经济社会又好又快发展、将我国建成首善之区的重要举措。

集中政府和社会的信息资源,高效便捷地为政府管理服务和满足公众的信息需求是电子政务建设的目标之一。因此,我国"一站式"联合行政审批服务系统的建设,需要尽快建立起一种能满足政务需要的信息资源模式,规范各种信息资源,避免各部门独立进行系统开发,分散建设、重复建设的现象。应在我国信息办的平衡、协调、审查后,实施有序进行的政务信息资源开发建设,根据办公自动化、领导决策、对外发布、内部交流、公众使用及企业经营等不同的需要,对信息资源进行分类、加工和整理,按照统一规范的文件格式,建立起行业或部门的专项业务数据库,更好地为政府机关和社会提供信息咨询服务。需要使用信息资源的各个政府部门,将信息资源进行后台集中和统一管理,即通过统一的接口与标准,将数据统一集中和统一管理,达到共享,从而实现信息资源的有效利用。

开展联合行政审批,必须打破垂直管理部门与政府职能部门之间的分割状态,打破原有政府部门以及部门内部不同业务处室的界限。实现部门之间的信息互通,利用"一站式"联合行政审批服务平台,构建一个跨部门的网络化协同办公环境,使传统的金字塔式政府组织机构改变成扁平的、无中心的网络结构,促进政府部门之间的相互沟通与交流,实现政府部门之间的协调作业,进而对相关事项进行并联审批,提高审批效率,为公众提供便捷的服务。加大信息资源整合力度、实现跨部门业务协同,是推行联合行政审批的必需措施。

**2. 要解决审批程序不清晰问题**

在目前的行政审批事项中,由于"三定方案"不够清晰,对于同一个行政审批事项多个部门同时审批。在这种情况下,各个部门之间分工不明确、职责不明确,导致审批流程不清晰,审批程序混乱;特别是对一些互为前置条件的审批,更是程序混乱、程序复杂。这样,既严重妨害了行政审批效率的提高,又给公众带来不方便,大大降低了公众对行政审批的满意度。

在我国一些行政审批程序中,某一审批程序往往以另一部门的相关审批为前提,各部门都按照本行业自己的上位法进行审批。这样,有时就形成了:甲的审批需乙的审批为前提,乙的审批需丙的审批为前提,丙的审批需甲的审批为前提。这样,就形成一个循环。在这个循环过程中由于流程不清晰,人为制造了相互推诿和协调困难。

例如,珠海市住房规划建设局:与其他部门存在着互相循环、互为前置审批环节的困境,当审批仅需在一个部门内完成,这种情况较好解决,但审批涉及不同部门时,协调就非常困难,程序非常麻烦。

因此,我们认为:第一,在一个审批环节涉及多个部门同时审批时,应确定该类事项对应的牵头部门,在许多小的许可证中,各类"小事项"的审批都有牵头部门。所谓"优化",就是要明确牵头部门是谁、牵头部门与其他部门之间的权责关系、牵头部门对其他部门的协调权力等。第二,要发挥编制部门在深化行政审批制度改革中的作用,尽快解决职能定位不清晰、职责不明确的问题。这就需要市政府组织编制部门重新对"三定方案"进行修订,理顺部门之间的职责权限,特别是对涉及多个部门的审批事项、对职能交叉重复的情况,要抓紧进行梳理,尽快定岗定责。

例如,珠海市行政服务中心提出:在实际审批过程中,针对不同类别事务的审批设立了不同的牵头单位,但也带来一定问题:牵头单位认为这种牵头赋予的职责已经超出了"三定方案"规定的职责范围。多一事不如少一事的思想,导致许多牵头单位在实际中没有发挥好牵头单位的作用。

这就更进一步说明,深化行政审批制度改革,必须要发挥编制部门根据行政审批流程来明确各审批部门的职责、赋予牵头部门职责权限、重新修订"三定方案"等作用。

### 3. 职能交叉重复,部门协调困难

推进联合行政审批、深化行政管理体制改革,必须科学合理地界定行政职能,包括正确界定政府与社会、政府与市场、政府与公民个人之间的关系;明确不同层级政府之间职责功能的重点与关系,明确不同职能部门之间的权力范围与任务。这对于深化行政审批制度改革具有非常重要的意义。

　　我们课题组在现场调研中发现,有些政府部门在职能配置上存在职能交叉与扯皮、部门分割、资源分散、整体效能和公共服务质量低下的问题。职能交叉重复、部门分割、资源分散等情况在此次调研过程中还大量存在,需要政府大力进行改革,科学合理地进行职能和权力的配置,加强各部门之间的信息共享,减少资源的浪费,提高办事效率,真正做到为群众服务。

　　在行政审批过程中,由于职能交叉重复,由于条块分割、部门分割、资源不能共享,由于信息技术的运用使分割体制进一步固化,由于各种业务应用系统之间不能互联互通;一句话,由于技术应用不当的原因,由于分割体制的原因,由于"三定方案"职责不清的原因,导致一个统一的办事流程被分散到许多的部门、人员和环节之中,导致部门之间不能协同办公、公众与政府部门之间沟通困难。不仅增加了部门之间的沟通协调成本,而且增加了社会交易成本。

　　对于同一个审批事项,涉及多个部门时,每个部门依据本部门的办事要求,要求公众提交资料,导致公众办理同一个审批事项需要多次重复提交有关资料的情况。对公众而言,造成重复申请、重复提交;对政府部门而言,造成部门之间重复审批。因此,这既不利于效率,又不利于方便公众。

　　对于同一个现场勘察而言,同一个现场需要多个部门都勘察时,今天来一个部门,明天再来一个部门,导致被勘察的对象——申请人天天应付不同政府部门的勘察。没有形成会同勘察的制度,不仅导致勘察结论的相互矛盾,而且给申请人带来极大不便。

　　分工过细,一方面形成职能交叉重复、多头管理、多头指挥;另一方面,也会形成无人管的真空地带,这就为互相推诿奠定了基础。

　　在行政审批过程中,职能交叉重复、多个部门在审批同一个事项时每个部门的政务要求不同,进一步加深了公众与政府的矛盾。例如,市环保局、住建局、市政园林局、海洋局等都有权对水务工程建设进行审批。属于不同的部门对水务工程进行审批时,审批的时间、提交的资料、审批的要求,都有非常大的差异。因此,遇到水务工程建设的审批事项时,究竟由谁来审批,还是让申请人来选择审批部门,这都需要在重新梳理"三定方案"时进行明确。

目前,我国各地还基本没有形成跨部门的网络化协同办公环境,一些业务的行使和办理仍然处于分割状态,还是以各职能部门分散的、各自为政的方式行使政府行政管理职能和提供社会服务,缺乏互联互通和集成整合。电子政务中信息技术的应用在相当程度上加固了原有部门之间的分割局面,固化了条块分割。项目组在现场调研中发现,有些部门提出有些行政审批事项需要政府采用立项的方式,明确该事项的牵头部门以及参加部门的职责,并通过"一表制"向公众公布完整的办事指南,部门之间加强协作,从而提高工作效率和社会服务质量。

联合行政审批是一个涉及多个部门、多个环节、多个法律法规的系统行为,职责分工不清晰、流程定义不清晰、资源不能共享、各自为政,一定会严重影响行政审批的效率和公众申请审批的方便性。因此,打破分散审批,开展集中审批、联合审批,必将是未来深化行政审批制度改革的重要发展方向。

### 4. 政务信息资源不能共享问题

部门之间协同不足,一个主要原因就是资源不能共享,而部门条块分割的体制导致政务信息资源共享机制无法建立起来。垂直管理部门各自独立开发业务系统,同时由于垂直部门实行垂直管理,垂直部门与地方政府之间存在一定的权力冲突,导致垂直部门与地方政府之间信息共享受阻,这也是深化行政审批制度改革的主要问题之一。在我们的现场调研中,发现条块分割的格局,使得垂管部门与政府职能部门之间资源共享程度非常低,导致很难在行政审批事项办理过程中形成跨部门的协同办公,也就使联合审批难以形成。

信息资源不能共享,是妨害电子政务系统发挥作用、提高电子政务应用绩效的最大障碍,是提高政府整体效能、提高行政审批效率的最大障碍,是消除重复申请、重复审批和提高审批质量的最大障碍,是加强行政审批监督的最大障碍。如工商行政部门在政府行政审批服务中扮演非常重要的角色,很多事项的办理都需要工商行政部门的前置审批,但工商行政部门的事项办理信息与数据无法与相关部门共享。部门之间信息共享不足,导致相互之间无法为同一事项的办理达成协同作业。在调研过程中,工商行政部门强调工商系统内部有一个业务系统,强调工商行政部门是要在自己的业务系统内办事;而工商行政部门的这个系统与地方政府的业务系统又是不能对接的。这样,工商行政部门的信息无法与其他部门实现共享,导致很多事项分散处理、分散办理的现状无法得到根本性改变。

目前,政务信息资源不能共享主要表现为:同一个部门的各个业务处室之间、同一个系统的各个分支机构之间、同一级政府的各个部门之间、上下级政府之间、各地方政府之间、各业务应用系统之间,彼此隔离、不能互联互通。不管办什么事情,都需要公众提交信息资料,而不是通过信息资源共享来获取其他部门有关申请人的信息资料,这样进一步助长了申请人提交虚假材料。

从原因上分析,造成信息资源不能共享的主要原因有:一是条块分割、部门分割的管理体制,分目标、局部目标与整体目标的差异和冲突,局部效率与整体效率之间的差异和冲突;二是各部门采用的技术标准、技术规范和政务要求规范不一致;三是法律法规之间的冲突,适用不同的法律法规就会有不一样的要求;四是缺乏信息资源的管理,信息资源开发利用水平很低,还没有建立《信息资源目录体系》、《信息资源共享目录体系》;五是各部门的业务系统都由不同的 IT 公司在不同的时间里进行开发与建设,缺乏统一、科学的规范,信息分类缺乏科学的标准,存在着资源整合不力、建设分散、重复建设等体制性的问题,导致资源共享程度差、信息利用率低和业务系统应用绩效差。

随着信息化建设与应用的深入开展,特别是随着跨部门联合审批等业务的开展,信息公开、信息资源共享的需求进一步强化,信息不能交换共享的问题也越来越凸显,不能满足提高党政部门管理能力与服务能力的社会发展要求,不符合当代通过信息化来实现资源共享、形成跨部门的网络化协同办公、提供一体化无缝式服务的发展趋势,也不符合信息资源交换共享及其管理向整合、集成、公开、共享、保障体系更加配套与完整的发展趋势。

因此,突破分割管理体制障碍,整合政务信息资源,规范信息资源共享及其管理,已成为进一步提高政务信息资源开发利用水平、促进电子政务发展、提高各类电子政务业务系统应用的绩效、实现跨部门业务协同和跨部门联合审批、实现政府管理创新的迫切任务和重要内容。

## 四、联合行政审批的技术支撑

电子政务是一项覆盖所有公共部门、涉及各类公共事务管理与公共服务提供的复杂的系统工程。以推进行政审批制度改革为导向的电子政务建设实现了对传统政务在组织结构、管理模式、服务范式和业务流程方面的重组、再造和优化,都是以网络信息技术等现代信息技术为核心的。在电子政务模式下,联合审批系统的建设和应用,使得公共管理更加高效、透明、公共服务更加便捷、公共部门与公众沟通越来越趋向电子化,这些都是网络信息技术与政务有机结合的结果。因此,以网络信息技术为核心的现代科学技术是电子政务的建设和应用产生作用的重要保障。

概括起来,电子政务的关键技术主要有数据库技术、信息资源管理技术、电子政务业务应用系统开发技术和电子政务安全技术。

### （一）数据库技术

#### 1. 数据库管理系统

数据库技术在各个领域的应用非常广泛,是电子政务重要的技术支撑。自 20 世纪 60 年代以来,数据库技术从层次数据库、网状数据库和关系数据库发展到了数据库管理系统(Data Base Management System,DBMS)阶段。

信息、数据和数据处理之间有着内在的联系。信息是人们对客观世界的直接描述,计算机具有高速处理能力和存储容量巨大的特点,使人们有可能对大量的信息进行保存和加工处理。为了记载信息,人们使用各种物理符号和它们的组合来表示信息,这些符合及其组合就是数据。有了数据就需要进行数据处理,包括对数据的收集、记载、分类、排序、存储、计算、加工、传输、制表、递交等工作,使有效的信息资源得到合理和充分的使用。

数据管理是信息资源管理的一部分。政府部门建立和维护信息资源的全部工作成为信息资源管理(information resource management),它强调信息资源的集成管理、综合利用与合理配置。电子政务通过对政府内部网、外部网、互联网上的各类信息系统的协调与控制、合理规划与配置,可以形成一个互联互通、方便使用的信息资源共享体系结构,从而在有限的客观条件下,利用群体优势发挥各类信息资源的整体效益。

数据资源管理系统是一组计算机程序,控制组织和用户的数据库生成、维护和使用,是对数据库进行存储和管理的系统。而其中的数据资源正是电子政务的基础,数据资源的完整性、准确性、现时性和共享性直接决定了电子政务应用的深度和广度。政务数据资源包括了电子政务系统中最小的数据资源实体、经过数据挖掘后提取的信息、经过决策支持系统中决策模型处理的决策信息。整合政务信息资源、建立数据共享机制、采用新的数据管理模式、建设和改造政务数据库是电子政务深度发展和应用的核心内容,也是电子政务建设的关键。

目前市场上数据库软件产品很多,根据数据库软件的处理能力、性能等划分为大型数据库软件和小型数据库软件。市场上主流的大型数据库软件产品主要有:Oracle 数据库软件、Sybase 数据软件、MS SQL Server 数据软件和 IBM 公司的 DB2 数据软件等。

**2. 数据仓库**

数据库是由存储在计算机中的数据组成的,目的是便于检索和使用。数据仓库(Date Warehouse,DW)是对数据库概念的改进,它为用户提供改进的数据库资源,使用户能够用比较直观的方法操纵和使用数据,它包含了大量的基于计算机的数据[①]。斯坦福大学数据仓库研究小组认为,数据仓库是集成信息的存储中心,这些信息可用于查询和分析。数据库理论界一般认为,数据仓库是面向主题的、集成的、随时间而变化的、用以支持决策分析的、持久的数据集合。因此,数据仓库技术的产生就是因为管理决策提供支持信息,数据仓库是具有在线事务处理功能的数据库网络系统。

整合政务数据资源,建设电子政务数据仓库有利于政府信息资源发挥巨大的社会效益和经济效益,是今后电子政务建设的关键问题。数据仓库是在数据库已经大量存在的情况下为了进一步挖掘数据资源、满足决策需求而产生的,它绝不是简单地等同于"大型数据库"。数据仓库具有获取、数据存储和管理、信息访问 3 个基本功能;具有能够对大量数据采集有效的存储和管理、能够并行处理事务以及缩短处理一个复杂的查询请求服务的时间、能够针对决策支持者查询进行优化、支持基于用户业务的多维分析查询模式等特点。

**3. 分布式数据库**

分布式数据库是建立电子政务数据仓库的基础,也是电子政务数据中心的重要组成部分。分布式数据库是相对于孤立的数据库的一个新的概念,是采用先进的宽带技术,将位于多个不同地点的孤立的数据库联系起来,通过多种先进的冗余、容错的网络管理技术,形成一个基于宽带网

---

　① 小瑞芒德·麦克劳德:《管理信息系统:管理导向的理论和实践》,张成洪等译,电子工业出版社 2003 年版,第 168 页。

络的、"物理上分散,逻辑上统一"的数据库。

分布式数据库在电子政务系统中起着十分重要的作用。它能够很好地解决集中管理和分布存储的矛盾;有利于实时数据科学化的收集和处理,改善以前各纵向系统的数据非实时的备份方式,减少操作的重复性,改善以前政务部门需要多个系统多次收集数据的局面,提高数据收集和处理的效率;能够有效地保证政务数据的冗余容错,可以有效地实现数据在异地的适时和非适时备份,还可以根据需要进行数据的分布式存储,提高访问效率①。

在我国推动电子政务建设,数据库建设是基础和关键。根据国际电子政务建设和发展的经验,在我国建设人口基础信息库、法人单位基础信息库、自然资源和空间地理基础信息库,以及宏观经济数据库等 4 大基础信息库是国家推进政府信息建设和进行政府信息资源统一管理的有效手段。② 这样,在统一的基础信息库的设计和实施过程中,必须要注意数据存储的安全、冗余、容错等问题。采用分布式数据库的方式建设这 4 大基础信息库,可以方便数据的冗余和容错。这 4 大基础信息库可以在北京建立存储根节点,在全国各个直辖市、省政府或自治区政府、特区政府所在城市建立存储子节点,在以一些特大或重要城市设立数据备份节点,通过数据节点之间的高速链接,完成数据的在线同步和备份。此外,采用分布式数据库的方式作为中央政府门户网站的数据源,不但可以实现冗余和容错的设计,并且可以由各地的政务数据存储和备份节点直接面向公众提供分散访问的数据流。

## (二)信息资源管理技术

### 1. 信息系统

信息系统是以加工处理信息为主的系统,它是由人、硬件、软件和数

---

据资源组成,目的是为了及时而准确地收集、处理、存储、传输和提供信息。广义上说,任何进行信息加工处理的系统都是信息系统,例如生命信息系统、企业信息系统、文献信息系统、地理信息系统等。狭义信息系统是指基于计算机、通信技术、网络技术等现代化信息技术手段且服务于管理领域的信息系统,即计算机信息管理系统,其功能是对信息进行采集、处理、存储、管理、检索和传输,并且能向有关人员提供有用的信息。

信息系统的发展与计算机技术、通信技术、网络技术和管理科学的发展紧密相关,经历了由单机到联网、由数据处理的电子化到管理信息系统、再到决策支持系统、由数据处理到智能处理的过程,且呈现相互交叉的关系。信息系统从 20 世纪 50 年代支持事务操作层的电子数据处理(EDP)到 20 世纪 60 年代初支持事务操作和监督控制层的集成数据处理或事务处理系统(TPS)时期;从 20 世纪 60 年代中期开始支持管理、控制、事务处理三个层次管理活动的管理信息系统(MIS)开始登场,直至今天仍然有很强的生命力。经过几十年的发展,进入 20 世纪 90 年代,计算机信息网络已经是无处不在,国际互联网(Internet)和政府部门内联网(Intranet)基本覆盖了上述各种系统概念代表的功能,并进一步拓展了上述各系统的功能范围和技术水平,并趋向集成化。这个过程大致经历了以下三个阶段:

(1)电子数据处理系统(Electronic Data Processing System, EDPS)。在这个阶段,计算机主要用于支持运行层的日常具体业务,所处理的问题位于管理工作的最底层,其目的是迅速、及时、准确地处理大量数据,提高数据处理的效率,实现数据处理的自动化,将人们从繁重的手工数据处理工作中解放出来,从而提高工作效率。从发展阶段来看,它可分为单项数据处理和综合数据处理两个阶段。

(2)管理信息系统(Management Information System, MIS)。管理信息系统将管理学的理论和方法融入计算机处理过程中,提供信息,支持企业或组织的运行、管理和决策功能。管理信息系统有着非常广泛的内涵。

它不仅是计算机系统,而是包括设备、人、信息系统、管理手段和管理方法等多方面因素的一个复杂的信息系统。管理信息系统最大的特点是高度集中,能将组织中的数据和信息集中起来,进行快速处理、统一使用。有一个中心数据库和计算机网络系统是 MIS 的重要标志。MIS 的处理方式是在数据库和网络基础上的分布式处理。随着计算机网络和通信技术的发展,不仅能把组织内部的各级管理部门联结起来,而且能够克服地理界线,把分散在不同地区的计算机网络互联,形成跨地区的各种业务系统和管理信息系统。

(3)决策支持系统(Decision Support System,DSS)。决策支持系统产生于 20 世纪 70 年代初,是把数据库处理与经济管理数学模型的优化计算结合起来,具有管理、辅助决策和预测功能的管理信息系统。决策支持系统面向组织中的高层管理人员,以解决半结构化问题为主;强调决策过程中人的作业,系统对人的决策只起辅助和支持作用;更重要的是决策过程的支持以应用模型为主,系统模型反映了决策制定的原则和机理。在结构上,决策支持系统由数据库、模型库、方法库和相关部分组成。

## 2. 电子政务建设中的信息流动及信息处理技术

(1)电子政务中的信息流动方式与处理

从构成层次来看,政府行政组织可以看做是一个由四个层次组成的"金字塔"型的组织,如图 6-19 所示。

如图 6-19 所示,它的最顶层是战略管理层,负责对部门整体的指挥和领导;第二层是战术管理层,按照战略管理层制定的目标和战略进行具体策略的制定;第三层是运作管理层,这一层的任务是对日常运作的管理和指导,以及对目标和战略的实施;最底层是由非管理人员的操作层,他们是一些实际从事日常活动的员工。

一般来说,政府行政组织的信息朝三个方向流动,即向上、向下和水平方向流动。向上流动的信息源于组织的最基层,然后信息通过不同的管理层向上流动,描述的是基于日常事务的组织当前状态。信息越往上

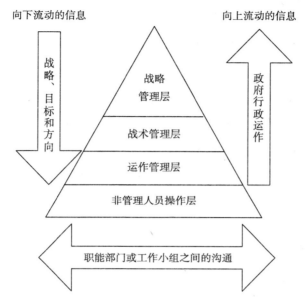

**图6-19　政府部门中的信息流动①**

流动,就会变得越简明。向下流动的信息包括源于最高层的战略、目标和指令,这些信息向较低的政府层级流动,并进行目标和功能的分解,再传递到承担各自功能的操作层,最终在整个行政组织系统中实施。信息越向下流动,就会变得越细化和具体化。水平流动的信息是在职能业务部门或工作团队之间的水平流动。这个流动过程可能是政府部门流程间的不同阶段的体现,也可能是信息的不同视角的信息加工、过滤和处理过程,也可能是职能业务部门或工作团队之间进行沟通的手段。水平流动的信息既包括政府部门为社会各界服务的信息,也包括政府间交流的信息。

政府信息流动的方式形成了信息的传递机制、反馈机制(包括政府部门内部自下而上的信息反馈和社会向政府部门的信息反馈)、回应机

① 蔡立辉:《电子政务》,清华大学出版社2009年版,第313页。

制(包括政府部门之间互动做出的信息反映和政府部门对社会需求的反映)。在电子政务模式下,信息传递、反馈与回应都是通过网络来进行的。因此,根据信息流动的方式对信息进行采集、处理、加工和使用,是电子政务信息处理的根本任务。在信息时代,最重要的是政府部门将信息技术用于支持信息处理任务。因此,网络计算机技术的运用对于政府部门提高信息处理能力有着十分重要的意义。

(2)电子政务中的信息技术系统

政府职能的广泛性、多样性与复杂性,需要电子政务建立多个应用系统来完成各自的应用目标。从信息技术角度看,电子政务系统中主要包括事务处理系统、客户服务系统、管理信息系统、工作支持系统、主管信息系统、决策支持系统和组织联系系统等七种信息技术系统,如图6-20所示。

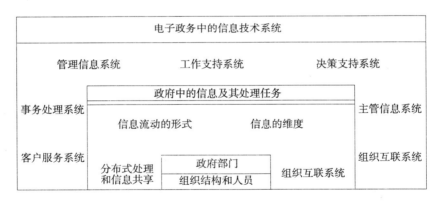

**图6-20　电子政务中的信息技术系统①**

因此,随着电子政务系统的发展以及我国政府信息化程度的不断提高,在电子政务信息技术系统建设不断完善的今天,既要打破条块分割的体制,实行政务信息的公开和共享,也要不断吸纳新的信息处理技术,不

---

① 蔡立辉:《电子政务》,清华大学出版社2009年版,第315页。

断提高政府决策和执行的科学性和规范性,达到提高政府办公效率、促进经济发展的目的。

### (三)业务应用系统的开发技术

### 1. 办公自动化系统

互联网的发展为办公自动化系统(Office Automation System, OAS)提供了一个广阔的发展空间,并推动了办公自动化技术的发展。就发展进程而言,现代办公自动化已从单项办公业务处理向综合型办公系统发展;从局限于单个机构的办公系统向网络化、标准化和智能化发展,体现了基于国际互联网环境下超越办公室、超越地区和超越国界的动态办公和跨越空间服务的特点;从文字、数据处理向数据、文字、图像、视频和语音综合一体化处理发展。政府办公自动化推动了政府公共部门的数字化、自动化和网络化。

(1)办公自动化的含义

办公自动化系统是人机信息系统,是办公自动化技术与管理科学、行为科学、组织理论等相融合,贯穿到办公活动的各个方面,并对这些方面产生一系列影响之后形成的系统,其目的是尽可能充分利用信息资源,提高办公质量和办公效率。办公自动化系统是一种人机信息系统,具有一般信息系统的共性。同时,由于办公过程和办公活动具有不确定性,人在系统中应始终处于主导地位。办公的主体是办公人员,设备只是服务于人的技术手段。建立办公自动化系统后,人的办公活动和社会组织的办公过程已离不开设备的运行,而是与其结合在一起形成一个统一的系统。建立办公自动化系统的目的并不单纯是提高办公效率或减少办公人员,而首先是为了提高办公质量,在提高办公质量和办公效率的基础上,通过各种决策模型及时提供辅助决策的信息,以实现科学管理和科学决策。此外,办公自动化系统是一个开放式的系统。在设计和建立系统时,应充分考虑和社会环境的连接。

因此,适应网络时代 OAS 系统的要求,电子政务建设应该改变以往以提高本部门内部自动化技术水平为主的观念及陈旧的办公自动化概念,应用先进的科学技术将办公自动化技术将办公人员和计算机技术、网络技术、创新理念有机结合起来,构造电子政务内部业务应用系统高效的网络化办公运作体系和人机信息处理系统。而政府办公自动化系统是政府部门所有公务员都必须应用的系统,它结合强大的网络信息技术和工作流技术,它的信息多为文档式上下关联的信息,主要面向于政府的日常运作和管理;政府管理信息系统则多用于相对专业的数据集合。这两个系统所具有的优势使政府的信息进行集成和有效地共享,让信息能被所有需要信息的政府部门管理者及时、有效地获取和应用,充分发挥信息的作用,支持政府的运作管理,提高政府机构的整体反应能力。

(2)办公自动化的功能

办公自动化系统的功能与办公室自动化的功能,概念上存在差别。办公室自动化功能通常指办公室中配备具有自动化功能的设备,这些设备能使某些办公活动自动化或实现某个单位业务的自动化处理;而办公自动化系统则是在办公室自动化功能的基础上发展起来,以办公自动化技术为主体,同人、组织、制度、环境等相结合的完整的系统。

现代办公自动化系统以知识管理为核心,包括以下功能:第一,提供电子邮件服务;第二,具有强大的数据信息处理能力;第三,具备多种信息共享方式和强大的共享能力;第四,优化政府业务工作流程;第五,具有完备的安全特性。

要实现网络办公自动化,在政府信息资源开发利用方面,还应建立政府信息资源管理体制,建立政府信息公开和面向社会服务制度,制定政府信息资源管理、信息采集、交换、公告、信息网络建设实施标准、信息库建设规范,建设一批能够对主要的业务工作和重大决策提供支持的数据库群,才能保证政府信息在政府机构内部实现畅通流转和充分共享。

**2. 政府业务的应用集成**

（1）政府应用集成的含义

政府应用集成（Government Application Integration，GAI）就是利用先进的、开放的计算机技术将行政业务流程、应用软件、硬件和各种标准联合起来，在两个或更多的政府业务应用系统之间实现无缝集成和动态交互，使它们像一个整体一样进行业务处理和信息共享。

GAI 能够实现异构应用系统之间的互联。所谓"异构"是指政府部门原有的各种业务应用系统，它们之间由于缺乏统一规划、由不同的建设者承建，使这些系统运行在不同的类型的服务器上，并使用着不同的操作系统、数据库、数据结构、通信协议，甚至有些数据或应用分布在不同的地点，具有不同的网络连接方式。① 政府应用集成就是要使这些异构的应用系统之间能够协同化、协作化和协调化，为各个政府部门的行政业务及相关的应用系统规划一个全新的架构，将已有的系统融入这一架构，在增加新的应用系统的同时，以更有效的方式利用原有的应用系统。

（2）政府应用集成的内容

政府应用集成的内容，可以从广度和深度两个方面来研究。从广度方面来说，政府应用集成的内容包括政府部门内部的系统集成、政府部门之间的系统集成、各级政府的系统集成、与有稳定关系的合作伙伴之间的系统集成、与随机遇到的合作伙伴之间的系统集成。

从深度方面来说，政府应用集成的内容包括：

①业务流程的集成。从复杂性上来看，业务流程的集成是最艰难的集成任务。当对业务流程进行集成的时候，必须在各种业务应用系统中的定义、授权和管理各种业务信息的交换，以便改进操作、减少成本、提高响应速度。流程集成的目的是统一和简化业务流程，把多个跨应用系统的业务流程与网络应用系统紧密结合，从而加速服务对象、合作伙伴和公

---

① 金太军等编著:《电子政务导论》,北京大学出版社 2003 年版,第 250—270 页。

务员的互动速度。

②应用系统的集成。应用系统的集成就是为两个应用系统中的数据和函数提供接近实时的集成。例如,在一些 G2B 集成中用来实现前段服务系统或 CRM 系统与后端应用系统和 Web 的集成,构建能够充分利用多个业务系统资源的电子政府网站。应用集成最明显的表现是"用户互动集成"。所谓"用户互动集成"是指建立跨应用和设备的单一用户界面,它屏蔽掉了不同应用和设备的复杂性,使用户可以通过单一的界面访问信息,并且能够在同一个界面下控制所有应用的运行。[①] 因此,用户互动集成可以有效加强系统间的协作,并使政府部门通过门户应用快速有效地扩展新的功能。

③数据的集成。数据集成的重点是要解决不同应用和系统之间接口的转换和数据的交换。如何把政府部门内外各种业务信息以直观和符合业务流程需求的方式显示出来是数据集成要重点解决的问题。为了完成两个系统之间的集成,必须对数据进行编码、标示并编成目录,确定元数据模型,解决数据和数据库的集成问题,使存储在不同数据库中的信息可以被应用系统共享。数据的集成将大大减少数据分析所需的时间,从而提升政府决策和政府服务的效率。

### (四)安全保障技术

电子政务作为信息网络的一个特殊应用领域,运行着大量需要保护的数据和信息。在电子政务环境下,公共部门之间、公共部门与公众之间、公文往来、资料的存储、服务的提供都是以电子化的形式来实现和通过网络进行的。因此,相对于企业信息化和电子商务,电子政务信息系统有其自身特殊性:一是信息内容的高保密性、高敏感度;二是电子政务发挥行政监督力度;三是利用网络环境为社会提供公共服务。如果系统的

---

① 蔡立辉:《电子政务》,清华大学出版社 2009 年版,第 330 页。

安全性被破坏,造成敏感信息暴露或丢失,或网络被攻击等安全事件,产生的后果必然波及地区和整个国家,电子政务信息系统也必然成为信息间谍、敌对势力、恐怖集团、国家之间信息战攻击的目标。

因此,构建电子政务信息安全保障体系,事关公共部门乃至整个国家和民族的利益,关系到公共利益。缺乏安全保障的电子政务信息系统,不可能实现真正意义上的电子政务。

### 1. 电子政务建设中所面临的信息安全问题

政务内网、政务外网、公共服务网的网络环境,都是采用 TCP/IP 协议而建立的,该协议以开放和自由为基础,从协议规划、服务模式、网络管理等方面均缺乏安全性设计,所以电子政务信息系统就存在着先天的安全隐患。① 从电子政务面临的安全隐患来分析,从外部环境到内部数据、从底层网络到上层应用,电子政务的各个层面都面临着公共安全的威胁。主要表现在:第一,信息的截获或窃取,攻击者可能通过互联网、公共电话网、搭线或在数据包通过网关和路由器上截获数据等方式,获取传输的机密信息。第二,信息被篡改,当攻击者熟悉了网络信息格式后,通过各种技术方法和手段篡改信息流的次序或更改信息的内容、删除某个消息或消息的某些部分、在消息中插入一些消息、让收方接收错误的信息等,从而破坏信息的完整性。第三,信息假冒,当攻击者掌握了网络信息数据规律或解密了相关信息后,可以假冒合法用户或发送假冒信息来骗取其他用户。第四,交易欺诈,包括发信者事后否认曾经发过某条信息或内容、收信者事后否认曾经收到过某条消息或内容、购买者下了订单却不承认等。

另外,各种电子政务操作系统也存在来自 Web 的黑客攻击和内部用户随意利用办公终端与 Web 连接,再加上恶意病毒的无规律性的连续侵袭,同样构成了目前电子政务安全的主要隐患。

---

① 林中:《浅谈电子政务信息安全保障体系建设》,《福建电脑》2004 年第 6 期。

### 2. 构建电子政务安全技术保障体系

电子政务系统信息安全的宗旨就是:通过在实现信息系统时充分考虑信息风险,建立起符合组织安全需求的完整的信息安全体系,从而确保一个政府部门能够有效地完成法律所赋予的政府职能;保护政务信息资源价值不受侵犯,保证信息资源的拥有者面临最小的风险和获取最大的安全利益;使政务的信息基础设施、信息应用服务和信息内容为抵御上述威胁而具有可靠性、可用性、保密性、完整性、不可抵赖性和可控性的能力。

电子政务的信息安全保障体系建设面临的是一场高科技、高水平的对抗,涉及法律、法规、标准、技术体系、产品服务和基础设施等诸多领域。根据近年的工作实践,结合目前电子政务网络结构特点,建议采用以下电子政务网络安全解决方案:

(1)物理层安全解决方案

从物理环境角度讲,地震、水灾、火灾、雷击等环境事故,电源故障,人为操作失误或错误,电磁干扰,线路截获等,都对信息系统的安全构成威胁,保证计算机信息系统各种设备的物理安全是保障整个网络系统安全的前提。物理层的安全设计应从三个方面考虑:环境安全、设备安全、线路安全。采取的措施包括:机房屏蔽,电源接地,布线隐蔽,传输加密。另外,根据中央保密委有关文件规定,凡是计算机同时具有内网和外网的应用需求,必须采取网络安全隔离技术,在计算机终端安装隔离卡,使内网与外网之间从根本上实现物理隔离,防止涉密信息通过外网泄露。目前常用的有利谱网络隔离卡和易思克隔离卡,可以满足物理隔离要求。

(2)数据链路层安全解决方案

主要是利用 VLAN 技术将内部网络分成若干个安全级别不同的子网,从而实现内部一个网段与另一个网段的隔离。有效防止某一网段的安全问题在整个网络传播。因此,对于一个网络,若某个网段比另一个网段更受信任,或某个网段的敏感度更高,将可信网段与不可信网段划分在不同的 VLAN 中,即可限制局部网络安全问题对全网造成影响。

(3)网络层安全解决方案

①防火墙技术建议。防火墙是实现网络信息安全的最基本设施,采用包过滤或代理技术使数据有选择地通过,有效监控内部网和外部网之间的任何活动,防止恶意或非法访问,保证内部网络的安全。常见的防火墙可分为包过滤防火墙、双宿网关防火墙和屏蔽子网防火墙。目前,经国家信息安全部门认定的"长城"等系列防火墙,具有很强的抗攻击能力,可以满足网络安全的需求。

②入侵检测技术(Intrusion Detection Systems,IDS)建议。IDS 是近年出现的新型网络安全技术,入侵检测是指通过对行为、安全日志或审计数据或其他网络上可以获得的信息进行操作,检测到对系统的闯入或闯入的企图。入侵检测是检测和响应计算机误用的学科,其作用包括威慑、检测、响应、损失情况评估、攻击预测和起诉支持。它能提供监视、分析用户及系统活动;系统构造和弱点的审计;识别反映已知进攻的活动模式并向相关人士报警;异常行为模式的统计分析;评估重要系统和数据文件的完整性;操作系统的审计跟踪管理,并识别用户违反安全策略的行为等,都是安全防御体系的一个重要组成部分。

③数据传输安全建议。为保证数据传输的机密性和完整性,同时对接入电子政务信息网的用户采用强制身份认证,建议在电子政务专用网络中采用安全的 VPN(Virtual Private Network,VPN)系统。VPN 技术是基于加密技术,通过公共数据网络为政府部门、企事业单位和公众对电子政务服务器进行远程联网访问提供的虚拟专用网络,VPN 可以通过公共网络在电子政务职能中心和各远程分支机构以及其他相关机构之间建立快捷、安全、可靠的信息通信①。现在,大部分网络安全产品厂商已有成熟的 VPN 产品提供。

---

① 蔡立辉:《电子政务》,清华大学出版社 2009 年版,第338—389 页。

（4）应用层安全解决方案

根据电子政务专用网络的业务和服务内容，采用身份认证技术、防病毒技术、加密传输技术以及对各种应用的安全性增强配置服务来保障网络系统在应用层的安全。

①身份认证技术。身份证是电子技术在电子政务中的一种运用，它特指由从事认证服务的第三方机构对电子签名及其签署者的真实性等数字信息进行的具有法律意义的鉴别验证活动。目前运用最广泛的是基于公共密钥基础设施（Public Key Infrastructure，PKI）的身份证技术。美国国家审计总署在 2001 年和 2003 年的报告中都把 PKI 定义为由硬件、软件、策略和人构成的系统，当完善实施后，能够为敏感通信和交易提供一套信息安全保障，包括保密性、完整性、真实性和不可抵赖性，正是由于它的存在，才能在电子事务处理中建立信任和信心。PKI 是一种遵循标准的密钥管理平台，它能够为所有网络应用透明地提供采用加密和数字签名等密码服务所必需的密钥和证书管理。完整的 PKI 系统必须具有权威认证机构（CA）、数字证书库、密钥备份及恢复系统、证书作废系统、应用接口（API）等基本构成部分，构建 PKI 也将围绕着这五大系统来着手构建。

②防病毒技术。病毒是目前各类操作系统、应用系统最常见、威胁最大的安全隐患，建立一个全方位的病毒防范系统是电子政务安全体系建设的重要任务。防病毒客户端通常安装在系统的关键主机中。在防病毒服务器端和重要的客户端能够交互式地进行病毒扫描和清杀，设定病毒防范策略。应能够多层次进行病毒防范，如第一层工作站、第二层服务器、第三层网关都能有相应的防毒软件提供完整的、全面的防病毒保护。据 2005 年统计，网络上流行的病毒有 90% 以上把邮件作为主要传播方式，所以有必要把邮件防毒问题列入日程。目前主要的网络防病毒系统有卡巴斯基、瑞星、360 防病毒软件等，企业级邮件防毒主要有卡巴斯基、蓝点、朝华科技等。

(5)系统层安全解决方案

系统层安全主要包括两个部分:操作系统安全以及数据库安全。对于关键的服务器和工作站(如数据库服务器、WWW 服务器、代理服务器、E-mail 服务器、病毒服务器、主域服务器、备份域服务器和网管工作站)应该采用服务器版本的操作系统。① 目前,典型的系统有:SUN Solaris、HP Unix、Windows NT Server、Windows 2000 Server。网络管理终端、办公系统终端以及用户终端可以采用通用的图形窗口操作系统,如 Windows、Windows NT、Vista 和 Windows 7 等。数据库管理系统应具备以下功能:数据定义功能,是提供相应数据语言来定义(DDL)数据库结构,并被保存在数据字典中;数据存取功能,主要提供数据操纵语言(DML),实现对数据库数据的基本存取操作:检索,插入,修改和删除;数据库运行管理功能,主要任务是提供数据控制功能,即对数据的安全性、完整性和并发控制等进行有效地控制和管理,以确保数据正确有效;数据库的建立和维护功能,主要包括数据库初始数据的装入,数据库的转储、恢复、重组织,系统性能监视、分析等功能;数据库的传输,主要提供处理数据的传输,实现用户程序与数据库管理系统之间的通信;审计功能,监视各用户对数据库施加的动作。

需要指出的是,电子政务系统信息安全建设工作是一个不断建设、不断加固和循序渐进的过程,也是随着各级政府的电子政务系统建设的增多、电子政务系统重要性的增加、政务系统功能不断完善而逐渐提升信息安全监控水平的过程。在电子政务信息安全项目实施过程中,由于投资较大,必须根据实际测算好合理的预算,应从应用需求和本级财力的实际出发;所采用的安全保密技术和规范应当遵循国家标准,以安全性、可靠保证为尺度进行循序渐进的建设。

---

① 车黎刚:《建设行业电子政务信息安全问题初探》,《建筑管理现代化》2005 年第 1 期。

# 第七章　医疗卫生服务综合信息平台：政务信息资源共享的应用（下）

　　与网上联合审批一样，医疗卫生服务综合信息平台也是电子政务中信息资源共享的一种重要应用。联合审批通过流程优化再造和信息资源共享而达到消除部门分割、构建整体政府的目的；医疗卫生服务综合信息平台则是通过整合网络资源、各类信息资源而实现行政监察部门、政府医疗卫生主管部门、社会保障部门、医疗卫生机构（各类医院）、公众等不同主体的"一网式"医疗卫生管理与一体化服务。

## 一、医疗卫生服务综合信息平台的建设愿景

### （一）医疗卫生服务综合信息平台建设的需求分析

**1. 我国医疗卫生服务提供的历史发展**

　　医疗卫生服务作为社会公共服务的重要组成部分，具有公共物品属性和私人物品属性的双重性质，也有人将这种双重属性称之为公共性和社会性①。20 世纪 80 年代中期后，医疗卫生服务领域的改革在全球普遍展开，并呈现出市场化和提供主体多元化的发展趋势。在我国，医疗卫生服务的提供也经历了由计划经济时代政府单一化提供医疗卫生服务到扩大医疗卫生服务提供的市场化和民营化范围、逐步由市场提供医疗卫生

---

　　① 　杨伟民：《论医疗卫生服务的公共属性和社会属性》，《社会》2006 年第 2 期。

服务的发展过程；不同医疗卫生服务机构之间的关系从分工协作走向全面竞争，医疗卫生机构的服务目标从追求公益目标为主转变为全面追求经济目标；在供给方式上，基本形成了商业化、市场化的服务提供模式；在基本属性上，将医疗卫生服务需求越来越多地演变为私人消费品；在融资方式和体制上，由"政府大包干"式的单一融资方式逐步转变为减少政府财政投入、市场化、社会化的多元融资方式，医疗卫生服务体制逐步发展为公营、私立机构并存的双重体制。我国医疗卫生服务提供的这些变化，一方面为推进医疗卫生体制改革，积累了经验；但另一方面，并没有从根本上改变我国医疗卫生服务整体水平低下的状况，以至于被有些人评价为是总体上不成功的改革[1]。因此，借鉴国际经验，总结和反思我国医疗卫生服务提供的实践，全面提升实施《中共中央、国务院关于深化医药卫生体制改革的意见》和《2009—2011 年深化医药卫生体制改革实施方案》的能力，非常有必要借助信息化手段整合医疗卫生服务信息资源、促进医疗卫生服务信息资源在各类用户之间交换共享。

为了有效保障医疗卫生体系有效规范运转和给广大居民提供优质、便捷的服务，需要完善医疗卫生的管理、运行、投入、价格、监管体制机制，需要对政府主管部门、各类医疗卫生机构、服务对象——市民的有关信息资源进行有效整合，实现多个不同主体共建"一张网"、共用"一张网"。为此，在拓展电子政务深度应用、深化医疗卫生服务体制改革、强化为市民服务的环境下，提出了医疗卫生服务综合信息平台建设的新理念。

我国 2009 年新医改方案也着重提出要加强卫生信息化系统建设，建立实用共享的医疗卫生信息系统，大力推进医疗卫生信息化建设。特别是提出了要通过整合资源，加强信息标准化和医疗卫生公共服务综合信

---

[1]　由葛延风为负责人的国务院发展研究中心课题组《对中国医疗卫生体制改革的评价与建议(概要与重点)》认为，改革开放以来，中国的医疗卫生体制发生了很大变化，在某些方面也取得了进展，但暴露的问题更为严重。从而作出了"从总体上讲，改革是不成功的"评价。参见《中国医院院长》2005 年第 6 期。

息平台建设,实现统一的医疗卫生综合信息平台与各个医疗机构信息系统、与政府主管部门业务系统的对接。积极推广"一卡通"、"一张网"等办法,逐步实现统一高效、互联互通;以建立市民卫生健康档案为重点,构建医疗卫生服务综合信息网络平台;以医院管理和电子病历为重点,推进医院信息化建设;以医疗卫生保障政策和政府对医疗卫生机构的监督为手段,推进政府监督、政府管理、政府服务的电子化;利用网络信息技术,促进政府公立医院与民营医院、社区卫生服务机构的合作,实现各类医疗卫生服务提供主体、提供方式、提供途径的整合,实现服务内容多层次性、提供主体多元化、提供方式公平竞争,以满足居民对医疗卫生服务的需要。

**2. 分层次、多元化、竞争提供方式的确定**

服务内容多层次性、提供主体多元化、提供方式公平竞争主要体现在:第一,在医疗卫生服务的范围与内容方面,根据医疗卫生服务的不同属性,将医疗卫生服务明晰为不同的内容层次,然后按照不同的内容层次明确不同层次上的提供主体与提供方式。第二,在提供主体及其运行机制方面,实行提供主体的多元化,各主体之间是合作、协商、伙伴关系。一方面,政府起主导作用,在参与提供医疗卫生服务的同时,还必须建立健全医疗卫生服务方面的公共政策、服务规范、服务质量标准和对其他主体进行规制与监督;另一方面,其他主体既参与医疗卫生服务提供,同时也要接受政府的监督。第三,在提供方式方面,在统一的政策、法制和医疗卫生体制框架下实行公平竞争,竞争与合作共存。这三个方面使服务内容、服务提供主体和服务提供方式有机协调起来,形成了医疗卫生服务的内容层次及其实现机制,如图7-1所示。①

第一个层次是基本医疗卫生服务。医疗卫生服务是公共卫生服务、

---

① 蔡立辉:《分层次、多元化、竞争式提供医疗卫生服务的公共管理改革及分析》,《政治学研究》2009年第6期。

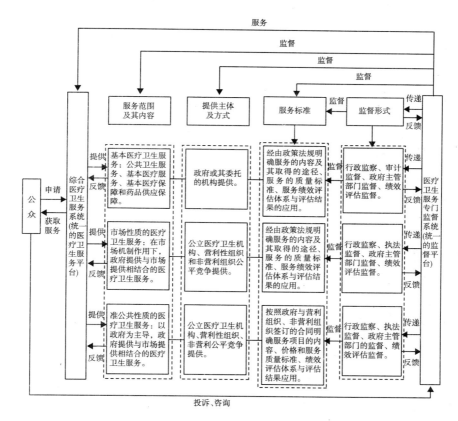

**图7-1　医疗卫生服务的内容层次及其实现机制**

医疗服务、医疗保障和药品供应保障的统一体,它们之间相辅相成、协调发展。提供基本医疗卫生服务是政府社会管理与公共服务职能的重要内容,应以政府投入为主、由政府或其委托的机构负责提供。要落实《中共中央、国务院关于深化医药卫生体制改革的意见》,最需要做的:一是明确基本医疗卫生服务的内容范围与服务取得的途径,促进公共财政从建设型财政向服务型财政转化,建立健全公共卫生服务体系、基本医疗服务体系、基本医疗保障体系和药品供应保障体系;二是建立健全基本医疗卫生服务的各种政策法规、服务规范、服务质量标准和服务评估机制,推行服务项目绩效预算与项目绩效评估；三是整合监督渠道，建立统一的医疗卫生服务监督系统，行政监察监督、审计监督、政府主管部门监督、绩效评估监督和多种形式的社会监督有效整合。

第二个层次是市场性质的医疗卫生服务。这是在基本医疗卫生服务之外、在市场机制作用下政府提供与市场提供相结合的医疗卫生服务。在这个层次上，实现了政府按需求平等原则配置医疗卫生资源与市场竞争机制配置医疗卫生资源有机结合，实现了医疗卫生服务提供由单一化主体向公立医疗卫生机构、非营利性医疗卫生机构和营利性医疗卫生机构多元化提供主体转变，实现了各种主体整合与协调，提高了医疗卫生服务的效率与质量。

市场性质的医疗卫生服务层次，主要靠市场化的方式来提供服务，不需要政府来统一组织。这样，一方面，尊重了医疗卫生服务的私人物品属性，有效发挥了市场机制作用对政府与其他主体在统一政策、法制框架和医疗卫生体制下的公私整合与公平竞争；[①]另一方面，尊重了公众多层次医疗卫生服务需求和选择的权利，公众掌握了选择的绝对权利，根据服务绩效评估的结果对不同主体提供的医疗卫生服务进行比较和选择；各类医疗卫生服务提供主体接受公众的选择，在市场竞争中谋求和争取自己能够获得的内容和份额。这就打破了医疗卫生服务供给的单一化格局，扩大了公众的选择空间，形成了医疗卫生服务的买方市场，促使服务供给者节约成本、改善服务质量和提高效率。

第三个层次是准公共性质的医疗卫生服务。这是一种以政府为主导、政府提供与市场提供相结合的医疗卫生服务。其具体做法是，政府在重新界定与优化职能的基础上通过面向社会购买、招标、特许经营、租赁、合同外包等方式将基本医疗卫生服务范围内的某些项目或某些服务环节由营利医疗卫生机构、非营利医疗卫生机构公平竞争来承担。

---

① 顾昕：《全球性医疗体制改革的大趋势》，《中国社会科学》2005 年第 6 期。

因此,准公共性质的医疗卫生服务的提供,关键是要正确区分不同主体在提供医疗卫生服务中扮演的不同角色和承担的不同任务;要正确发挥市场机制的作用,鼓励营利组织、非营利组织扮演过去政府承担的部分角色,使营利组织、非营利组织共同分担营运的风险,协助政府提供医疗卫生服务,刺激政府提高医疗卫生服务的效率与质量。这样,既有利于发挥市场机制的作用,收缩政府的社会职能、经济职能和相应的机构,实现政府从社会中部分撤退,最大限度地吸纳社会力量来参与提供医疗卫生服务;也有利于强化政府对营利性的、非营利性的医疗卫生机构的监督与规范,保障社会公平。

### 3."非整合性"问题凸显

多元化、竞争式、分层次医疗卫生服务提供成为世界上包括我国在内的医疗卫生改革的共识,但在现实的实践当中尚面临多而散、竞争而无序、分层次却缺乏统筹等一系列的问题,"非整合性"问题凸显,无法实现协同效应,整体优势无法发挥。因此,对多元化、竞争式、分层次提供医疗卫生服务的发展模式,亟待建立健全医疗卫生服务的整合机制。多元化、竞争式、分层次医疗卫生服务提供模式的"非整合性"问题主要表现为:①

(1)部门分割导致医疗卫生服务所包含的公共卫生服务、医疗服务、医疗保障和药品供应之间的彼此分割。随着社会分工越来越细,形成了部门林立、部门之间职能交叉重复、部门之间协调成本日益加大等弊端。由于公共卫生服务、医疗服务、医疗保障和药品供应分属于不同的政府职能部门主管,因此,部门分割就导致了公共卫生服务、医疗服务、医疗保障和药品供应之间缺乏医疗资源的共享和医疗行为的协同。

从总体上来讲,我国现行医疗卫生管制体制是一种与我国现行行政管理体制相一致的管理体制。我国行政管理体制的最大特点就是分级、分类、多部门交叉管理和条块分割。各部门职能分散,多头管理,不仅降

---

① 蔡立辉:《医疗卫生服务的整合机制研究》,《中山大学学报》2010 年第 1 期。

低了行政管理效率,而且导致可问责性差、反应性差、医疗资源共享程度差和医疗行为不能协同。

(2)多元主体之间缺乏协同和互动。经过前些年以市场化为取向的医疗卫生改革,我国基本形成了公立医疗卫生机构、民间非营利性医疗卫生机构和营利性医疗卫生机构多渠道发展医疗卫生服务事业的格局。近年来,民营医疗机构发展较快,机构数年增长率达12%,大型综合性民营医院也逐渐增多。据卫生部统计信息中心《2007年我国卫生事业发展统计公报》的统计,2007年底全国社区医疗卫生服务中心3152个,社区卫生服务站23881个。社区医疗卫生服务中心人员数达到10.6万人,平均每个中心34人;社区卫生服务站人员数7.4万人,平均每站3人。

医疗卫生改革虽然基本形成了政府、社会、个人多渠道发展医疗卫生服务事业的格局,但各主体之间缺乏协同和互动,主要表现为:一是医疗卫生机构之间科学有序的竞争机制没有形成,医疗卫生服务的组织改革主要是在自主化的模式中打转,并没有真正实现法人化;二是我国民营医疗机构虽然有了较快发展,但民营医疗机构多为营利性专科医疗机构,特别集中在中医骨科、针灸、口腔、妇科等不需要购置很多设备的专科,而大型民营医院发展缓慢,还没有形成与公立医疗机构有效竞争的关系;三是有关各类医疗卫生机构的服务规范、服务质量标准以及配套的相关政策不健全,特别是通过不平等政策制造了各类医疗卫生机构之间的恶性竞争,限制了医疗卫生资源的充分流动。

目前,我国社区医疗卫生服务覆盖范围逐渐扩大、服务内容不断完善、服务综合性可及性逐步提高。但社区医疗卫生机构与大医院分工协作不够,社区医疗卫生服务机构与大医院在功能定位和资源分配上没有形成有效的互补和协调机制,在社区医疗卫生机构与大医院之间缺乏规范的双向转诊制度。其他国家的经验是,在发展社区医疗卫生服务过程中,危重和疑难病人及时转往上级医院是保障医疗安全的需要,康复病人转往社区医院是合理使用卫生资源的重要措施。因此,双向转诊是建立和完善的分级医疗体制中最为重要的一环,是发展社区医疗卫生服务不可缺少的。社区医疗卫生服务机构与上级医疗卫生服务机构的关系应当是:基层社区医疗卫生服务机构负责社区的健康人群、高危人群的健康管理与常见病的第一线诊疗以及住院患者回到社区后的长期康复管理;一、二级医院主要负责少见病和疑难问题的专科诊断治疗,应社区医疗卫生服务机构的要求进行适时的会诊和接纳、转诊住院患者,承担对基层医生定期进行的继续医学教育培训工作,而且大多医院不设普通门诊①。因此,建立健全医疗卫生服务整合机制,必须强调社区医疗卫生服务机构与上级医疗卫生服务机构之间要以合作协议的形式,明确双向转诊的各方职能、合作方式、利益关系和转诊程序,条件成熟的上级医院应设立"转诊协调中心"或相应部门,主要负责接待上转和联系下转病人,统一协调和规范管理。

(3)医疗卫生服务各层级之间缺乏有效的衔接。从1989年以来,我国的医院按功能、任务不同划分为一、二、三级。其中,一级医院是直接向拥有一定人口的社区提供预防、医疗、保健、康复服务的基层医院、卫生院;二级医院是向多个社区提供综合医疗卫生服务和承担一定教学、科研任务的地区性医院,多数常见病都可在一级和二级医院诊治;三级医院是向几个地区提供高水平专科性医疗卫生服务,承担危重症和疑难病的系统诊治和执行高等教学、科研任务的区域性以上的医院。各级医院又可以分为甲、乙、丙三等,三级医院增设特等,所以我国医院分为三级10等②。

2000年,我国开始实行医疗卫生机构分类管理。这种分类主要是按照医院性质将其区分为营利性和非营利性医院。按照《医疗机构管理条

---

① 韩子荣:《中国城乡卫生服务公平性研究》,中国社会科学出版社2009年版,第190页。

② 卫生部卫生政策法规司编:《中华人民共和国卫生法规汇编(1989—1991)》,法律出版社1992年版,第450—453页。

例》的规定,除了政府举办或企事业单位举办为本单位职工服务的医院以及社会捐资举办的医院一般应申请为非营利性医院外,其他医院可以自愿申请登记为营利性医院或非营利性医院。一般来说,县乡级政府举办的医院大都是一级医院;地区或市级政府举办的医院大都是二级或三级乙、丙等医院,少数是三级甲等医院;省级政府或部门举办的医院大都是三级医院;私立营利性医院规模一般都比较小,很少是二级甲等或三级医院。因此,在实践中政府对医疗卫生机构的管理实际上仍然是由各级政府卫生部门按照行政级别并结合属地管辖原则实行归口管理,或称为"条块结合,以块为主"垂直管理。这种按照行政级别并结合属地管辖原则实行归口管理,就导致了各服务层级之间缺乏联动响应机制,尤其是双向转诊制度的缺乏。

因此,医疗卫生服务各层级之间需要有效衔接与整合,第一,要使得各医疗机构双向转诊,实现"小病进社区,大病进医院",积极发挥大中型医院在人才、技术及设备等方面的优势,同时充分利用各社区医院的服务功能和网点资源,促使基本医疗卫生服务逐步下沉社区,社区群众危重病、疑难病的救治到大中型医院。第二,要形成医院与社区医疗卫生服务机构之间的合理分工协作关系,社区卫生服务机构与区域大中型综合医院、专科医院签订协议,让一般常见、多发的小病在社区卫生服务机构治疗,大病则转向二级以上的大医院,而在大医院确诊后的慢性病治疗和手术后的康复则可转至社区卫生服务机构。这样,可以降低小病的医疗费用,社区医院医疗资源闲置现象将得到改善,大医院医疗资源紧缺的矛盾也会得到一定程度缓解。第三,要加强各医疗卫生机构之间的交流,大医院要派人员定期到社区医院工作,培训社区医生,缩小两者服务和技术的差距,保证患者转诊后得到连贯性的医疗和服务。

## (二)医疗卫生服务综合信息平台的建设目标

我国医疗卫生服务体制的改革,以及医疗卫生服务分层次、多元化、竞争提供方式在现实中存在的问题,为我们借助信息化手段提高医疗卫生服务的能力和质量、为我们构建医疗卫生服务综合信息平台,提供了广泛、现实的需求。为了促进医疗卫生信息资源的共享和综合利用,需要统一与医疗卫生服务有关的各类用户包括政府主管部门、各医疗卫生机构、市民个人的各种医疗卫生信息和健康信息,需要通过统一的标准,以医疗卫生机构医务人员信息、医疗业务种类信息、治疗档案信息、患者病历档案信息、市民健康档案信息为基础,构建全区医疗卫生机构信息库、患者电子病历库和市民健康信息库。从而满足政府对医疗卫生机构进行监管和服务的需要,满足政府对全区居民提供便捷的医疗卫生服务的需要,满足医疗卫生服务机构对以患者电子病历、健康档案为核心的卫生信息数据的保存、共享和数据交换的需求;更好地为居民提供安全、有效的医疗卫生服务,实现卫生服务业务工作全程电子化、数字化,并提升区政府卫生主管部门等行政机构对卫生服务机构的管理能力与效率。

为此,医疗卫生服务综合信息平台建设,建设目标是:

(1)逐步完成一个地方政府或区域范围内医疗卫生机构基本信息、新型农村合作医疗信息、突发公共卫生事件信息、医疗急救信息、疾病预防控制信息、妇幼卫生信息、健康教育信息、医院管理信息、市民病历(健康)档案信息等数据的数字化,建设和完善覆盖全区、高效快捷的医疗卫生信息数据中心和云计算中心,逐步实现全区范围内的各类医疗卫生信息共享。整合面向公众服务的医疗卫生信息,建立统一的信息管理和及时的信息发布更新机制。

(2)构建一个统一的技术底层平台(包括统一的数据交换平台);制定公共医疗卫生信息收集、传输和利用的标准与规范,建立和完善区域公共医疗卫生数据中心和云计算中心,建设包括医疗卫生资源、健康与疾病、预防保健服务、科教管理、电子病历等一批主题数据库,提高医疗卫生信息资源的开发利用水平,最终实现医疗卫生信息资源的共享,实现各主管部门、各医疗卫生机构之间的业务协同。

(3)在底层技术的基础上完善顶层设计,建立和完善从疾病监测、医疗卫生管理与监督、医疗救治和健康卫生的各类应用需要。在统一的底层平台上建立健全区域化卫生信息系统,包括卫生电子政务、医(农)保互通、社区卫生服务、网络转诊、居民健康档案、远程医疗、网络健康教育与咨询等,建立和完善预防保健及医疗保障、医疗服务和卫生管理一体化的信息化应用系统。

完善顶层应用设计,能够实现针对客户在不同方向上的业务需求,运用"一个源头、若干主流、多个出口"的方法,以遥感数据和业务数据共同构建基础数据源,通过整合技术实现流程相近的业务,形成几条信息服务的主干方向,再通过主干将基础数据分送到具体业务中有效应用,从而实现发散式信息服务模式,能够为市民提供便捷的医疗卫生服务。

完善城镇居民医保卡、城镇职工医保卡、农保卡的业务内容与服务,市民可以通过相关卡实现医疗费用结算,使各类医疗机构都可以实现就诊一卡通。

实现网上办理企业与个人的符合现有行政管理要求的卫生行政许可事项,申请人可以简化行政许可办理手续;网上许可办事的服务方式更方便和更直观,新增导引式服务的手段;整合医疗信息资源面向公众服务,为居民获取医疗卫生服务资源信息提供方便的手段,逐步建立、完善和丰富信息资源数据采集途径;综合服务信息平台面向公众提供更多交互式服务和统一的网上咨询、建议、投诉渠道,突出面向公众服务的特点。

(4)通过综合平台建设,促进医疗卫生体制改革的进一步深化,实现医疗卫生管理部门、医疗卫生机构、医疗卫生服务在提供主体、服务层次、服务类型、服务提供途径的整合与信息资源共享,实现从监督管理、服务提供、服务获取的无缝化和便捷化。

(5)发挥综合信息平台在实现基本医疗卫生服务均等化、城乡一体化方面的积极作用。将预防保健及医疗保障、医疗卫生服务和卫生管理、新型农村合作医疗、突发公共卫生事件应急指挥等业务及系统进行一体化整合,并使之覆盖基本医疗卫生服务均等化、城乡统筹一体化的业务需要。

### (三)医疗卫生服务综合信息平台的建设原则

**1. 实用性与经济性**

在系统设计中,不仅要考虑到目前各种业务的实际需求,更应充分考虑将来业务种类增长的需求,从实用性出发,解决实际问题,注重系统的可拓展性,确保新增业务内容和业务系统在原有统一平台上可以得到开发应用。在保证其先进与成熟的基础上,力求降低成本。

**2. 标准化与开放性**

采用符合国际、国家卫生信息标准的软件,遵循有关技术规范体系,使系统具有灵活的互联能力和兼容性。

**3. 可靠性与安全性**

选用可靠的产品与技术,在系统出现异常时,具有应变能力、容错能力和纠错能力,确保系统安全可靠。对某些信息资源的使用要进行一定的权限划分,并对信息系统的运行情况进行实时监控。

**4. 资源共享性**

对信息资源可考虑在不同应用主体之间进行有条件、分层次共享,使信息既得到充分、有效的利用,又符合内部信息的保密要求。

**5. 灵活性与扩充性**

选用符合国际发展潮流的软件,使系统具有良好的可移植性,保证在将来发展中迅速采用最新出现的技术,降低系统成本。

### (四)医疗卫生服务综合信息平台的建设任务

根据目前医疗卫生信息化建设与应用的现状,根据要实现的建设目标,医疗卫生服务综合信息平台建设的主要任务包括:

(1)完善信息化基础设施建设,包括光纤、网络建设、底层技术平台建设、卫生数据中心和数据共享交换平台建设,以及虚拟技术和云计算中心的应用与建设,通过接口系统将政府主管部门、医疗卫生机构、社区卫生中心、患者、市民等各类主体连接成为一个无缝的整体。

(2)在数据中心建立对居民健康档案数据的采集、集中存储、利用和共享的管理系统,建立电子健康档案的动态整合机制;实现居民电子健康档案的唯一标识,要能与现有的医保卡和农保卡实现对接映射。

(3)实现相关医院 HIS 等信息管理系统到数据中心、云计算中心的接入;实现对居民健康档案的查阅或动态更新;医生工作站系统能够将诊疗结果、检验检查数据动态更新到居民健康档案中。

(4)依托数据中心、云计算中心实现各层次的医疗卫生机构之间的居民健康档案的共享,特别是在二级医院和一级医院之间能够实现健康档案信息、检验检查结果、医生诊疗信息和用药信息的流转与共享,实现一级医院、二级医院社区卫生服务中心之间的双向转诊功能,实现政府主管部门对医疗卫生机构在服务质量、医疗价格等的电子监察。

(5)在底层设计的基础上完善各类顶层应用,建立居民就诊、医疗、健康服务门户,为居民提供权限范围内的健康信息查询、医保政策及信息查询、医疗信息公示、疾病预防信息公示、健康咨询服务、健康知识学习、预约挂号服务等。

(6)根据全区医疗卫生信息资源整合的需求,需实现对原由数据系统、原有数据库历史数据内容的数据迁移。数据迁移需要的相关协议、账号、接口由区政府卫生主管部门提供开放。

## 二、医疗卫生服务综合信息平台的建设内容

### (一)数据中心和交换平台应用系统建设

#### 1. 卫生数据中心

健全的医疗卫生综合信息服务平台数据中心,具有四个功能:第一,

采集功能,能够采集医疗卫生行业各部门所有工作站的信息,进行汇总、整理比对、分析;第二,共享功能,能够实现各种业务数据根据权限和业务需求在不同主体之间的共享,将有关信息根据业务分级管理的原则提供给各个工作站,实现医疗卫生数据资源(如患者基本资料、居民健康卡信息、个人健康档案等)的共享;第三,医疗功能,各医疗卫生机构通过向医疗卫生数据中心传送信息并接收有关信息,实现各业务部门的业务交互;第四,监督管理功能,各医疗卫生机构的诊疗信息、用药信息和患者信息、居民的健康档案信息经该数据中心传送到政府主管部门业务监督系统,实现政府对医疗卫生机构的监督管理,实现政府对居民投诉的受理,实现政府主管部门、医疗卫生机构、患者、居民之间的信息交互与共享。

**2. 数据共享交换平台建设**

数据交换平台是医疗卫生综合信息服务平台在政府监督管理、医疗机构治疗、患者和居民医疗服务等之间的连接平台,当外部业务系统需要与中心相挂接的时候,把请求发给中心交换平台,中心交换平台通过适配器接口调用和整合外部系统。外部应用系统可以保持独立性和完整性,不需要做大量调整,只需要桥接系统与前置进行数据收发的接口。所需要连接的外部应用系统可以逐个添加,逐步构成更全面、更复杂的跨应用主体的业务流程。其功能包括:

第一,资源目录体系管理功能。利用资源目录体系,可以对原本离散在各个已建信息孤岛上的关键信息数据进行梳理,通过科学的组织描述其信息内容、载体形态、资源集合以及组织体系;通过一个统一的平台对信息服务进行发布、更新、修改、注册;建立一套科学的机制对信息进行规范干预把握,将区域内的数据资源进行整理。

实现数据目录、服务目录、应用目录、用户目录和访问控制、资源使用情况查询等其他管理功能。

同时建立起一套相对完整的数据交换体系,通过数据交换平台获知信息数据的来源、规范,又通过平台去控制其使用权限、定义交换内容、交换标准。交换平台通过资源目录系统去反作用交换的数据格式类型,形成交换标准才能通过其去实现和各个系统间的交互。

第二,平台运营监控管理功能。具体包括:

(1)用户管理。通过机构/用户管理可以规范用户对平台的使用行为,可以根据用户的组织机构设置相应的用户组和对应的用户。用户管理应该能够对用户进行全面的管理,包括用户组的增加、修改和删除;用户的增加、修改和删除;用户与用户组之间的对应;以及其于角色的权限管理安全可靠的密码管理功能。

(2)权限管理。系统应从用户角色(包括政府部门角色、医疗卫生机构角色、患者角色、居民角色),信息路由路径,对各应用节点的接口调用等不同的角度进行相应的权限管理,功能权限指对接入平台的各个应用以及功能服务的访问权限;数据集权限即数据项权限,是指用户对传输中的信息各数据项的访问权限;管理范围及记录权限,是作为共享数据信息内容的访问权限。当用户所具有的信息,符合通过管理范围设定出的特殊匹配条件时,允许用户访问相应管理范围所规定信息内容;权限方案允许用户导出和导入。便于权限管理信息的分发和设定;用户还可对自己相应的权限信息进行打印。

(3)主题管理。对于发布订阅模式中,各医疗机构或业务科室对数据中心中流转的相关业务信息进行订阅,该部分内容进行主题式的管理,在数据中心将根据业务需要,设置树状分层的主题节点。

通过交换平台,当相关机构产生主题消息后,信息自动向主题发布,则订阅该主题的机构或业务科室就可以收到该条消息。例如,某区卫生主管部门关心甲类传染病信息,对该主题节点进行订阅,则将来发生任何甲类传染病报告事件,信息都会发布到卫生局应用节点。

主题管理包含以下几个部分:一是主题维护(对主题进行增加、修改、删除动作);二是主题订阅管理(对机构申请订阅主题进行权限审核);三是主题发布管理(对要发布主题信息的机构或应用系统进行准入管理);四是主题消息负载管理(对各主题内消息流量进行统计分析)。

(4)节点管理。通过配置各个节点的参数和属性,构建整个数据交换环境。在监控端,以图形方式显示所有的网络段和节点并自动检测各个节点的状态,使管理人员能够一目了然地发现问题节点。

(5)密钥管理。在数据交换过程中,数据文件发送和接收双方都需要对对方的密钥进行认证,以保证数据的防抵赖、防否认和防篡改。

(6)日志审计。日志记录日常用户使用的情况,跟踪每一笔数据交换过程后进行的所有操作。如操作流水号、院区、系统名称、发送时间、接收时间、模块名称等,用以提高系统的安全性,跟踪非法操作与越权操作,统计接口的执行频度。

### (二)临床检验检查信息共享平台

临床试验信息共享平台是依托医疗卫生综合信息服务平台,基于电子健康档案,可以实现区域内居民健康和诊疗信息的共享利用,包括临床检验信息等。实现一个地方政府或一定区域范围内一级医院、二级医院、社区卫生中心之间的双向转诊、医学检验检查结果共享利用等功能。通过采集相关医院的 LIS(临床检验信息管理系统)、PACS 数据,实现医院之间医疗检验信息系统交换、共享、查询,避免不必要的重复检验检查,支持双向转诊过程中检验数据传递,为检验报告的共享和互认提供方便快捷的技术手段。

### 1. 建设思路

第一,医院端主要功能为业务数据采集、传输、数据调阅展示等。

第二,数据中心端主要提供三个层次的功能服务:一是核心数据层提供患者临床信息(基本信息、检验履历信息、实验室检验信息及质控信息);二是核心功能层提供患者检验履历、实验室检验共享调阅;三是扩展功能层提供安全管理功能、门户网站服务以及其他延伸服务,如:检验报告网上查阅、数据备份等。

**2. 功能模块建设**

（1）检验报告结构设计。在各医院的 LIS、PACS 系统中,不同专业的检验检查报告内容不尽相同,但大多可以划分病人信息、检验检查结果信息、培养结果信息三个主要部分。

（2）检验检查报告内容设计。通过对于报告模板的规范,各个不同专业组的检验报告具有相同的文档结构,但为了实现不同专业组报告内容的参照和比较,需要对于"模板"中每个内容项目或者字段的内容进行统一规范。常规检验检查报告、微生物培养报告,根据需要提供多种格式输出。

（3）检验检查报告跨机构共享。实验室报告采用统一格式、报告内容互认。检验检查报告的跨机构共享主要需解决三个问题:患者交叉索引、文档共享方法、建设标准字典库;检验检查报告跨机构共享方法、建设标准字典库、代码标准化实现方案。

**（三）双向转诊平台建设**

通过双向转诊系统可以实现社区卫生服务中心与医院之间、社区卫生服务中心与社区卫生服务站之间双向转诊和信息共享。

**1. 社区卫生服务中心向医院转诊**

第一,社区卫生服务中心转诊维护。社区卫生服务中心医务人员通过输入 SOAP 诊断出病人疾病后、在平台中填写转诊通知单,新增加转诊信息、选择转入医院和科室、病人基本信息、转诊原因等情况。

第二,医院转诊接收。在医院科室用户名登录后查看转入机构、病人基本信息、病人转诊原因后准备接收病人。

第三,医院转诊处理。医院用户接收病人之后,开始分析病情并对病情进行处理。

第四,医院转诊回复。医院对社区卫生服务中心转诊病人处理后,把病情回复转入某社区卫生服务中心。

第五,转诊信息查询。社区卫生服务中心用户可以查询本社区卫生服务中心站一个时间段内转诊情况。

**2. 医院向社区卫生服务中心转诊**

第一,社区卫生服务中心接收转诊病患。社区卫生服务中心医务人员通过转诊通知单,接收病患转诊信息、病人基本信息、转诊原因和选择服务跟踪项目等情况。

第二,转诊处理。社区卫生服务中心用户接收病人之后,开始了解病人基本信息、分析病情并对病情进行处理。

第三,转诊回复。社区卫生服务中心对转诊病人处理后,记录病情变化并把相关信息通过信息共享机制提供给医院。

第四,转诊信息查询。社区卫生服务中心用户可以查询本社区卫生服务中心站一个时间段内转诊情况。

**(四)全程居民健康服务门户建设**

随着人们的健康意识增加,越来越多的人对自身的健康状况有更多的关注。全程居民健康服务通过搭建起一个以用户为中心的"一站式"健康服务体系,在帮助居民充分了解自身健康的基础之上,对居民的健康状况——疾病发生——发展——康复全过程提供服务,为居民提供健康咨询、健康监测与评估、自我健康管理等服务。居民足不出户就能够与健康咨询顾问、专科医生、医学专家、其他居民等进行交流和互动,充分调动居民的积极性,促进居民对健康的监测和自我管理,维护健康。

全程居民健康服务采用门户的技术,通过居民注册查询的方式向居民提供服务,并通过权限控制、认证、加密信息安全手段性在体系结构保证个人隐私安全,为居民提供整合多方信息的个性化服务。

全程居民健康服务主要包括以下几模块:居民注册、健康咨询、健康评估、自助式健康管理和与区短信平台对接。

**1. 居民注册**

居民注册后能够获得特色的、个性需求的医疗卫生保健服务。注册后,居民可以根据自身情况订阅健康服务,平台也根据居民的注册资料提供资讯、医疗保健服务推荐等。同时,通过邮件、短信、数字电视等为居民提供多个信息获取途径和便捷的终端服务。

**2. 健康咨询**

健康咨询服务通过文字、图片、视频等形式向居民提供健康资讯,实现健康促进与健康知识宣教。健康咨询为居民提供一个方便获取医疗、卫生、保健等服务信息,着重帮助居民解决如何在患病的情况下更好地就诊、康复,克服患病所致的身体和情绪方面的问题、提高居民自我管理的知识技能等,同时还提供健康知识宣传、患者交流活动、卫生信息及资源信息等服务。

(1)就医咨询。居民患病时,通常不知道哪一家医院哪一位医生是某个临床领域的专家。就医咨询通过建立医疗信息库帮助居民快速查询获取相关就医相关的医疗信息,为居民提供就医指南。

(2)健康交流。建立健康交流平台,加强医患之间、患者之间的相互沟通,使居民对疾病知识、健康保健有较全面的了解。居民可以通过留言板、邮件、短信、即时消息等多种方式,在足不出门的情况下向专家咨询获取医生的健康指导意见,改善身体健康状况;通过将患者联系起来,建立患者之间的相互交流,学习防病治病、自我康复保健的经验。

(3)健康问卷。使用科学设计的健康相关调查表(健康疾病调查、心理状况调查、健康意识调查及生活习惯调查等),获取居民健康相关数据信息,将调查产生的数据和结果,通过专业统计与分析整理,关注着居民健康生活,不断为进一步提高居民健康优质生活提供信息依据。

(4)预约服务。通过网上提交服务预约申请,相应的服务提供单位根据预约规则预留医疗卫生服务给居民,并可通过短信、邮件等方式与预约者联系,确认时间安排。居民在相应的时间段内,到预约单位,即可获取预约的服务内容。

（5）健康知识宣传。通过健康宣传栏目，为居民提供自我保健相关的信息，如，根据季节、天气变化等提供疾病预防相关提醒信息；针对孕妇、老人、儿童等特殊人群提供医疗卫生保健知识；针对高血压、糖尿病等慢性病患者提供健康行为、饮食运动等指导信息。注册的居民可以通过订阅的方式，比如通过邮箱、手机短信获取健康知识宣传。

**3. 自助式健康管理**

自助式健康管理以病人的需求和问题为基础，以疾病管理技能和自信心培养为核心。居民在长期患病过程中，通过经常与医护人员沟通交流，自然而然对自己的疾病与健康状况有了充分的认识，健康意识逐渐提高，知道监测自身健康变化带来的益处，自己能够及时更新居民健康信息，从而评估健康状况，及时采取有效措施减轻疾病带来的不良影响。

自助式健康管理平台，可以通过建立个人电子健康档案，监测个人疾病进展情况，实现居民自我健康管理。提供居民对自身健康信息的添加、补充等功能。居民可以通过网页、邮箱、短信平台等各种途径采集疾病相关数据信息，发送到综合信息平台，形成居民电子健康档案。通过专项疾病的管理规范模型进行自动分析，将结果信息发回给患者，使患者了解自身的健康状况；同时，为患者制订和调整自我管理计划提供参考，协助居民实现对自身疾病危险因素的监测和自我干预。同时，平台能够方便医生对居民健康信息的及时掌握，更好地为患者服务。如，高血压患者在不能到医院就诊的情况下，可以将自己的血压等情况在网上与责任医生沟通；同时，责任医生也可以通过平台为患者开具健康处方。

**4. 健康评估**

健康评估是在通过合理有效的手段收集个人或人群的详细健康资料后，利用人工或软件系统等多种方式对健康资料进行整理、分析，最终形成一个对当前健康状态、健康发展趋势以及未来可能出现的结果等诸多方面的判断，健康风险评估是以服务对象的有关健康信息为依据的，通过评估模型进行分析,评估健康状况、健康危险因素等,预测居民在一定时间内发生某种疾病或死亡的风险。同时,及时发现居民目前存在的危险因素,评估降低危险因素的潜在可能,并将信息反馈给评估对象,同时给出相应的健康处方。

**5. 与区短信平台对接**

通过与区短信平台对接,实现健康信息的实时发布,对居民进行健康指导和疾病预防。

**6. 促进实现"三务"融合**

通过综合信息服务平台的建设,通过各类主体、业务、服务内容、服务提供方式和途径的有效整合,最终实现电子政务、电子商务、电子化医疗卫生服务的"三务"融合,实现全程居民健康服务门户和政府信息网、医疗卫生服务机构信息网的有效链接与互动。

**（五）医疗卫生体制、组织机构、流程优化建设**

通过现代信息技术,促进实现医疗卫生管理体制的深化改革。这方面的建设内容包括：

（1）按照大部门制整体政府医疗卫生管理部门,形成医疗卫生决策机构、具体医疗卫生事务管理和政策执行实施机构、医疗卫生服务监察机构;明确区分各类机构的权力划分和职责功能,形成合理的权力结构、权力的适度分工与合作;在具体医疗卫生事务管理和政策执行实施事务中,明确哪些可以外包、哪些可以采用政府雇员制来承担、哪些可以通过建立法定机构来承担。

（2）按照医疗卫生服务的各种层次,将医疗卫生机构进行分类和明确的功能定位。

（3）由政府建立统一的医药及医疗设备采购、医药配送系统,本系统处于开放状态,处于国家权力机关、政府监察机关、财政部门、审计部门等多个部门和医疗机构、患者、居民等具体用户的监督之下。

(4)实现监督管理、挂号就诊、转诊、医药及医疗设备采购和配送流程的优化便捷，减少流程上的环节，注重重点环节和结果。

# 三、医疗卫生服务综合信息平台的功能

## (一)交换接口功能

医疗卫生综合信息服务平台需要为各类用户提供统一标准的数据接口功能，这个接口应具有很强的可扩展性，提供多种方式将各种类型的业务系统整合到数据交换平台上，使各类主体用户只需要通过一个标准的数据接口就可以透明地与其他主体用户之间进行数据交换。

在不同业务系统数据相对独立的基础上，通过统一标准的数据接口，建立基于卫生专网的信息交换，数据采集和传输机制，及时汇集相关的共享信息，实现各个业务系统信息数据的标准化、一致化，并实现信息的及时更新和安排管理。

### 1. 电子健康记录医疗数据接口

根据电子健康记录医疗部分数据采集与整合的要求，需要将居民每次的门诊或住院诊疗资料上传到数据中心进行归并，从而实现共享，以支持医疗和卫生协同业务的需要，主要的标准与服务如下：

诊疗记录标准与服务接口

诊断数据的标准与服务接口

电子病历部分标准与服务接口

医嘱与处方的标准服务接口

检验检查报告的标准与服务接口

……

### 2. EHR 数据接口

根据电子健康记录 EHR 卫生部分数据采集与整合的要求，需要将居民每次的预防保健部分更新的资料上传到数据中心进行整合，从而实现

共享,以支持医疗和卫生协同业务的需要,主要的标准与服务如下:

个人健康档案,家庭健康档案数据标准与接口服务

妇女保健,儿童保健数据标准与接口服务

计划免疫部分数据标准与接口服务

居民体检数据标准与接口

慢性病健康管理数据标准与接口

健康教育数据标准与接口

……

### 3. HIS 系统接口

社区卫生服务信息系统在国际通用的信息标准基础上建立,提供 HIS 系统的接口。健康档案通过接口与 HIS 的门诊医生工作站可以信息互通,形成一个动态的管理,使健康档案成为一个真正的"活"档案。通过接口将健康档案中的居民与门诊就诊病人一一对应起来,在两个系统中可以分别调用对方的信息。居民到门诊就诊时,医生在医生工作站的界面中可以查看到居民健康档案的内容,包括就诊的历史记录、健康档案的基本信息以及家庭成员的基本信息,作为医生诊断的参考。并且,医生录入居民的疾病记录、检查记录、诊断情况和处方能通过接口即时更新健康档案。

### 4. 政务平台的接口

医疗卫生服务数据交换共享平台是整个政府信息化、电子政务应用的一个方面,因此,应当提供医疗卫生数据共享交换平台与政务信息平台连通、对接的接口,使医疗卫生数据共享交换平台连接到政府信息化的电子政务大平台上,从而实现和其他职能部门的数据共享和交换,向其他职能部门提供必要的数据信息,如公安部门等。

### 5. 服务终端的接口

门户网站上对公众查询的功能模块可以利用短信平台、数字电视甚至数字家庭等多种便捷的终端形式发送动态密码的方式来确认查询的居民,从而保证可以进行安全的查询,避免信息外泄。并通过与区短信平台

对接,实现健康信息的实时发布,对居民进行健康指导和疾病预防。

### (二)系统整合功能

#### 1. 注重与现有医疗卡的系统整合

为实现医疗卫生健康档案共享,以及社区与医院的预约与转诊、基本病历资料的信息共享、检查检验结果的互认及检查检验报告的信息共享,需要建立现有医保卡、农保卡与病人唯一性识别映射信息,在此基础上为个人电子健康档案的建立和共享奠定基础。因此,建档时建议录入身份证号码,实现就诊的实名制,实现全区医疗卫生服务的"一卡通"、电子化、便捷化。

#### 2. 重构、整合医疗卫生管理系统

针对我国医疗卫生管理中存在的分割、资源不能共享、业务不协同等问题,重构医疗卫生管理系统作为一项综合的系统工程,应以明晰政府与市场、政府与社会的关系,重新界定与优化政府职能为基础;以运用现代网络信息技术为支撑;以组织结构重组、业务流程优化为主要内容;以实现服务内容、服务提供主体、服务渠道以及各类医疗卫生资源整合与业务协同,实现政府各部门之间、政府与公众和各类医疗卫生机构之间、各类医疗卫生机构相互之间、各类医疗卫生机构与公众之间、各层次医疗卫生服务之间的无缝,实现医疗卫生服务水平的提高和基本医疗卫生服务均等化为目标。通过重构、整合医疗卫生管理系统,就是要改变各部门职能分散、职能交叉重复、多头管理、可问责性差,反应性差的状况,实现医疗卫生行政管理体制的综合统一;就是要通过协同政务(Collaboration Government),建立以公众为中心的"一站式"医疗服务体系,这种服务体系主要是运用网络信息技术去支持水平式管理模式,包括建立公众网络入口和数据库等电子政务方式。①

---

① 蔡立辉:《医疗卫生服务的整合机制研究》,《中山大学学报》2010 年第 1 期。

　　从当代西方发达国家医疗卫生改革的具体措施来看,政府的卫生行政管理职能一般由卫生部门综合履行,其职能涵盖公共卫生、医疗服务、食品药品、医疗保险、生殖健康、妇幼保健、医疗救助以及职业病和国境卫生检疫等方面。同时,在卫生行政管理中注重合理划分中央和地方职能,疾病预防控制和公共卫生监督等多属于中央职责,医疗服务提供多由地方政府承担。例如,日本2001年把厚生省和劳动省合并为厚生劳动省,统一管理卫生、社会保障和社会福利事务;德国2002年把劳动和社会政策部的社会保障职能与卫生部合并,组建成新的卫生和社会保障部。主要职能包括:药品监管和卫生保护;卫生保健服务;强制性社会保险和长期照顾;预防服务、控制传染病和生物病学、社会保险、退休保险和社会补偿;残疾人和社会福利等等。其职能范围涵盖了我国卫生、药监、社会保障以及民政、质检、农业部的部分职能。为此,我国重构的医疗卫生管理系统,如图7-2所示,应包括三个层次。

　　第一,政府管理层次。医疗卫生管理系统中政府管理层的重构是通过整合相互联系却分散在各部门的医疗卫生决策权和重组机构来实现医疗卫生服务的整体目标。具体做法就是,按照决策权、执行权、监督权适度分离的大部门体制建设原则,实行政府主管部门与卫生行政部门、社会保障部门、行政执法部门的适度分离,使它们之间形成既相互制约又相互协调的关系。一方面,卫生行政部门、社会保障部门、行政执法部门对政府主管部门负责,政府主管部门的决策权和卫生行政部门、社会保障部门、行政执法部门的执行权都必须无条件地接受监督权的监督;另一方面,按照整体型政府的建设要求,建立健全各部门之间、各职权之间权力运行的协同机制。因为,在政府主管部门与卫生行政部门、社会保障部门、行政执法部门之间,决策权、执行权、监督权之间分离以后,不能使得政府内部缺乏制度化的合作协调机制,而是要形成对政府的整体战略和决策承担完整责任的机制。

　　有效整体政府与市场的作用。政府的主导作用主要体现在基本制度

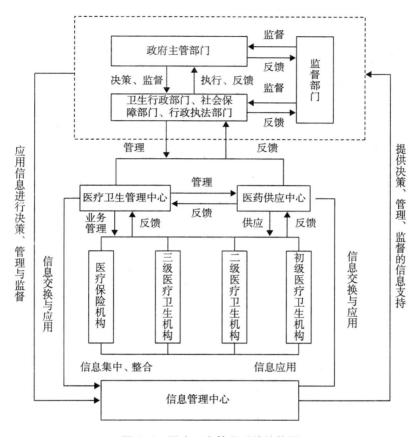

**图7-2　医疗卫生管理系统结构图**

建设、卫生筹资、服务组织和服务监管等方面。市场机制的作用主要体现在提高卫生筹资使用效率、调动医务人员积极性以及满足不同层次的医疗服务方面。从整体趋势来看，各国政府对医疗卫生服务的参与范围日益扩大，干预程度日益增强，调控手段日益多样化。

　　因此，医疗卫生管理系统中政府管理层的重构，就是按照政府与市场的关系、按照大部门体制建设原则和整体型政府的要求所构建的，既不能靠相互隔离的政府部门，也不能靠设立新的"超级部门"，也不是将各职能相近的部门简单合并，而是围绕医疗卫生服务整体目标，在科学划分决策权、执行权、监督权的前提下形成决策部门、执行部门、监督部门的跨部门合作与协同,形成职能有机统一的整体。这样,有利于避免部门分割,有利于打破城乡、所有制等界限,建立一个覆盖全民的、一体化的医疗卫生管理体制。这是提高政府整体效能、充分整合与利用各种资源、建设整体型政府所必需的,是从根本上改变医疗卫生管理与服务过程中"铁路警察各管一段"现象所必需的。

第二,中间协调层次。在政府管理层之下设立医疗卫生管理中心、医药供应中心和信息管理中心。在性质上,它们都不是政府机构,而是非营利组织。中间协调层是依靠这些非营利组织连接政府与医疗卫生机构的纽带,体现了政府从直接管理走向间接管理的发展取向。

医疗卫生管理中心是负责对医疗卫生机构、医护技术人员进行技术指导、技术性管理的机构。通过成立医疗管理中心,实现医、政分开,其职能主要包括:负责督促、指导医疗、卫生、预防、保健、康复、爱国卫生运动工作,对医疗机构进行业务与技术指导,合理配置卫生资源;负责医疗卫生单位专业技术人员的管理和培训工作;负责检查、评估社会公共卫生、劳动卫生、食品卫生、医疗器械,对重大疾病和医疗质量实施监测。

医药供应中心负责医疗卫生机构的所有医药、器材的采购与配送。该中心利用快捷的信息管理系统、购配送系统和完善的货币结算系统,借助专业货仓平台,将医药、器材从传统简单的价格竞争提升到专业整体物流服务价值链的整合,为各医疗卫生机构提供"一站式"采购服务;充分利用现代网络信息技术,使每批医疗设备、药品、器材都有清楚的购买来源与销售流向,提高医药供应安全管理的能力与效率,降低药品流通费用。

信息管理中心负责医疗卫生信息资源的管理、维护和开发,为政府部门进行医疗卫生决策、管理提供信息支持,为医疗卫生服务监督提供信息来源和依据支持,为医疗卫生机构实施具体的服务行为提供支持与信息服务,为公众提供咨询服务。具体工作内容包括:建立医疗卫生数据库和数据交换平台,实现政府各部门、各医疗卫生机构、公众与数据交换平台的有效对接和信息共享;将分散在社会保障部门、劳动人事部门、卫生行政部门、医疗卫生机构的公众医疗卫生信息进行整合,使分数的个人信息成为一个有机整体;建立患者资料库,推行电子病历;提供医疗卫生信息查询服务,进行医疗卫生信息统计分析等。

　　第三,医疗卫生服务实施层次。实施层由各类医疗卫生服务机构所组成。这些医疗卫生服务机构,按医疗卫生服务阶段的不同,可分为初级、二级和三级;按医疗卫生机构的资金来源与性质的不同,可分为政府建立的公立医疗卫生机构、非营利医疗卫生机构、营利医疗卫生机构。这些医疗卫生服务机构之间的协同关系,如图7-3所示。层次不同的医疗卫生服务机构提供着不同的服务内容;性质不同的医疗卫生机构在医疗卫生服务提供的过程中扮演着不同的角色和承担着不同的任务。

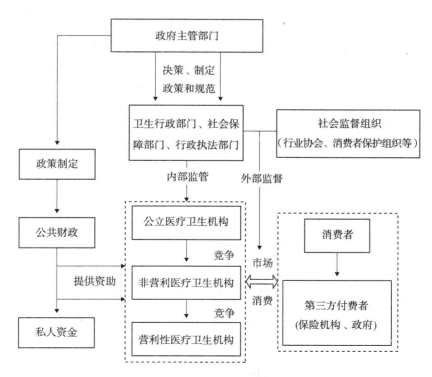

**图7-3　医疗卫生服务提供主体关系协同图**

### 3. 整合医疗卫生资源

医疗卫生资源是医疗卫生人才、设备、资金、信息、业务、服务对象、服务提供主体等方面的有机统一体。整合医疗卫生资源就是要打破医疗卫生机构各自为阵的格局,实现医疗卫生人才的合理流动,实现技术、设备、信息的共享,实现服务对象的合理分流。当前,我国推行新的医药卫生体制改革,要在以下几方面进行医疗卫生资源整合。①

(1)科学构建医疗卫生服务机构体系。在国际上,医疗卫生服务常常被分为初级、二级和三级三个类别或层次,与此相适应,将提供医疗卫生服务的机构也分为初级、二级和三级,如图7-4所示。

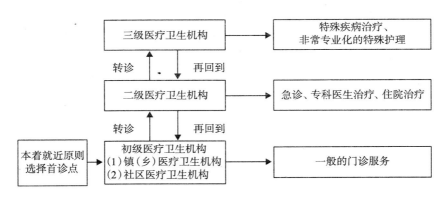

**图7-4　医疗卫生服务机构体系**

初级医疗卫生服务机构主要是针对一些非急性的疾病提供一般的门诊服务,在许多国家由"全科医生"(general practitioners)执业;二级医疗卫生服务机构主要针对急疹、需要专科医生治疗和需要住院治疗的重病;三级医疗卫生服务机构主要针对一些特殊的疾病而提供非常专业化的特殊护理。一般而言,初级医疗卫生服务均由民营机构提供,二、三级医疗卫生服务机构的性质则呈现多样化的态势。②

———————————

① 蔡立辉:《医疗卫生服务的整合机制研究》,《中山大学学报》2010年第1期。
② 顾昕:《全球性医疗体制改革的大趋势》,《中国社会科学》2005年第6期。

我国目前,医疗卫生服务机构体系存在的问题:一是存在着严重的结构性缺陷,初级、二级、三级医疗卫生服务机构之间缺乏科学的、制度化的分工;二是各级医疗机构提供的服务重叠,三级医疗卫生机构与二级医疗卫生机构在初级医疗卫生服务上相互竞争;三是医疗卫生服务机构的分级不是按照医疗卫生服务阶段划分,即初级(基础)医疗、高级医疗、特殊医疗三级,而是根据医疗卫生机构掌握医疗卫生资源的多寡,高级医疗卫生机构只是比初级医疗卫生机构掌握了更多的医疗卫生资源、能提供更多更高级的医疗卫生服务而已。初级医疗卫生机构提供的服务,高级医疗卫生机构也在提供,从而造成了不同医疗卫生机构功能上的重叠、资源的严重浪费和不同级别医疗卫生机构之间的恶性竞争。根据 2003 年我国第三次卫生服务调查的结果,城乡居民就诊流向进一步向上级医院集中,病人就诊不合理的现象十分严重。不合理的病人流向,一方面使基层医疗机构的资源利用率和技术水平下降,另一方面使大医院的资源得不到合理利用,大医院看小病、看常见病,造成"看病难、看病贵"、等候时间长①。

因此,整合医疗卫生资源,首要的就是科学构建医疗卫生服务机构体系、建立科学的分级竞争制度。具体措施内容包括:一是要按医疗卫生服务阶段将医疗卫生机构划分为初级、二级、三级,并明晰各级医疗卫生机构的具体服务内容和服务项目;以服务内容区分服务对象,不允许各层次医疗卫生机构之间竞争和哄抢服务对象;二是要在纵向上,各层次医疗卫生机构之间实行合理分工和资源共享,构建从初级到三级医疗卫生机构的"三连通"网络,包括从初级到三级的双向业务联系子网络、医护人员和高级专家之间的快捷对话与会诊子网络、医疗设备器材和药品互连通子网络,科学构建各级医疗卫生机构相互间诊疗步骤与看病手续的"无

① 卫生部统计信息中心编:《中国卫生服务调查研究第三次国家卫生服务调查分析报告》,中国协和医科大学出版社 2004 年版,第 181 页。

缝衔接"流程;三是要在横向上,推动同级的各医疗卫生机构之间竞争,通过建立科学的服务绩效评估制度和监督制度来促进形成竞争机制;四是要建立医疗卫生服务的"守门人"(gatekeeper)制度,使初级医疗卫生机构成为医疗卫生服务的第一站。要求公众必须在初级医疗卫生机构注册,患病后首先接受其诊断和治疗;如果初级医疗卫生机构无法做出诊断和治疗,那才通过转诊手术转往高一层次的医疗卫生机构①。同时,要合理分布医疗卫生机构,实行跨区域社保统筹和统一结算。

(2)运用政策、法律科学引导与规范医疗卫生服务对象。权利与义务是对等的,从来没有无权利的义务,也没有无义务的权利。公众作为医疗卫生服务的对象,确保其享有基本医疗卫生服务,这是公众的权利。但是,运用政策、法律科学引导和规范公众接受医疗卫生服务的行为,则是确保其权利所必需的,是确保初级医疗卫生机构能够正常运作所必需的。因此,整合医疗卫生资源,必须对服务对象及其服务取得的途径进行有效整合与规定。

第一,建立健全和逐步推进初级医疗卫生机构"首诊制"。为了确保"首诊制"的可持续实施,要将社区和农村初级医疗卫生服务机构纳入为医疗保险和医疗救助的定点服务机构,将社区和农村医疗卫生服务网络建设纳入当地经济和社会发展计划、纳入区域卫生规划、纳入社区和新农村建设规划、纳入公共卫生体系建设、纳入财政预算、纳入政府绩效考核。

第二,政府主导建立"双向转诊"制度,确保初级医疗卫生机构有充足的服务对象。根据分工的不同,建立初级、二级、三级医疗卫生机构之间的"双向转诊"制度,以达到资源整合与充分利用。一是要科学构建资源合理利用的基本框架,构建初级、二级、三级医疗卫生资源系统网络及其实施操作细则,明确初级医疗卫生机构是公众的第一接触点,生病时首

---

①    Graham Moon and Nancy North, *Policy and Place: General Medical Practice in the UK*, London: Macmillan, 2000, pp. 4-5.

先到初级医疗卫生机构就诊;如果病情较重需要特殊治疗、非常专业化的特殊护理、专科治疗或住院治疗,就再向上一级医疗卫生机构转诊,康复期也可以再回到初级医疗卫生机构治疗。二是要明确医疗卫生机构根据要求服务的公众的情况,有义务告知他正确获取医疗卫生服务的具体机构;对于不按照规定获取医疗卫生服务的公众,医疗保险不能予以报销。三是要构建满足不同层次医疗卫生服务需求的价格体系,实行不同层级、不同功能定位的医疗卫生机构有不同的收费标准,让医疗卫生服务价格成为分流公众(尤其是患者)的措施和手段。

(3)确保城市社区和农村医疗卫生服务可及性的人才与资金资源。"首诊制"、"双向转诊"等政策规范,对于确保初级医疗卫生机构有充足的服务对象,具有非常重要的意义。此外,要提高初级医疗卫生机构的服务能力和水平,关键是要确保初级医疗卫生机构具有稳定的、较高素质的医疗卫生人才和财力支撑。

首先,政府要加强对各级医疗卫生机构成立、定级和服务绩效评估的规范,将各层次、各类型医疗卫生人才的数量和质量纳入评价指标,引导医疗卫生机构重视医疗卫生人才的权利保障和教育培养。

其次,要加强各层级医疗卫生机构之间人才资源的合理配置与流动。政府要通过政策引导,推动各医疗卫生机构制定本机构从业人员的任职资格条件与标准,明确二级、三级医疗卫生机构的从业人员必须有2～3年初级医疗卫生机构工作的经历,由此建立科学的人才资源配置机制与流动机制。

最后,医疗卫生管理体制改革还必须与全国范围的事业单位改革有机结合。根据医疗卫生服务提供主体性质的不同,实行分类管理、分类投入。对于只提供公共卫生和基本医疗服务的公立医疗卫生机构,政府应确保投入;对于提供非基本医疗服务的公立医疗卫生机构,其运转费用来源实行服务收费与政府投入相结合,加强审计监督,盈余应当统一纳入国家预算收入。公立机构的医务人员参照公职人员,但需通过合同聘任等方式引入激励与约束机制。公立医疗机构的布局由政府统一规划。只提供公共卫生和基本医疗服务的公立医疗卫生机构,可以参照政府行政机构的管理方式;承担非基本医疗服务责任的公立医疗卫生机构,可以在确保政府政策和意志得到贯彻的前提下,给机构以更大的独立性;营利性的医疗卫生机构完全遵循市场规律,由市场机制调节。

### (三)安全功能

医疗卫生服务综合信息平台提供的安全功能,要确保数据安全和应用安全。医疗卫生服务综合信息平台数据中心的数据是卫生应用关键性数据,必须保证数据的安全和隐私,因此平台的建设必须考虑以下安全措施:

(1)数据库应设置预定的备份策略进行本地备份,有条件的可做异地备份;

(2)严格按照用户级别来授权用户对数据和资料的访问;

(3)关键数据的修改记录应记录详细的操作日志,以备追查;

(4)数据的传输与关键敏感的数据的存放需进行一定的加密处理。

制订数据库系统备份和恢复方案时,必须将重点放在防范用户失误和介质失效而造成的数据损失。

医疗卫生综合信息服务平台应用及安全包括统一身份认证,统一权限管理等,以实现非法用户进不来,无权用户看不到,重要内容改不了,数据操作赖不掉。其包括系统软件和应用软件应具有访问控制功能,包括用户登录访问控制、角色权限控制、目录级安全控制、文件属性安全控制等;系统软件(包括操作系统、数据库等)和应用软件等应定期进行完全备份,系统软件配置修改和应用软件的修改应及时备份,并做好相应的记录文档;及时了解系统软件和应用软件厂家公布的软件漏洞并进行更新修正;应用软件的开发应有完整的技术文档,源代码应有详尽的注释。

# 第八章　政务信息资源共享机制的建设方案

## 一、政务信息资源共享的发展趋势

政务信息资源的共享,是政府信息资源管理和开发利用的重要内容,是社会对信息资源均衡分配以及政府部门间业务协同的需要,也是社会公众对政府机构进行监督的基本手段。① 近年来,在经历了基础设施建设和应用系统建设热潮之后,电子政务建设目前面临的一个迫切问题是信息资源整合和共享。只有利用网络信息技术的创新手段,打破政务信息的部门壁垒,实现不同业务之间、不同政府机构之间的信息互联互通、协同应用,才能把电子政务建设向纵深推进,全面提升政府的社会化服务能力。因此,政务信息资源共享是推进电子政务建设、提高电子政务绩效的关键。国务院信息化工作办公室、北京市信息化工作办公室和上海市信息化委员会在各自的《"十一五"信息化发展规划报告》中,均将"信息共享"、"政务协同"确立为电子政务发展的目标。探索适合中国国情的政务信息资源共享模式,推进电子政务的建设进程,已经成为我国政府信息化战略中的焦点问题。② 各级政府及部门开始意识到健全政务信息资

---

① 冯惠玲:《政府信息资源管理》,中国人民大学出版社 2006 年版,第 157 页。
② 樊博、孟庆国:《顶层设计视角下的政府信息资源共享研究》,《现代管理科学》2009 年第 1 期。

源共享机制、推进政务信息资源共享的重要性,使政务信息资源共享进入全面发展的快车道。各级政府积极发展政务信息资源共享的探索和实践,呈现出以下的发展趋势。

### (一)网络化运行

政务信息的采集、传递、储存是政务信息共享的基本前提和条件。在传统政务的活动中,信息的传递和流动是通过听汇报、看简报、召开现场会议、颁发文件以及实地调研等方式来实现的。这种方式时效性较差,也容易造成信息采集的片面性以及信息传播过程中人为的失真,难以快速、便捷、准确、全面地采集和传递信息。在网络化模式下,信息的流动和获取是通过计算机信息网络来进行的。这意味着政府的信息收集渠道全天候地面向社会公众开放,社会的热点、难点和重点问题可以畅通无阻地传递到政务信息部门,利用跨部门的共享数据车可以在公众和政府互动的领域进行更大范围的信息共享和服务整合。互联网技术使每一个成员成为信息网络中的节点,每一个节点都能够直接与其他节点交流而不需要通过一个等级制度安排的渗透,因而加强了政府各部门之间的联系,使管理层次扁平化,有利于提高政府信息管理的工作效率。因此,网络信息技术为政务信息资源共享解决了信息传递、信息处理方面的障碍,打破了时空和地域限制,提高了政府部门信息采集、整合与集成的能力,为政务信息资源的及时、全面、充分共享提供了有力的技术支持。

政务信息共享网络系统是随着信息技术的发展及其在政府管理中的应用而建立起来的。20世纪70~80年代,政府开始利用信息通信技术进行文件的制作、传送和储存。20世纪90年代以后,随着国际互联网技术的发展,政府利用现代信息和通信技术,通过各种信息服务设施(如电话、网络、公用网站等),开始逐步建立自动化的跨越时间、地点、部门的网络信息系统,其内容包括网络公文、电子邮件、网络信息发布、信息资源共享、电视电话会议、网络财税管理等。政务信息共享网络系统的应用扩大了政府信息资源的来源和共享范围,在网络化条件下,对等联网技术使得知识和信息形成一个充分流动的网络状态,内部各部门之间的人员通过网络系统实时进行相关信息的沟通与协调,越来越多的政务信息资源处理和信息服务都通过网上进行,而不必受制于具体地域或机关权限的阻碍。网络化已逐渐成为政务信息资源共享运行的一种基本形式。

### (二)标准化建设

信息标准是指在信息活动的实践中,为获得信息的最大社会效益和经济效益,而对有关信息技术、管理和服务等方面的重复性事物和概念所做的统一规定。在计算机和网络成为数据和信息的基本处理工具的条件下,信息资源的广泛共享要求数据格式和处理、传输、储存数据的技术系统的标准化,要求信息语义表示的准确化和通用化。信息的标准化是政务信息资源共享赖以实现的基础,在政府信息资源共享建设中起着重要作用。国际标准化组织主席海因茨先生曾指出:"技术进步和生产发展无不同全球标准化的发展有密切关系,因为后者为前者保证了通用性和互换性。"①通过对信息标准的建设,一方面可以消除因技术标准不同所造成的系统难以兼容,增进政府各部门之间的信息沟通和业务合作,另一方面也可以消除因管理标准不同所造成的各自为政、信息孤岛现象,减少政府信息化过程中的诸多不确定性,提高信息产品和网络的使用价值。

政务信息资源的标准化建设需要在政府信息资源的分类方法、元数据、编码规则、标识语言、数据格式、交换协议、资源组织、管理结构等方面制定一系列的标准规范,如德国信息安全局制定的《电子政务手册》对政务信息的各项技术标准进行统一规范,避免了重复建设、互不兼容,促进了政务信息资源共享。2002 年 8 月《国家信息化领导小组关于我国电子

---

①　扬占江等:《办公室自动化的关键:资源信息标准化》,《办公自动杂志》2003 年第 3 期。

政务建设指导意见》将"统一标准"作为电子政务的指导原则明确提出。
同年,国家标准化管理委员会和国务院信息化工作办公室批准成立电子
政务标准总体组。2003 年 1 月 27 日,我国通过了一部切实可行的《电子
政务标准化指南》,这是政务信息标准建设的重要进展。但是,我国电子
政务中政务信息标准化的工作尚存在许多不足之处,如缺乏对信息标准
化的理性认识,信息标准的统一意识不强,缺少对信息标准化的合理规
划,忽略了信息管理服务的标准建设,割裂了现代标准与传统标准的关系
等①,这些问题严重制约了电子政务应用中政务信息资源共享的推行,是
未来一个时期我国电子政务建设和应用亟待解决的重要课题。

### (三)制度化管理

　　政务信息资源共享的实质是以信息资源优化配置为基础的高效利
用。而搞好信息资源的优化配置离不开包括在微观、中观、宏观层次上优
化了的信息资源管理。制度是管理的基础,要搞好政务信息资源共享,必
须重视信息资源管理制度体系建设。它包括:相关的法律、法规、条例、规
章、规范、规定、条约、宣言、声明等成文制度以及管理体制、管理机构的职
责、运行机制、发展规划等配套制度。我国已经相继出台了《电子政务建
设指导意见》、《关于加强信息资源开发利用工作的若干意见》、《国家信
息化发展战略(2006—2020 年)》、《国家电子政务总体框架》等一系列文
件或规划来推动电子政务和政务信息资源共享的制度化建设。可以说,
制度化及其实现是政务信息共享稳步发展的基本保证。

　　我国的政府信息资源管理建立在条块分割的管理格局之上,这种管
理体制造成了政府信息资源共建共享上的"纵强横弱"的格局,有人形象
地称之为"信息烟囱"、"信息孤岛",虽然国家三令五申要统筹规划、共建

---

① 　傅秀兰、周伟:《网络环境下政府信息资源共享的立法保障》,《兰台世界》2007 年
第 5 期。

共享,但是因为各个组织部门之间长久的组织壁垒和信息封锁,成效不甚
理想。没有有力的组织和制度保障,就无法实现政策的预期目标。为此,
从制度化的角度来看,要加快建立和完善政务信息资源共享的领导和协
调制度。在此基础上,建立和健全信息资源采集、更新制度,明确界定各
部门的信息采集和更新权责,保证信息的准确性和时效性。制定政务信
息资源分级分类管理办法,建立健全采集、登记、备案、保管、共享、发布、
安全、保密等方面的规章制度,推进政务信息资源的管理工作。除此之
外,要完善政府信息公开制度,以公开为原则,以不公开为例外,编制政府
信息公开目录,及时、准确地向社会公开行政决策的程序和结果,提高政
府的透明度和办事效率。

### (四)人性化服务

人性化服务泛指政务信息资源的开发、传播及使用过程的高度集成
性、便捷性和更多功能性,是政务信息资源共享主体的人本要求,也是政
务信息资源共享形态从低级水平向高级水平演变的重要指标。在传统的
政府信息服务模式下,企业和社会公众获取信息的渠道和方式十分单一、
落后,申请办理的业务往往要经过若干个职能部门层层审批,大量的时间
和精力花在填写各式各样的表格和排队等待上面,政府只能根据当时掌
握的信息被动地对公民提供服务,这在很大程度上限制了服务的多样化
及服务质量的提高。在网络化信息技术普遍应用和发展的今天,服务的
多样化、个性化和人性化日益成为衡量政务信息资源共享水平的重要标
准。政府可以通过建立面向公众和企业的全方位、开放式的电子信息共
享数据库以及建立互联互通、协同办公的"一站式"业务平台,避免传统
信息传递和互动方式的烦琐和不便,真正实现一体化、多样化、便捷化的
信息服务方式。

此外,人性化服务还应将客户关系管理的理念和技术纳入政府信息
资源的共享模式当中,正确处理好信息供给能力与用户满意程度的关系,

在力所能及的范围内为绝大多数用户提供个性化、整体性的服务,使信息资源共享的精神深入人心。通过电子政务信息资源共享系统,公民的所有相关信息均可以由政府收集、整理并保存在面向公众的共享数据库中,形成"订单式"的信息数据响应链,从而使政府各职能部门在系统的帮助下能够为每一位公民准确、及时地提供个性化服务,使公众获得满足个人需要的服务成为可能。从信息资源构成形式上看,人性化就是从印刷型为主逐步转向数字型为主。从信息资源构成内容上看,人性化就是从稀少、简单、枯燥逐步转向丰富、个性、适用。从信息资源的功能来看,就是从静态的信息发布逐步及互联互通、动态更新、满足主体多方面的需求为主。

### (五)产业化经营

2004 年 12 月 12 日,中共中央办公厅、国务院办公厅《关于加强信息资源开发利用工作的若干意见》中指出:"……对具有经济和社会价值、允许加工利用的政府信息资源,应鼓励社会力量进行增值开发利用。有关部门要按照公平、公正、公开的原则,制订政策措施和管理办法,授权申请者使用相关政务信息资源,规范政务信息资源使用行为和社会化增值开发利用工作"。在我国,受计划经济体制的影响,政府部门掌握着全社会 80% 的信息资源,而传统政务体制中的政府权力部门化、部门权力利益化、部门利益个人化和获利途径审批化的弊端,导致大量信息成为各个政府部门寻租的基本资源。为此,应当在政府信息服务中引入市场竞争机制,鼓励第三方信息中介和信息服务机构参与政府信息资源的开发,从而打破政府对信息资源的垄断,使市场化机制真正在政府信息资源开发中发挥应有作用。

政务信息资源共享是一项庞大的社会系统工程。除了依赖有效的行政管理外,还需要信息产业的强大市场推动。信息产业对于政务信息共享活动的积极作用表现在:第一,为适应社会的复杂需求,它将千方百计地开发信息资源,能为政务信息共享活动广开"信源"。第二,它的多样化发展能培育出日益发达的信息市场,有利于建立日益高级的信息传播系统,从而解决共享信息的交易和传播问题。第三,国家信息产业政策能调控信息产业的投资、技术、劳动、均衡等管理方式以及完善信息市场的组织体制、运行机制等方面,将为政务信息资源共享创造良好的经济环境。总之,产业化是政务信息资源共享活动的"助推器"和"加速器"。

## 二、政务信息资源共享机制建设的行动方案

强调电子政务以应用为导向是今后我国政府信息化工作的重点和发展方向,以政务先行推动深化行政体制改革。20 世纪 90 年代初以来,"人口基础信息库、法人单位基础信息库、自然资源和空间地理基础信息库、宏观经济数据库"等四大基础信息库,"金卡、金关、金税"等"十二金"工程和行政许可在线办理工程等取得了重大进展,效果明显。但从总体上看,我国电子政务和政务资源共享建设仍处于初始阶段,存在一些问题,主要是:政务信息资源法律制度建设滞后和不完善、政务信息资源开发利用滞后,互联互通不畅,共享程度低;标准不统一,安全存在隐患;技术驱动模式主导,违背了政务优先的原则。政务信息资源共享事关电子政务深度应用的成败,为有效推进政务信息资源共享工作,我们提出以下行动方案。

### (一)指导思想

我国政务信息资源共享的指导思想是:以邓小平理论和"三个代表"重要思想为指导,全面贯彻落实科学发展观,贯彻落实《中共中央办公厅、国务院办公厅关于转发〈国家信息化领导小组关于我国电子政务建设指导意见〉的通知》(中办发[2002]17 号)、《中共中央办公厅、国务院办公厅转发〈国家信息化领导小组关于推进国家电子政务网络建设的意

见〉的通知》(中办发〔2006〕18 号)、《国家电子政务总体框架》(国信〔2006〕2 号)、《国民经济和社会发展信息化"十二五"规划》和国家有关部门关于推行电子政务的各项方针政策和部署的精神,根据法律规定和履行职责的需要,明确相关部门和地区信息共享的内容、方式和责任,不断完善信息共享基础设施,制定统一的标准规范,建立和健全信息共享制度。

坚持政府主导与社会参与相结合,坚持电子政务深化应用与行政管理体制改革相结合,坚持促进共享与保障信息安全相结合,统筹兼顾中央与地方需求,围绕部门间业务协同的需要,编制政务信息资源共享目录体系,逐步实现政务信息资源按需共享和面向社会的信息服务。依托政务信息资源目录体系与共享目录体系,继续开展人口、企业、地理空间等基础信息共享工作,探索有效机制,总结经验,推广依托统一的电子政务网络平台和信息安全基础设施,最终实现跨地区、跨部门、跨行业的政务信息资源共享。通过政务信息资源共享机制建设更好地促进深化行政管理体制改革,推动我国政务信息化的全面、深入发展。

## (二)基本原则

根据我国《电子政务建设指导意见》、《关于加强信息资源开发利用工作的若干意见》、《国家信息化发展战略(2006—2020 年)》、《国家电子政务总体框架》等一系列文件或规划的方针、政策,政务信息资源共享必须坚持的原则,概括起来就是"以职能为依据,以需求为导向,统筹规划,统一标准,循序渐进,确保安全"。具体来说:

### 1. 统筹规划,加强领导

政务信息资源的共享具有全局性和战略性,必须要按照国家信息化领导小组的统一部署,制定科学的总体规划,避免各地方政府和各政府职能部门各自为政、重复建设。为此,要建立统一的领导体制,设立从中央到地方的各级政府信息资源管理委员会,由各级党政主要领导同志担任主要负责人,保证领导机构的权威性和执行力。要正确处理中央与地方、部门与部门的关系,明确各自政务信息资源共享的目标和重点,充分发挥各方面的积极性,分类指导,分层推进,分步实施。从而形成政务信息资源尤其是公共数据"统一规划、统一采集、统一加工、共同使用"的共享机制。

### 2. 以职能为依据,根据应用需要明确信息分类

政府作为信息资源的最大生产者,有义务将其拥有的政务信息资源根据密级和需要进行适度公开,以实现政务信息资源共享。但并不是所有的政务信息资源都能公开,政府必须明确哪些信息是保密的,哪些是可以共享的,在确定政务信息资源共享范围的过程中必须以行政职能为依据,即在对政务信息资源进行准确分类的基础上确定共享的性质和范围。与此同时,各政府职能部门应当依照其职能提出共享政务信息资源的需求,包括政务信息资源共享和交换的内容、范围、用途和方式等。此外,要按照需求主导、急用先行的原则,调查和分析政府跨部门应用的业务流程,梳理政府部门间信息交换与共享的需求,构建政府部门间信息交换框架。根据国民经济和社会发展需求,以满足业务需求作为出发点和归宿,紧密结合当前决策支持、城市管理、公共服务、经济运行等重点政务工作的急需,加快政务信息资源建设和共享。

### 3. 职责分明,无偿共享

政务信息资源共享是一项复杂的系统工程,需要中央与各级地方政府、政府职能部门之间以及政府与企业、社会公众之间开展广泛的分工和合作。为此,必须依据法律法规规定和职责分工,按照责、权、利统一原则,明确各地方、各部门政务信息共享的内容、方式、责任、权利和义务,兼顾各方利益,发挥各方面的积极性,加快推动政务信息资源共享。在资源共享过程中,政府部门应当树立"信息越流通,大家越受益"的观念,强化信息交流意识。建立政府信息内部交换网络系统,通过统一的信息交换平台,实现政府部门间非密信息的无偿共享。即政府有义务将公共信息

(除了需要保密的信息之外)最大限度地贡献出来,供整个政府机关部门及其全体社会成员使用。政府各职能部门主要业务的基本数据和动态信息必须根据共享原则的要求,及时整理上网,定期更新,实现网上通畅的信息交换和查询,从而保证各政府部门能及时了解其他相关部门的业务活动,获得履行其自身职能所需的信息。[①]

### 4. 统一标准,规范有序

信息标准化在政府信息资源共享建设中起着重要作用。一则可以增进政府业务的合作,增进系统之间的兼容性;二则可以扩大网络的外部性,提高信息产品和网络的使用价值。当前,我国信息标准化建设发展滞后,普遍存在现代标准与传统标准严重脱节、信息标准化建设重复分散、信息标准化建设意识薄弱等问题。为此,要建立和健全信息资源的采集、加工、存储、交换、发布等标准规范,满足信息共享的技术要求。以国家基础数据库共享为基础的跨部门、跨地区的电子政务应用工程为切入点,探索政府信息资源共享机制。原则上与政府各部门协同业务相关的信息,应根据应用的需要免费交换与共享,以促进政府部门之间的信息共享,加强部门之间的业务协同。要把政府部门间信息交换制度化,把为其他部门提供有关信息列入部门的职责范围,以推动政府部门之间的信息交换。按照统一的标准规范进行政务信息资源的采集、存储、交换、归档和共享工作。

### 5. 逐步发展、循序渐进

政府信息资源共享是一项庞大、复杂的系统工程,在推进政务信息资源共享的过程中,要按照国家信息化领导小组的统一部署和规划,既要保证合法用户的充分共享,又要防止数据的非法使用,造成国家资源的流失和泄密。另一方面,各方面对信息资源共享的迫切需求不允许等待工程

① 郭琪:《政府信息资源共享的障碍因素分析与对策研究》,《特区经济》2008 年第 3 期。

结束后再得到共享服务。所以,政府信息资源共享的实施要本着"边建设,边见效,滚动发展"的原则开展,政府还应根据数据的保密程度、需求程度综合考虑现实的共享服务能力对信息资源进行合理的分类,开放不同的数据获取权限,积极稳妥地推进政务信息资源的共享和整合。①

**6. 确保安全,保护隐私**

信息安全是电子政务信息资源共建与共享中最关键、最根本的问题。为此,要切实做好电子政务信息资源的保密管理和安全管理工作,采取切实有效的措施,对信息进行分级管理和访问权限控制,防止信息泄露和人为破坏等。要加强安全技术的研发,并积极采用先进、实用的安全技术、安全产品等,同时要建立健全安全规章制度,加强对人员、组织和流程的管理。按照政务公开和国家安全的要求,科学合理地划分信息保密等级,做好信息的及时解密工作。此外还需要不断进行信息的保密、安全教育,提高全社会对信息的保密、安全意识,构筑具有自主权和自控权的信息安全保障体系。贯彻落实国家关于加强信息安全保障工作的方针政策,提高信息安全保障能力。正确处理政务信息资源共享与保障安全、保守秘密的关系,保护国家安全、企业秘密和公民隐私。

**(三)主要目标**

根据我国电子政务建设和应用的水平,我国现阶段政务信息资源共享机制建设的目标是:

(1)明确各级政府和职能部门信息共享的内容、方式和责任;强化标准化体系建设,制定统一的政务规范和技术标准,建立健全与政务信息资源交换共享有关的法律法规和各项管理制度,并确保全面付诸实施;

(2)初步建立标准统一、功能完善、安全可靠的政务信息资源共享平台、公共数据交换中心;

---

① 陈能华:《政府信息资源管理研究》,湖南人民出版社 2008 年版,第 259—260 页。

(3)人口、企业、地理空间等基础性、战略性政务数据库建设取得实质性成效；进一步充实和完善公共数据库中无条件共享类、有条件共享类的业务数据；将公共数据库的建设与业务处理有机结合，进一步提高政务信息资源的开发利用水平，充分发挥公共数据库的实际效用；

(4)依托统一的电子政务网络平台和信息安全基础设施，建设《政务信息资源目录体系》和《政务信息资源交换共享目录体系》，逐步实现同层次的不同部门之间、上下级政府机构之间的信息交换和信息共享；

(5)通过政务信息资源共享，促进深化行政管理体制改革，特别是在打破部门分割、条块分割的改革方面取得实质性的进展；通过政务信息资源共享，进一步规范垂直部门与地方政府的关系，推动构建整体政府和提高政府整体效能；

(6)通过政务信息资源共享，促进提高中央和地方各级政府及部门的管理能力、决策能力、应急处理能力和公共服务能力，提高决策的科学化水平；初步形成政务信息资源共享的安全保障体系和培训体系，并为推进电子政务应用的深度、广度和提高电子政务绩效奠定坚实的基础。

### （四）重点工程

为落实电子政务和政务信息资源共享发展的战略目标，我国下一阶段的政务信息资源共享工程建设，首先要根据法律规定和履行职责的需要，明确相关部门和地区信息共享的内容、方式和责任，制定标准规范，完善信息共享制度；其次要确保20世纪90年代以来各项电子政务工程的连贯性，充分挖掘既有项目的潜力，加强现有数据库和应用系统的整合；最后要推动需求迫切、效益明显的跨部门、跨地区信息共享工程建设。具体而言，下一阶段政务信息资源共享的重点工程及其建设的时间进度如表8-1所示。

表8-1 下一阶段政务信息资源共享的重点工程及其建设的时间进度表

| 序号 | 项目名称 | 类别 | 建设规模 | 建设工期 | 建设内容 |
|---|---|---|---|---|---|
| 1 | 人口基础信息库的完善与应用 | 基础数据库 | 全国各级政府及其部门 | 2011年至2020年 | 进一步完善人口基础信息库;进一步加大数据库共享安全建设;加大数据库的应用力度,与政府各业务应用系统实现对接,实现政府内部互联互通和共享;建设供社会共享或查询接口 |
| 2 | 法人单位基础信息库完善与应用 | 基础数据库 | 全国各级政府及其部门 | 2011年至2020年 | 进一步完善法人单位基础;进一步加大数据库共享安全建设;加大数据库的应用力度,与政府各业务应用系统实现对接,实现政府内部互联互通和共享;建设供社会共享或查询接口 |
| 3 | 自然资源和空间地理基础信息库完善与应用 | 基础数据库 | 全国各级政府及其部门 | 2011年至2020年 | 进一步完善自然资源和空间地理基础信息库;进一步加大数据库共享安全建设;加大数据库的应用力度,与政府各业务应用系统实现对接,实现政府内部互联互通和共享;建设供社会共享或查询接口 |
| 4 | 宏观经济数据库完善与应用 | 基础数据库 | 全国各级政府及其部门 | 2011年至2020年 | 进一步完善宏观经济数据库;进一步加大数据库共享安全建设;加大数据库的应用力度,与政府各业务应用系统实现对接,实现政府内部互联互通和共享;建设供社会共享或查询接口 |

续表

| 序号 | 项目名称 | 类别 | 建设规模 | 建设工期 | 建设内容 |
|---|---|---|---|---|---|
| 5 | 政务信息资源目录体系 | 标准规范 | 全国各级政府及其部门 | 2011年至2014年 | 大力推广国家《政务信息资源目录体系》,同时,地方政府在与国家标准保持原则性一致的前提下,结合本地实际情况制定"省——市——县、区——中心镇"省一级《政务信息资源目录体系》 |
| 6 | 政务信息资源交换体系 | 标准规范 | 全国各级政府及其部门 | 2011年至2014年 | 大力推广国家《政务信息资源交换体系》,同时,地方政府在与国家标准保持原则性一致的前提下,结合本地实际情况制定"省——市——县、区——中心镇"省一级《政务信息资源交换体系》 |
| 7 | "一站式"网上联合审批系统 | 应用系统 | 拥有法定行政审批权各部门 | 2013年至2018年 | "省——市——县、区——中心镇"四级地方政府实现跨层级跨部门的联合审批、统一平台、协同办公 |
| 8 | 医疗卫生服务综合信息平台构建 | 服务系统 | 各地方政府 | 2011年至2018年 | 建成覆盖全国的医疗卫生服务综合信息平台,"省——市——县、区——中心镇"四级地方政府实现互联互通、协同办公 |
| 9 | "十二金"工程完善与应用 | 应用系统 | 全国各级政府及其部门 | 2011年至2020年 | 进一步完善"十二金"工程;加大与四大数据库连通共享的力度;加快与其他业务系统的共享 |

**（五）保障措施**

加快我国电子政务与政务信息资源共享的主要措施有：

**1. 统一认识，加强领导**

推进电子政务和政务信息资源共享建设，必须按照国家信息化领导小组的精神，统一部署，稳步推进。各级党委和政府要加强领导，结合本地实际情况成立电子政务与政务信息资源共享领导小组，负责研究和协调电子政务建设中的重大问题。进一步理顺信息资源管理体制，强化对信息资源开发利用与共享工作的组织协调、统筹规划和监督管理。要制定信息资源开发利用与共享专项规划，并纳入国民经济和社会发展规划。

**2. 明确分工，各司其职**

电子政务和政务信息资源共享建设具体项目要严格按照电子政务项目审批程序审批，做好前期审议、可行性研究、采购招标、监理和验收工作。各地方政府电子政务与政务信息资源共享领导小组要做好协调和指导工作，各部门按照分工积极配合与实施。

**3. 增加财政投入，多渠道筹集资金**

保障政务信息资源共享的建设管理、采集更新、运行维护、长期保存和有效利用，相应经费要纳入预算管理。鼓励企业和公众投资信息资源开发利用领域。多渠道筹集资金，支持政策研究、标准制定、科技研发、试点示范以及重点信息资源开发。同时，要加强资金使用管理，提高效益，降低风险。

**4. 加快相关法律法规体系建设**

积极开展调查研究，确定立法重点，制定相应的立法计划，加快立法进程，及时颁布需求迫切的法律法规，为政务信息资源开发利用与共享工作提供有力的法律保障。

**5. 加强标准化工作**

建立政务信息资源开发利用与共享标准化工作的统一协调机制，制定政务信息资源标准、政务信息服务标准和相关技术标准。突出重点,抓紧制定政务信息资源分类和基础编码等急需的国家标准,并强化对国家标准的宣传贯彻。

**6. 营造公众利用政务信息资源的良好环境**

采取有效措施,逐步形成以多种渠道、多种方式和多种终端方便公众获取政务信息资源的环境。鼓励、扶持在街道社区和乡镇建设适用的政务信息服务设施。提高互联网普及率,丰富网上中文政务信息资源,加强公众使用互联网的技能培训,充分利用电信网、广电网、互联网开发利用政务信息资源。

**7. 加强政务信息安全保障工作**

贯彻落实国家关于加强信息安全保障工作的方针政策,提高信息安全保障能力。健全政务信息安全监管机制,倡导网络道德规范,创建文明健康的信息和网络环境。遏止影响国家安全和社会稳定的各种违法、有害信息的制作和传播,依法打击窃取、盗用、破坏、篡改政务信息等行为。

# 三、政务信息资源共享机制建设的政务方案

政务信息资源共享机制,概括地说就是政务信息资源利用的各类主体,包括政府及其所属部门、公民、企业和其他社会组织,在开发利用政务信息资源过程中相互之间的关系,是由管理机制、保障机制和运行机制所组成的有机整体。因此,政务信息资源共享机制的建立,一要依靠有效的体制,明确各类主体在政务信息资源开发、利用和共享过程中的角色、权利与义务;二要依靠健全的制度,包括法律法规、政务规范和技术标准;三要依靠先进的网络信息技术。只有这样,才能形成以指导、服务的方式去协调各个主体间关系的运行机制,以及为实现政务信息资源共享的制度规范保障和技术保障机制。

### （一）促进深化行政管理体制改革

电子政务的深度、广度应用，离不开政务信息资源共享；要实现政务信息资源共享，离不开行政组织结构的重组、资源整合、业务流程优化，也就是离不开行政管理体制改革。因此，电子政务与行政管理体制改革是一体化的有机整体。促进深化行政管理体制改革既是电子政务建设与应用的目的，也是电子政务建设与应用的重要内容、基础与前提。以完善大部门制改革来形成部门之间权力运行的协同机制和推进资源共享。

"大部制"，就是要解决职能的有机统一问题，而不是仅仅把注意力关注在机构的"合并"这个问题上；同时还要形成决策权、执行权、监督权的有效运行机制。社会生活的复杂性要求公共权力在运行过程中必须有所分工，才能有效地实施管理，也就是实行部门管理体制。工业革命之后，基于社会对效率与专业分工的需求，要求政府公共行政提高效率和实现管理专业化，由此形成了基于分工理论的传统官僚行政管理体制。分部化或部门化（departmentalization）最基本的含义就是分工（division of labor）。18 世纪亚当·斯密的"劳动分工原理"和 19 世纪弗雷德里克·泰勒的"制度化管理理论"创立了分工理论。亚当·斯密在《国富论》中认为，劳动生产率上最大的增进，以及运用劳动时所表现的更大的熟练、技巧和判断力，都是分工的结果。[①] 泰勒的"制度化管理理论"强调专业化分工，强调把业务过程分解为最简单、最基本的工序。

基于专业化分工设置的行政部门，都是以职能为中心进行设置的。这种以职能为中心进行设计的方式，使一个行政业务流程横跨多个部门，人为地把行政流程割裂开来，使一个完整的流程消失在具有不同职能的部门和人员之中，既严重影响了业务流程的开展又造成了多头指挥；行政

---

①　亚当·斯密：《国民财富的性质和原因的研究》，郭大力、王亚南译，商务印书馆1981 年版，第 5 页。

部门按职能划分设置,形成了等级的层级制组织结构。这种组织结构实行层级节制,具有效率高、便于控制和指挥、避免人财物分散等优点。但是,随着社会的发展,政府承担的职责和功能不断增加,分工越来越细,机构数量也就不断增多,进而出现政府部门管理中交叉、重叠、真空领域不断增加,产生矛盾和问题。因此,大部门体制就是要解决由于分工越来越细所导致的部门林立、部门间职能交叉重叠、部门间协调困难等问题。这就需要在职能有机统一的基础上将政府相关或者相近的职能部门加以整合,加大横向覆盖的范围,将类似的职能尽量集中在一个大的部门中,把原来的部门改编为内设司局或具有一定独立地位的机构。大部结构通过扩大部门职能或者整合相关部门,把本来是部门和部门之间的关系变为部门内部的关系,这就减少了行政协调成本。

西方公共行政学创始人威尔逊针对这种社会现实,对以往政府系统中公共决策制定与公共决策执行两个部分进行分离,形成了"政治(国家意志的表达)—行政(国家意志的执行)"二分的理论。这种"政治—行政"二分,在国家政治体制上表达了政治与行政之间的关系。但在 20 世纪 40 年代形成的行政国家体制下,这种"政治—行政"二分的理论为人们所抛弃。

合理的、适度的社会分工有助于行政效能的提高。但是,随着分工越来越细,设立的部门越来越多,导致的结果就是出现了职能交叉重复和多头指挥,部门之间、部门与社会之间的沟通协调成本加大,部门之间分割进一步加剧,资源分散与浪费,行政整体效能低下等多方面的问题。因此,通过组织结构重组、业务流程再造等改革措施的推行,才能使分工过细的部门得到科学设置、职权得到有效配置、资源得到有效整合。20 世纪 70 年代中期以后,西方发达国家为了提高行政效率、改进政府服务质量、发展政府责任和提高政府绩效,推行了新公共管理运动(即行政改革)。中央(或联邦)政府组织结构改革采取的一项重要措施就是在政府公共管理中实行决策权与执行权分离,设立决策机构与执行机构。在一个决策机构之下设立若干执行机构,决策机构在行政级别上比执行机构高半级;决策机构的副职兼任执行机构的正职;执行机构对决策机构负责;执行机构的工作人员大量采用雇员聘任制。

因此,从我国当前正在开展的决策权、执行权、监督权既相互制约又相互协调的政府内部职权配置形式和相互关系来分析,在领域性质上,这种权力划分及其关系不涉及政治领域,也不涉及政治与行政之间关系的领域,而只是涉及行政领域内部。在行政层级上,这种行政领域内部的权力划分及其关系的设立,主要适应中央政府、省级政府、副省级政府,不应在中央与地方各级政府之间对口进行,要改变过去机构对口设置的状况。

大部门体制的改革与实行,正是解决部门林立、部门分割等问题的有效途径。例如,政府交通管理,将与交通有关的所有职责包括海上交通、铁路、公路、航空等各项管理职责都交给一个部门,当前在世界上没有一个国家能够做得到。但是,将涵盖交通管理全部要素的各种交通规则制定权和决策权交给一个部门来负责,这是可以做到的。这就是西方国家参与交通管理的政府部门虽是多家,但没有出现部门之间扯皮的根本原因所在。因此,大部门体制就是通过整合相互联系的各种决策权和重组机构来实现政府所追求的共同目标。大部门体制的实行,既不能靠相互隔离的政府部门,也不能靠设立新的"超级部门",也不是将各职能相近的部门简单合并,而是围绕政府目标,在科学划分决策权、执行权、监督权的前提下实现决策部门、执行部门、监督部门的跨部门合作与协同。决策部门和执行机构之间的分离使得政府内部缺乏制度化的合作协调机构,不能对政府的整体战略和决策承担起完整的责任。

决策权具体表现为规则制定权、规划制定权、标准制定权、政策制定权等方面。决策权统一,是规则统一、标准统一、规划统一、政策统一所不可缺少的。因此,建立职能有机统一的大部门体制有利于避免部门分割,是提高政府整体效能、充分整合与利用各种政务资源、建设整体型政府所必需的,是从根本上改变"铁路警察各管一段"现象所必需的。而实现决策权、执行权、监督权的适度分离,使它们之间形成既相互制约又相互协调的关系,促进执行部门对决策部门负责,是大部门体制建设的基础与前提。

因此,职能交叉与扯皮、部门分割、资源分散与浪费、整体效能和公共服务质量低下等政府管理问题的解决,都有赖于大部门体制建立和完善,都有赖于决策权、执行权、监督权的适度分离及其相互制约、相互协调关系的形成。一句话,在政府内部实行科学设置机构和有效配置职权,建立健全决策、执行、监督既相互制约又相互协调的权力结构和运行机制,实现决策相对集中、执行专业高效、监督有力到位,是我国当前深化行政体制改革、促进政务信息资源共享的中心任务,具有非常迫切的现实意义。我国政府内部形成既相互制约又相互协调的权力结构和运行机制,其途径包括:

(1)推动大部门体制改革与建设。为此,要科学划分决策权、执行权、监督权,在政府内部科学配置职权。这是重组机构和科学设置决策部门、执行部门和监督部门的基础。

(2)形成科学的权力结构,明确一个决策部门设置哪些执行部门,明确执行权对决策权负责,决策权、执行权都必须无条件地接受监督权的监督。

(3)建立健全各部门之间、各种职权之间权力运行的协同机制。决策权、执行权、监督权的适度分离、决策部门和执行机构之间的分离,不能使得政府内部缺乏制度化的合作协调机构,而是要形成对政府的整体战略和决策承担起完整责任的机制,构建整体政府。

**(二)建立健全政务信息资源共享体制**

建立和完善确保政务信息资源共享的领导和组织体制,包括明确政务信息资源管理的主体、职能配置及其运行机制,主要解决"谁来管"的问题;以及制定相关的法律法规和政策,主要解决"如何管"的问题,这是实现政务信息资源共享的有效途径。

借鉴国外的先进经验,探索和建立适合我国国情的信息资源领导和管理体制,建立全国性的综合协调机构,加强统一领导和统筹规划,优化政务信息资源共享的顶层设计,组织编制政务信息资源共享建设的专项规划,保证政务信息资源共享项目的顺利实施。

**1. 政务信息资源管理的机构**

信息化管理体制是影响信息化发展的关键因素,通过体制创新理顺电子政务发展环境,才能促进电子政务健康有序发展。健全政务信息资源管理机构,明确机构职责,是西方发达国家完善政务信息资源管理体制的重要特点。例如,在美国,政务信息化建设基本上是由联邦政府统一发起、组织和协调的。美国联邦政府设立了"联邦信息委员会(Federal Information Council)",联邦预算与管理局局长为联邦信息委员会主席。在加拿大,政务信息资源管理的职能部门主要有财政部秘书处(TBS)、国家档案局(NAC)、国家图书馆(NLC)和统计局(SC)等。TBS 是财政部属下的一个中央政府机构,统一领导政府的人力、财力、信息和技术资源管理。在 TBS 中,设有信息主管(CIO)及其办公机构(CIOB)。

为实现政务信息资源管理的宏观和微观管理职能,中国也建立了相应的组织机构,基本形成了自上而下地建立由政府主要领导牵头和各相关部门负责人共同参与的信息化管理机构,统一领导和协调政务信息资源管理工作。一是在国务院和地方各级政府成立了信息化领导小组,国务院总理和各级政府最高行政领导担任组长;二是在中央成立了负责政务信息化建设的专门管理部门——工业和信息化部、国家信息中心,与此相适应,地方各级政府都成立了经济与信息化委员会、信息中心;三是在各公共部门内部成立了政务信息资源管理的工作部门或机构,一般是部门内部的信息中心、信息部或情报中心。

但是,严格来说,在政务信息资源管理机构的设置上,中国目前的机构设置还不能适应政务信息化建设从技术导向到政务、管理导向的发展需要,缺乏自上而下的管理政务信息化建设的综合性部门设置。从中央到地方的信息化管理部门,其职能的重点在发展信息产业;各级政府、各部门内部的信息化管理机构——信息中心,在机构编制性质上都属于事业编制单位,缺乏综合协调能力。尽管近年来,有些地方政府为了适应信息化发展的需求,将信息中心改为信息化办公室,但只是名称的变化,绝大部分都还是属于事业编制单位;有的虽然是政府部门,但在统筹规划、组织协调、监督控制方面缺乏能力和具体措施。

中国目前的政务信息资源管理机构的设置还不能适应政务信息化发展现阶段的综合管理需要,这些机构在协调能力、综合职能定位及其相应的职权赋予方面都有严重的局限,无法行使组织、指挥、协调和控制的职能。因此,应改善政务信息资源管理机构设置,将其纳入政府组成部门系列,在性质上确定为综合部门,赋予其组织、指挥、协调和控制的职能。

**2. 明确政务信息资源管理职能**

科学合理地配置职能,是完善政务信息资源管理体制的重要内容,西方发达国家十分重视政务信息资源管理职能的配置。[①] 明确和强化政府信息资源管理职能,关系到政府职能转变、办公效率提高,关系到信息安

---

① 例如,美国联邦信息委员会的主要职责包括:听取联邦和地方政府以及企业关于信息资源管理和信息技术的建议、意见;向联邦预算与管理局局长提出与联邦信息资源管理有关的政策与实践的建议;决定政务信息基础设施的战略方向和优先领域;协助美国首席信息官制定和执行政府战略信息资源管理的有关计划;协调联邦政府以及跨部门的信息系统工程计划和项目;协调政府部门共用信息基础设施的计划和实施,如通信、政府电子邮件、电子支付、电子商务以及数据共享等等;在各政府部门着手重大信息系统工程项目之前,评估该部门现有的业务流程及行政管理过程,并辨识改进和优化政府业务流的机会和可能性;对各政府部门信息资源管理的实际情况进行监督和指导;就各政府部门信息资源管理的情况和问题向美国首席信息官提出改进意见和开展试点项目的建议;就联邦和地方政府各部门共享信息资源问题进行研究并提出建议;在与信息有关的国际活动中确保美国的利益,包括协调美国参加国际信息组织的活动。

全、有效、有序的流通和使用,关系到政务信息化的可持续发展,从而发挥政务信息资源在履行经济调节、市场监督、社会管理、公共服务等公共管理职能方面的积极作用。政务信息资源管理职能主要包括宏观管理和微观管理两个方面。

（1）政务信息资源宏观管理职能

政务信息资源宏观管理,主要是从宏观层次上通过国家、地方或系统有关政策、法规、管理条例等来组织、协调国家、地区或系统内部信息资源管理工作,使信息资源按照宏观调控的目标,在不影响国家的信息主权和信息安全的前提下得到最合理的开发和有效利用。政务信息资源宏观管理职能主要包括统筹规划职能、组织协调职能、业务指导职能和监督控制职能。各项职能相互联系、相互作用,从而达到管理目的。

（2）政务信息资源微观管理职能

政务信息资源微观管理职能主要是指各公共部门内部管理机构对本部门政务信息资源实施具体管理和开发利用工作的职能。政务信息资源微观管理的主要职能是在政务信息资源宏观管理的指导下,根据本部门政务信息资源利用需求,合理开发信息资源管理系统,通过对政务信息资源的采集、组织、检索、开发、传播和服务等,实现政务信息资源的有效利用。

**3. 配置政务信息资源管理人员**

政务信息资源管理人员是指在政务信息资源管理部门从事政务信息资源管理规划、信息系统研发与管理、信息系统运行与维护、信息资源管理具体业务工作等活动的政务信息资源管理专业人员,主要包括信息技术专业人才和信息管理专业人才。

信息技术专业人才是在政务信息资源管理中从事信息系统研发、运行、维护、信息安全等相关信息技术工作的人员,例如信息系统程序设计员、网络技术人员、信息安全技术人员。信息管理专业人才是从事信息资源规划、信息资源组织等管理工作的人员,如各部门内部的信息主管

（Chief Information Officer，CIO）。①

**4. 加强公务员信息化培训和考核**

要发挥各级各类教育培训机构的作用,切实有效地普及公务员的电子政务知识,加强政务信息资源共享的观念教育和技能培训,制定公务员信息技术知识与技能的培训标准和培训计划,并制定相应的考核标准和制度。

**（三）健全与完善政务信息资源共享的制度与标准**

**1. 加快推进政务信息资源共享的法制建设**

适时提出比较成熟的立法建议,推动政务信息资源共享相关配套法律法规的制定和完善,加快研究和制定政府信息公开及网络与信息安全、电子政务项目管理等方面的行政法规和规章,基本形成政务信息资源共享、运行维护和管理等方面的有效的激励约束机制。

**2. 完善政务信息资源共享的标准化体系**

标准规范为信息资源一致性和技术平台的互联互通互操作提供了基本的保证,是实现政务信息资源共享和规范化运行的有力支撑和可靠保障,如图 8-1 所示。

---

① CIO 是各部门中的最高信息资源管理者,是基于信息资源的战略管理者,而非一般技术管理者。CIO 职位的设立起源于美国,按照美国学者史密斯和梅德利的观点,CIO 的职责包括:一是提供技术。信息主管负责为组织中所有层次的管理者提供必要的计算机技术资源。二是与用户有关的职责。包括为用户提供设备、软件和培训等。三是与提供者有关的职责。包括与硬件、软件和服务提供者发展伙伴关系,参与制定产业标准,契约谈判,不同硬件和软件的集成,支持层次的谈判,影响商业的战略等。四是与管理有关的职责。包括推广技术、提供远见、对外代表单位、教育员工和发展信息价值观等。五是与技术有关的职责。包括理解信息技术的发展现状,预测信息技术的发展及其对组织机构可能产生的影响,了解基本的技术因素对未来信息系统的影响等。我们认为,CIO 的职责主要有:参与本部门的管理决策、组织制定本部门的政务信息政策和信息基础标准、组织开发和管理信息系统、协调和监督本部门的信息工作、负责组织和领导本部门政务信息资源管理的具体业务工作等。

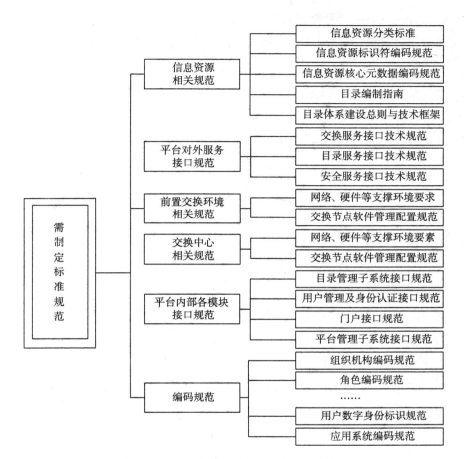

**图 8-1　政务信息资源共享标准规范**

　　逐步制定政务信息资源共享所需要的各项标准和规范。包括信息技术标准,如信息术语、电子文件格式、网络通信协议、电子公文交换等方面的标准,信息管理标准如信息采集、组织、储存、发布以及交换等标准,信息服务标准如用以指导和管理政府及其工作人员信息服务行为的原则和规范等。加快建立和健全政务信息资源共享的运行机制和实施机制。

　　促进政务信息资源共享,应围绕信息采集、组织、分类、保存、发布与使用等信息生命周期各环节建立规范和标准。政务信息资源共享标准规范,具体包括:信息资源相关规范、技术平台对外服务接口规范、前置交换环境相关规范、交换中心环境相关规范、技术平台内部各模块接口规范和编码规范。

### 3. 健全与完善政务信息资源共享管理制度

政务信息资源共享涉及信息资源提供方、信息资源管理方、信息资源使用方、技术平台管理运维方、技术平台建设方等其他相关部门及人员,管理对象包括政务信息资源、技术平台。实现政务信息资源共享,应在部门间建立起通畅的内部信息交换制度,各公共部门应当树立政务信息资源属于公共资源和"信息越流通,大家越受益"的观念,强化信息交换共享意识,确保政务信息准确、全面、及时。健全与完善政务信息资源共享管理制度是形成政务信息资源共享机制、确保政务信息资源长效共享的重要制度条件。如图8-2所示,政务信息资源共享管理制度包括政务信息资源管理维护制度、技术平台管理维护制度和政务信息资源分级管理制度。同时,还应健全和完善政务信息资源共享目录管理制度。包括:信息资源采集、组织、储存、交换、发布与服务管理;政务信息资源分级联合编目、申报、登记;政务信息资源元数据标准申报登记备案;政务信息资源唯一标识(编码)申请、分配。

### (四)实行政务信息资源的科学分类

这里所说的政务信息资源分类,是指各级政府及部门和依法授权行使行政职能的组织对依法履行职责中掌握的政务信息资源,按照需求导向、统筹管理、无偿提供、保障安全的原则,将政务信息资源进行分类,按照"公开为原则,不公开为例外"的要求,对不能纳入共享的政务信息资源依照法律法规来加以确定;对无条件共享、有条件共享的政务信息资源则按照权限管理和需求导向的原则,统一纳入公共数据库通过政务信息资源共享平台进行共享。

因此,这里所说政务信息资源分类,是与政务信息资源本身的密级和

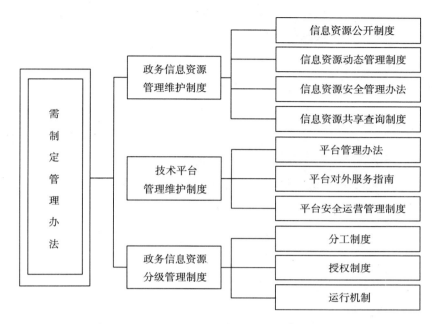

**图8-2 政务信息资源共享管理制度**

是否履行职责的需要密切相关。政务信息资源分级,是指根据政务信息资源的不同性质来确定政务信息资源公开与保密的级别。建立在科学分级基础之上的政务信息资源分类,是通过采用不同的分类方法,以满足政务信息使用者、政务信息提供者和政务信息管理者等不同角度去组织、揭示、识别和使用政务信息资源的需要。因此,政务信息资源分类应满足归类正确、归类一致、充分揭示、方便检索、方便共享等要求。

(1)社会公开类政务信息资源。是指依法应当向社会公开的政务信息资源。根据公开的程度不同可划分为完全向社会公开的政务信息和依据申请向特定对象公开的信息。完全向社会公开的政务信息,没有任何密级;依据申请向特定对象公开的政务信息,应该根据申请而向特定的对象公开,并且有特定的用途。

与社会公开类政务信息资源相对应的是国家秘密信息。国家秘密信息不向社会公开,具有最大的密级。涉及国家秘密的信息不得直接或间接在国家互联网络或其他公共信息网络上传播。如果公共部门的国家秘密信息需要进入计算机系统进行处理、传递,则要单独建一个设密的计算机系统,而且设密系统与互联网系统之间实行物理隔离。

(2)部门共享类政务信息资源。是指根据各部门职能行使的需要在公共部门之间进行交换共享的政务信息资源。部门共享类政务信息资源是基于职能行使的需要,各部门都具有向其他部门提供本部门拥有的政务信息资源的责任和从其他部门获得本部门所需要政务信息资源的权利。从其他部门所获得的政务信息资源,只能用于本部门履行职能的需要,未经信息提供部门的许可,不得自行向公众发布,不得转给第三方,也不得用于商业目的。

(3)依法专用类政务信息资源。是指依据法律法规的规定只与本部门职能行使有关、在本部门内部专用而不对外的政务信息资源。当然,如果其他部门在行使职能过程中确实需要运用到专用类政务信息资源,那必须通过特别的程序和方式来获取。因此,必须扩大公共数据库的政务信息资源,缩小专用类政务信息资源,这样才能确保充分公开、共享。

根据政务信息资源的分级,各部门应编制本部门政务信息资源目录体系和本部门政务信息资源需求体系,并对本部门政务信息资源目录内容及时更新和维护。对社会公开类政务信息资源应面向社会及时、准确地公开,对部门共享类政务信息资源应集中到公共数据中心进行交换共享。

因此,通过政务信息资源科学分级,才能明确哪些政务信息是可以向社会公众公开的(包括无条件公开、有条件公开),哪些政务信息是只可以在公共部门之间进行共享的(包括无条件共享、有条件共享),哪些政务信息是仅仅局限于部门内部自用的,这是政务信息资源分级的重要内容。政务信息资源分级是实现政务信息资源公开和交换共享的基础。凡是可以向社会公众公开的(包括无条件公开、有条件公开)和可以在公共部门之间共享的(包括无条件共享、有条件共享),都应该统一纳入公共数据库,通过公开而走向共享。

在政务信息资源的分级管理方面,西方国家的经验值得我们借鉴。例如,俄联邦根据开放程度对国家信息资源进行分级:一是可公开的和人人都能获取(询索)的国家信息资源;二是限制获取的文件信息。为了避免一些政府部门以"限制获取"为理由而侵蚀公民的知情权,俄联邦还以列举的方式明确"禁止列入限制获取的信息"。[①]我国许多地方政府所制定的政务信息公开规定,虽然对不予公开的信息也做了列举,但却没有对除外事项以及配套制度加以明确,这些除外事项在实践中往往成为行政机关躲避公开的理由,政府公共部门往往以国家秘密为由拒绝向公众提供信息。

在这方面广东的经验可以借鉴。为推动广东各行政层级、政府各部门政务信息资源共享,广东省出台了政务信息资源共享的规范性文件,即《广东省人民政府办公厅印发广东省政务信息资源共享管理试行办法的通知》(粤府办[2008]64号),将政务信息资源划分为"无条件共享、有条件共享和不予共享"三种类型;确保无条件共享、有条件共享两类政务信息进入公共数据库。

### (五)加快编制政务信息资源共享目录体系

由于政务信息资源产生于公共管理活动的各个环节和部门,它的存在和分布是多行业、多部门、多地域的;政务信息资源由相关机构分权管理,储存地点分散、搜寻不易。因此,为实现政务信息资源的共享,就需要一种可分可合的工具来管理政务信息资源。这个工具就是政务信息资源

---

① 肖盾:《俄罗斯〈联邦信息、信息化和信息保护法〉简介》,《电子知识产权》2002年第11期。

目录体系和政务信息资源共享目录体系。

按照统一的标准和规范,逐步建立政务信息资源目录体系,为各级政府提供信息查询和共享服务;逐步建立跨部门的政务信息资源交换体系,围绕部门内信息的纵向汇聚和传递、部门间在线实时信息的横向交换等需求,为各级政府的社会管理、公共服务和辅助决策等提供信息交换和共享服务。依托统一的国家电子政务网络,以优先支持的业务为切入点,统筹规划、分级建设覆盖全国的政务信息资源目录体系与交换体系,支持信息的交换与共享。

政务信息资源共享目录体系的编制要以政府职能为基础、以政务需求为导向,形成"三定方案→工作职责→政务事项→政务信息资源"的政务信息资源需求编制模式。在政府公布的"三定方案"的基础上,对政府职能部门的工作职责进行细化,梳理政务事项,并通过调查和分析政府部门内部和跨部门应用的业务流程,如图8-3所示,梳理政府部门间信息交换与共享的需求,构建政府部门间信息交换框架,以满足业务需求作为出发点和归宿。

政务信息资源共享目录体系是政务信息资源目录体系中的一个子系统,是借助目录系统和按照政务信息的密级程度,将各公共部门应向社会公开和应在部门之间进行共享的政务信息进行汇集所形成的体系。政务信息资源共享目录体系为各政府部门之间提供与获取政务信息资源的行为提供了查询、检索和定位的服务工具,对政务信息资源的共享起标引、检索和导航作用,并在规定的安全机制下,通过交换体系来实现政务信息资源的提供与获取。具体包括:

第一,科学构建政务信息资源目录体系框架。如图8-4所示。

根据图8-4,政务信息资源目录体系框架包括:①资源层,包括各类共享信息库、共享文件库、门户网站等资源;②目录层,包括专项资源目录库和共享资源总目录库,具体有各部门根据协同应用需要建立的部门间共享目录库、根据对公服务应用需要建立的门户网站服务目录库、根据本

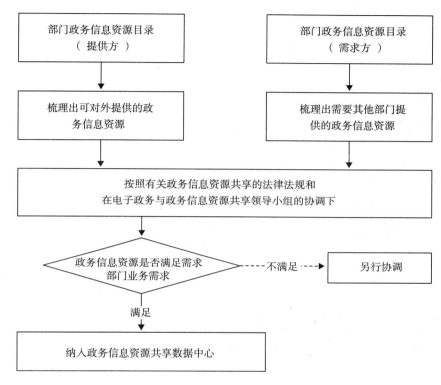

**图8-3　跨部门政务信息资源共享的流程图**

领域应用特点建立的专项资源目录库;③服务层,包括目录体系向应用层或其他应用系统提供各类应用服务接口,以方便应用的调用、目录体系与交换体系的互通,目录体系之间的信息交换和访问;④应用层,这是目录服务向用户的展示层,用户使用应用层提供的各类工具进行政务信息资源的检索、查询、访问,也可进行政务信息资源的著录和注册,以及对目录库进行管理。

政务信息资源目录体系是向信息使用者提供政务信息查询、检索和定位的服务平台,并在规定的安全机制下,通过交换体系获得信息资源,向信息使用者提供信息访问服务。

第二,科学构建目录体系服务模型。目录体系主要包括目录体系生

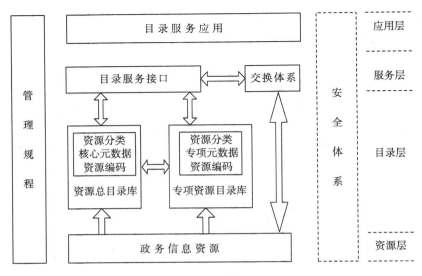

**图8-4 政务信息资源目录体系框架**

产系统、目录体系管理系统和目录体系查询系统三个部分。其使用者包括元数据生产者、目录体系管理者和信息查询者三类用户,如图8-5所示。

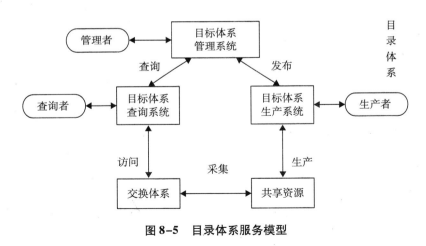

**图8-5 目录体系服务模型**

第三,明确政务信息资源交换共享目录的具体内容,包括:政务基础信息共享目录、应用信息共享目录、数据库管理目录与政务信息采集责任公开目录。

# 四、政务信息资源共享机制建设的技术方案

有效的管理体制、健全的制度、先进的技术，以及运行和保障机制，是相互联系、相互作用、相互渗透的有机统一体，共同构成了政务信息资源共享机制。因此，科学的技术方案、技术设计也是政务信息资源共享机制建设不可或缺的重要内容。

## （一）加强政务信息资源共享的基础设施建设

建设覆盖广泛的计算机网络，按照整合、共享、完善、提高的要求，加快推进人口、法人单位、自然资源和空间地理、宏观经济等国家基础信息库的建设，最大限度发挥现有信息资源的共享潜能。从内外网互联、操作系统、数据库、中间件和应用服务器以及应用环节各个方面整体规划和设计政务信息资源共享的跨部门应用系统。围绕深化应用的需要，建立健全信息安全监测系统，提高对网络攻击、病毒入侵的防范能力和网络失泄密的检查发现能力。完善密钥管理基础设施，充分利用密码、访问控制等技术保护政务信息安全。为政务信息资源充分、便捷、安全的共享提供良好的技术支持。

同时，还要加强政务信息资源共享交换平台和共享库的建设。政务信息资源共享交换平台是实现政务信息资源共享共用、形成跨部门网络化协同办公环境和提供及时有效的便民服务的基础和重要技术支撑。加强政务信息资源共享交换平台建设，应本着"资源整合、集约建设"的原则，统筹建设。

政务信息资源共享库使分布在不同地域的部门通过政务外网进行资源的共享，提高了政务信息资源利用的时效性，打破了政务信息资源的条

块分割局面,实现了信息资源的协同建设与管理。政务信息资源共享库的建设是一项复杂的系统工程,需要科学地整合各类业务应用系统,实现条块结合,形成有效的数据报送和查询功能;需要对政务信息资源采用标准化的方式进行管理,制定和施行严格的、统一的信息资源管理标准,并监督该标准的执行;需要建立政务信息资源共享库的管理、维护、更新和使用的长效机制;采取集中与分布式相结合的建设模式进行具体的分级部署和实施,基础性数据库集中建设、各部门共享,基础数据采集由业务主管部门一家采集后提供给各部门共享以保证数据源头单一性及数据的准确性,专业业务性的数据库分布建设,各部门依据履行职能的需要有条件共享。

### (二)科学构建电子政务总体框架

电子政务总框架如图 8-6 所示,政务信息资源目录体系与交换体系是电子政务的基础设施建设的重点,政务信息资源开发利用是电子政务建设的核心。今后的电子政务工程的建设要依托政务信息资源目录体系与交换体系,为各级政府提供信息查询和共享服务,实现政务信息资源的横向共享和纵向汇聚,逐步实现政务信息资源按照需求共享,为社会和公民提供政务信息交换和共享服务。

### (三)编制《政务信息资源共享目录体系》

《政务信息资源共享目录体系》主要包括六个部分:

第 1 部分:总体架构;

第 2 部分:技术要求;

第 3 部分:核心元数据;

第 4 部分:政务信息分类;

第 5 部分:政府信息资源标识编码规则;

第 6 部分:技术管理要求。

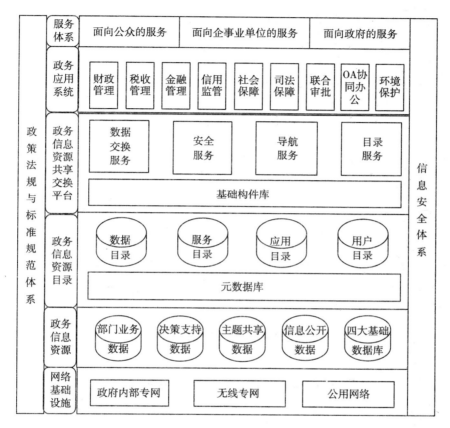

**图 8-6　电子政务总体框架**

## 1. 总体架构

政务信息资源共享目录体系主要由政务信息资源目录服务系统组成,同时还具备软硬件、网络的支撑环境以及标准与管理规范建设和安全保障,如图 8-7 所示。

## 2. 技术要求

政务信息资源目录体系的技术要求主要包括两个主要部分:其一,规定公共资源目录接口定义,用于指导公共资源目录服务的实现;其二,规定交换服务目录接口定义,用于指导交换服务目录的建立。

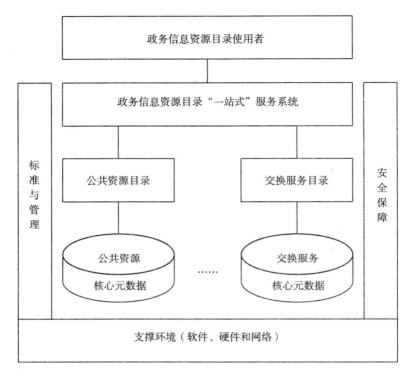

**图8-7　政务信息资源共享目录体系总体架构**

### 3. 核心元数据

核心元数据是政务信息资源目录体系建设的主要内容,主要便于用户了解政务信息资源的基本内容,发现和定位政务信息资源。核心元数据定义描述政务信息资源所需的核心元数据项集合、各项据项语义定义和著录规则,它提供了有关政务信息资源的标识、管理和维护的描述信息。

### 4. 政务信息分类

本部分需要规定政务信息资源的分类原则和方法,用于指导政务信息资源的分类工作,以便促进政府部门间资源共享和面向社会的公共服务的提供,是建立政务信息资源目录的重要的分类依据,适用于政务信息资源目录体系的规划、建设、管理和使用。

**5. 政府信息资源标识编码规则**

本部分需要规定政务信息资源标识符的编码的结构、前段码和后段码的管理与分配原则。政务信息资源标识符的前段码和后段码之间用"/"隔开,前段码共5位,由10个阿拉伯数字(0~9)和26个大写英文字母(A~Z)组成,后端码长度不固定,可采用 GB 18030 中规定的任意字符。前段码由信息资源前段码管理中心进行统一管理,并分配给目录管理或相关的政务部门;后段码又各目录管理者或政府部门自行确定其编码方案。政务信息资源标识符的编码方案如图8-8所示。

前　段　　　　　分隔符　　　　　后　段

**图8-8　政务信息资源标识符的编码方案**

**6. 技术管理要求**

政务信息资源目录体系的技术管理要求主要包括管理要求总体架构、管理者的职责、目录体系建立活动的管理要求。而目录体系管理架构主要包括目录体系管理的三个角色和六项活动,如图8-9所示。三个角色是提供者、管理者和使用者,六项活动包括规划、部署、运行、维护、服务和安全。

**(四)编制《政务信息资源交换共享目录体系》**

政务信息资源交换共享目录体系是依托电子政务网络和政务信息安全基础设置,为跨部门、跨地域政务信息资源交换共享提供的电子政务信

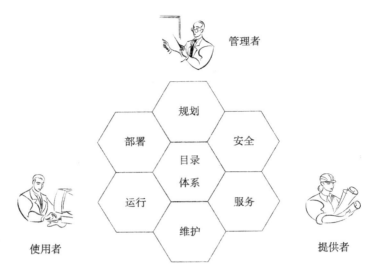

**图 8-9    目录体系管理**的三个角色和六项活动

息服务基础设施。主要包括四个部分:

第 1 部分:总体框架;

第 2 部分:分布式系统间信息交换技术要求;

第 3 部分:异构数据库接口规范;

第 4 部分:技术管理要求。

**1. 总体框架**

政务信息资源交换共享目录体系的总体框架由服务模式、交换平台、信息资源、技术标准和管理机制组成,如图 8-10 所示。不同的服务模式的业务应用通过调用交换平台提供的交换共享服务,实现对政务信息资源的访问和操作,技术标准和管理机制为政务信息资源的交换共享提供技术和管理的保障。

**2. 分布式系统间信息交换技术要求**

政务信息资源交换体系的分布式系统间交换机制的交换共享体系在互联互通时的主要技术要求是交换共享协议,交换共享协议的内容

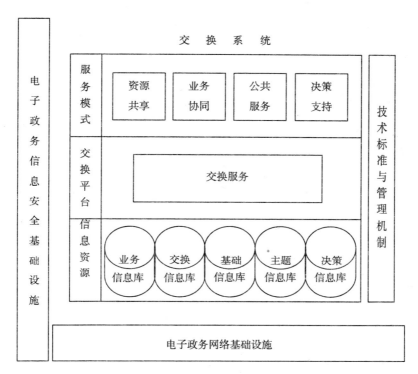

**图8-10　政务信息资源交换共享目录体系的总体框架**

包括：网络传输、消息框架、消息安全、消息可靠性、服务描述和流程协同。

### 3. 异构数据库接口规范

本部分主要是界定政务信息资源交换体系中异构数据库访问的接口定义规范和政务部门见政务信息交换指标表示规范,规定基于广域网的遮盖物信息资源数据库访问接口,描述数据库访问接口的基本框架和接口定义。

### 4. 技术管理要求

政务信息资源交换体系的管理要求,主要包括管理要求总体架构、管理角色的职责、交换体系建立活动的管理要求。而交换体系管理架构主要包括交换体系管理的三个角色和六项活动,如图 8-11 所示。三个角色是提供者、管理者和使用者,六项活动包括规划、部署、运行、维护、服务和安全。

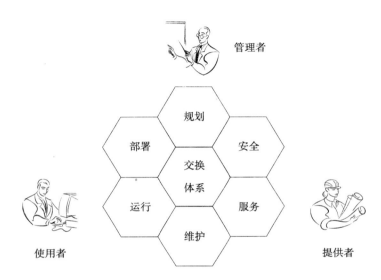

**图 8-11    交换体系管理的三个角色和六项活动**

# 参考文献

1. 周宏仁:《信息化论》,人民出版社 2008 年版。

2. 马彦琳、刘建平主编:《现代城市管理学》,科学出版社 2003 年版。

3. 姚国章编著:《电子政务基础与运用》,北京大学出版社 2002 年版。

4. [美]简·芳汀:《构建虚拟政府:信息技术与制度创新》,邵国松译,中国人民大学出版社 2004 年版。

5. 林达·M. 阿普尔盖特、M. 本赛欧、迈克尔·厄尔等编:《信息时代的管理》,陈运涛译,中国人民大学出版社 2003 年版。

6. 黄朝盟:《电子化政府的网站设计与评估:"行政院"直属机关网站的实证研究》,(台北)韦伯文化事业出版社 2001 年版。

7. [日]白井均、城野敬子、石井恭子、永田佑:《电子政府》,陈云、蒋昌建译,上海人民出版社 2004 年版。

8. [美]霍姆斯:《电子政务》,詹俊峰等译,机械工业出版社 2003 年版。

9. 孙正兴、戚鲁编著:《电子政务原理与技术》,人民邮电出版社 2003 年版。

10. 佩帕德等:《业务流程再造》,高俊山译,中信出版社 1999 年版。

11. 陈述彭主编:《城市化与城市地理信息系统》,科学出版社 2001 年版。

12. 张清浦、刘纪平等编著:《政府地理信息系统》,科学出版社 2003

年版。

13. 彭震伟主编:《区域研究与区域规划》,同济大学出版社 1998年版。

14. 张新长、曾广鸿、张青年编著:《城市地理信息系统》,科学出版社2001 年版。

15. [美]巴泽雷:《突破官僚制:政府管理的新愿景》,孔宪遂等译,中国人民大学出版社 2001 年版。

16. [美]戴维·奥斯本、彼得·普拉斯特里克:《摒弃官僚制:政府再造的五项战略》,谭功荣、刘霞译,中国人民大学出版社 2002 年版。

17. [美]彼得斯:《政府未来的治理模式》,吴爱明等译,中国人民大学出版社 2001 年版。

18. 承继成等编著:《数字城市:理论、方法与运用》,科学出版社2003 年版。

19. [美]登哈特:《公共组织理论》(第三版),扶松茂等译,中国人民大学出版社 2003 年版。

20. [美]吉瑞赛特:《公共组织管理:理论和实践的演进》,李丹译,上海译文出版社 2003 年版。

21. 杜塔、曼佐尼:《过程再造、组织变革与绩效改进》,焦叔斌译,中国人民大学出版社 2001 年版。

22. 齐爱民、徐亮:《电子商务法原理与实务》,武汉大学出版社 2001年版。

23. 姚国章等编著:《电子政务案例》,北京大学出版社 2003 年版。

24. 甘利人、朱宪辰主编:《电子政务信息资源开发与管理》,北京大学出版社 2003 年版。

25. 宋远方、成栋编著:《管理信息系统》,中国人民大学出版社 1999年版。

26. 王要武主编:《管理信息系统》,电子工业出版社 2003 年版。

27. 金江军、潘懋编著:《电子政务导论》,北京大学出版社 2003
年版。

28. 赵国俊主编:《电子政务教程》,中国人民大学出版社 2004 年版。

29. 周晓英、王英玮主编:《政务信息管理》,中国人民大学出版社
2004 年版。

30. 国家信息安全工程技术研究中心编著:《电子政务总体设计与技
术实现》,电子工业出版社 2003 年版。

31. 蔡立辉:《电子政务:信息时代的政府再造》,中国社会科学出版
社 2006 年版。

32. 蔡翠红:《信息网络与国际政治》,学林出版社 2003 年版。

33. 焦宝文等主编:《全球电子政府发展概况》,中国财政经济出版社
2002 年版。

34. [美]希斯:《危机管理》,王成等译,中信出版社 2003 年版。

35. 徐晓林、扬兰蓉编著:《电子政务导论》,武汉出版社 2002 年版。

36. 北京市信息化工作办公室编写组:《电子政务概论》,清华大学出
版社 2003 年版。

37. 陈刚、阎国庆主编:《数字城市——理论与实践》,浙江大学出版
社 2004 年版。

38. 张维迎、刘鹤主编:《中国地级市电子政务研究报告》,经济科学
出版社 2003 年版。

39. [美]麦克劳德、谢尔:《管理信息系统:管理导向的理论与实践》
(第 8 版),张成洪等译,电子工业出版社 2003 年版。

40. [美]Moore, M. H. Creating Public Value: Strategic Management in
Government. 影印本,清华大学出版社 2003 年版。

41. [美]詹姆斯·Q. 威尔逊:《美国官僚政治——政府机构的行为
及其动因》,张海涛等译,中国社会科学出版社 1995 年版。

42. [美]约瑟尔·M. 林登:《无缝隙政府:公共部门再造指南》,中国

人民大学出版社 2002 年版。

43. ［美］迈克尔·哈默、詹姆斯·钱皮:《改造企业——再生策略的蓝本》,杨幼兰译,牛顿出版公司 1995 年版。

44. 彭东辉主编:《流程再造教程》,航空工业出版社 2004 年版。

45. 梅绍祖、［美］James T. C. Teng:《流程再造——理论、方法和技术》,清华大学出版社 2004 年版。

46. ［德］赫尔穆特·沃尔曼等编:《比较英德公共部门改革——主要传统与现代化的趋势》,王锋等译,北京大学出版社 2004 年版。

47. 侯卫真、于丽娟主编:《电子政务系统建设与管理》,中国人民大学出版社 2004 年版。

48. 刘文富:《电子政务》,电子科技大学出版社 2003 年版。

49. 王田苗、胡耀光编著:《基于价值链的企业流程再造与信息集成》,清华大学出版社 2002 年版。

50. 尹隆森、孙宗虎编著:《管理流程设计实务》,人民邮电出版社 2005 年版。

51. 谭士林编著:《行政学重点整理》,(台北)高点文化事业有限公司。

52. 詹中原主编著:《新公共管理——政府再造的理论与实务》,五南图书出版股份有限公司(台北)2002 年版。

53. ［美］珍妮特·V. 登哈特、罗伯特·B. 登哈特:《新公共服务——服务,而不是掌舵》,中国人民大学出版社 2004 年版。

54. 孙本初编著:《公共管理》,智胜文化事业有限公司(台北)2001 年版。

55. 邹生:《信息化探索 20 年》,人民出版社 2008 年版。

56. 邹生主编:《信息化十讲》,电子工业出版社 2009 年版。

57. 蔡立辉:《政府绩效评估:理论、方法与实践》,中国教育文化出版社 2006 年版。

58. 杭州市信息化办公室、杭州市电子商务协会、浙江大学电子服务研究中心合编:《中国电子商务之都 2008 年度发展报告》,浙江大学出版社 2008 年版。

59. 孙淑杨:《办公自动化原理及应用》,中国人民大学出版社 1999 年版。

60. 王健:《电子时代核心信息资源管理——OA 环境中的文件、档案一体化管理战略》,中国档案出版社 2003 年版。

61. 蔡立辉编著:《电子政务》,清华大学出版社 2009 年版。

62. 王勇:《政府间横向协调机制研究:跨省流域治理的公共管理视界》,中国社会科学出版社 2010 年版。

63. 苏宁、朱晓峰等:《政务信息资源管理与政府决策》,科学出版社 2008 年版。

64. Crego, E. & Schiffrin, P., *Customer-Centered Reengineering: Remapping for Total Customer Value*, IRWIN Publishing, 1995.

65. Bennis, W. & Mishe, M., *The 21 Century Organization: Reinventing Through Reengineering*. San Diego, CA: Preffer & Company, 1995.

66. Mechling, J., " Reengineering Government: Is There ' There ' There?" *Public Productivity & Management Review*, Vol. 18, 1994.

67. James L. Perry, *Handbook of Public Administration* (Second Edition), Jossey-Bass Inc., Publishers, 1996.

68. Donald F. Kettl and H. Brinton Milward, *The State of Public Management*, Baltimore and London: The Johns Hopkins University Press 1996.

69. Osborn, D. and T. Gaebler, *Reinventing Government: How the Entrepreneurial Sprit is Transforming the Public Sector From the Schoolhouse to Statehouse*, City Hall to the Pentagon, Reading, Mass: Addison-Wesley. 1992.

70. Owen E. Hughes, *Public Management and Administration* ( Second

Edition), St. Martin's Press, Inc., 1998.

71. Richard Heeks, *Reinventing Government in the Information Age: Information Practice in IT-enabled Public Sector Reform.* London and New York: Routledge, 2001.

72. Christine Oliver, " Determinants of Interorgananizational Relationships: Integration and Future Directions", *Academy of Management Review*, Vol. 15, No. 2, 1990.

73. Thomas H. Davenport, Process Innovation: Reengineering Work through Information Technology, *Harvard Business School Press*, 1993.

74. National Performance Review, " Reengineering Through Information Technology ", *Accompanying Report of the National Performance Review*, September 1993.

75. *National Performance Review (NPR).* Washington D. C. 1993. ( http://www. npr. gov/library/reports/it. html).

76. National Performance Review, "*From Red Tape to Results: Greating a Government That Works Better and Costs Less*". Government Printing Office, 1993.

# 附录:电子政务中政务信息资源共享情况及其影响因素调查问卷

（本问卷适用于政府部门公务人员）

尊敬的女士/先生:您好!

非常感谢您于百忙中抽空回答这份问卷。这是我们为"电子政务与政务信息资源共享机制研究"课题所进行的学术性调查,其目的是想了解目前我国电子政务建设与应用过程中电子政务应用的绩效情况、政务信息资源交换共享的实际情况,以及影响我国电子政务应用与政务信息资源共享的各种因素。本次调查结果只是用于纯粹的学术研究,调查答卷是匿名的,资料也绝对保密,敬请您根据实际状况与您的感受放心回答。您完整、准确、客观的回答对我们的研究会有很大的帮助,在此表示衷心地感谢!

以下问题的回答有两种方式:绝大多数是选择题(有的只选一个答案;有的可以选多个答案),并在选中答案位置的"□"上打√;极少数需要填写的问题,麻烦您写上具体的文字。

## 一、您的基本数据

1. 您的职位:

□科员 □科级干部 □处级及以上干部 □其他

2. 您的学历:

□高中/中专 □大专 □本科 □研究生及以上

3. 您担任公务人员的服务年限：

□5 年以下　□6—10 年　□11—15 年 □16—20 年

□21—25 年　□26—30 年

4. 您所属的机关是属于下列何种行政层级？

□县区级政府机构　□市级政府机构　□省（直辖市）级政府机构
□中央机关

5. 您所属的机关是属于下列何种性质机构？

□中央直接垂直机构　□省级以下垂直机构　□非垂直政府机构

6. 您工作所在的城市：

□请填写_____省_____市

**二、电子政务应用与政务信息资源共享情况的调查**

1. 您所在的部门运用电子政务手段来处理业务的情况是（只能选择一个答案）：

□只是运用办公系统处理公文和内部分发电子邮件

□大约 10% 的业务的某些环节是通过电子政务手段办理

□40%—60% 的业务基本上都可以全程通过电子政务手段办理

2. 如果您所在的部门运用电子政务手段来办理业务还比较少，您认为的原因是（可以选择多个答案）：

□领导不够重视

□不习惯电子政务方式处理业务

□信息化基础设施不健全，很多业务系统都没有建立起来

□缺乏法律支撑，电子化的办理还不是最终的办理，最终还是要纸质文本的办理

□担心网络不安全

□大量行政相对人缺乏对电子政务方式的了解，他们基本不使用电子政务

□缺乏应用电子政务的基本素质和水平

□系统不够便捷,也缺乏实用性

□其他(请具体列出):＿＿＿＿＿＿＿＿＿＿＿＿＿＿＿

3. 如果您所在的部门经常运用电子政务手段来办理大量的业务,您认为运用电子政务方式的好处是(可以选择多个答案):

□可以节省重复审批、审核的时间,提高办事效率

□按照事先设定的系统流程来处理业务,有利于规范行为和消除主观随意性

□有利于提高业务办理的自动化水平和对社会的服务质量

□有利于加深对传统办事方式、传统管理体制弊端的认识

□方便公民、企业和其他社会组织办事

□其他(请具体列出):＿＿＿＿＿＿＿＿＿＿＿＿＿＿＿

4. 从您所在部门的实际情况出发,您认为当前影响电子政务绩效水平的主要因素是(可以选择多个答案):

□领导不够重视

□相关法律制度不健全,缺乏电子政务方式与原有方式、制度的配套

□政务信息资源分散、业务系统分割,分散建设、分散应用无法形成统一整体

□电子政务系统不够优化,操作不便捷,缺乏实用性

□电子政务系统缺乏应用需求分析,技术应用与业务处理脱节

□业务流程不优化

□大量行政相对人缺乏对电子政务方式的了解,他们基本不使用电子政务

□缺乏应用电子政务的基本素质和水平

□其他(请具体列出):＿＿＿＿＿＿＿＿＿＿＿＿＿＿＿

5. 您所在部门运用电子政务手段处理业务时,您认为您所在部门与其他部门进行信息交换共享有无必要(只能选择一个答案):

□有必要　　□没有必要　　□不作选择

6. 在电子政务应用过程中,您认为是否存在政务信息资源共享难的问题(只能选择一个答案):

□不存在共享难的问题

□存在共享难的问题

□不作选择

7. 如果您选择了电子政务应用过程中存在政务信息资源共享难的问题,您认为导致政务信息资源共享难问题的原因是(可以选择多个答案):

□条块分割的体制性障碍

□缺乏相关的法律制度

□缺乏相关的政务规范和技术标准

□缺乏政务信息资源交换共享的机制

□信息化基础设施和技术水平落后

□其他(请具体列出):_____

8. 如果您选择了电子政务应用过程中存在政务信息资源共享难的问题,您认为政务信息资源共享难或不能共享所造成的危害是(可以选择多个答案):

□申请人需要重复提交行政申请材料

□申请人需要提交附件原件

□重复审批,效率低下

□严重影响了电子政务的绩效水平

□处理一项业务的整体效能低下

□其他(请具体列出):_____

9. 针对政务信息资源共享难或不能共享的问题,您所在部门主要采取的解决措施是(可以选择多个答案):

□由部门领导协商解决

□找上级领导或主管部门出面解决

□与相关部门签订协议建立共有数据库

□建立交换共享目录体系,依据目录体系建立公共数据库

□其他(请具体列出):＿＿＿＿＿＿＿＿＿＿＿＿＿＿＿＿＿＿＿＿

10. 提高电子政务应用的绩效水平,您的建议是:＿＿＿＿＿＿＿＿＿

＿＿＿＿＿＿＿＿＿＿＿＿＿＿＿＿＿＿＿＿＿＿＿＿＿＿＿＿＿＿＿＿＿＿＿

＿＿＿＿＿＿＿＿＿＿＿＿＿＿＿＿＿＿＿＿＿＿＿＿＿＿＿＿＿＿＿＿＿＿＿

＿＿＿＿＿＿＿＿＿＿＿＿＿＿＿＿＿＿＿＿＿＿＿＿＿＿＿＿＿＿＿＿＿＿。

11. 要加强政务信息资源共享,您的建议是:＿＿＿＿＿＿＿＿＿＿＿

＿＿＿＿＿＿＿＿＿＿＿＿＿＿＿＿＿＿＿＿＿＿＿＿＿＿＿＿＿＿＿＿＿＿＿

＿＿＿＿＿＿＿＿＿＿＿＿＿＿＿＿＿＿＿＿＿＿＿＿＿＿＿＿＿＿＿＿＿＿＿

＿＿＿＿＿＿＿＿＿＿＿＿＿＿＿＿＿＿＿＿＿＿＿＿＿＿＿＿＿＿＿＿＿＿。

12. 对我们进行"电子政务与政务信息资源共享机制研究"这个研究
课题,您的期望和建议是:＿＿＿＿＿＿＿＿＿＿＿＿＿＿＿＿＿＿＿＿＿

＿＿＿＿＿＿＿＿＿＿＿＿＿＿＿＿＿＿＿＿＿＿＿＿＿＿＿＿＿＿＿＿＿＿＿

＿＿＿＿＿＿＿＿＿＿＿＿＿＿＿＿＿＿＿＿＿＿＿＿＿＿＿＿＿＿＿＿＿＿。

# 附录:电子政务中政务信息资源共享
# 情况及其影响因素调查问卷

## (本问卷适用于市民、企业和其他社会组织中的人员)

尊敬的女士/先生:您好!

非常感谢您于百忙中抽空回答这份问卷。这是我们为"电子政务与政务信息资源共享机制研究"课题所进行的学术性调查,其目的是想了解目前我国电子政务建设与应用过程中电子政务应用的绩效情况、政务信息资源交换共享的实际情况,以及影响我国电子政务应用与政务信息资源共享的各种因素。本次调查结果只是用于纯粹的学术研究,调查答卷是匿名的,资料也绝对保密,敬请您根据实际状况与您的感受放心回答。您完整、准确、客观的回答对我们的研究会有很大的帮助,在此表示衷心地感谢!

以下问题的回答有两种方式:绝大多数是选择题(有的只选一个答案;有的可以选多个答案),并在选中答案位置的"□"上打√;极少数需要填写的问题,麻烦您写上具体的文字。

### 一、您的基本数据

1. 您的年龄是:

□25 岁—35 岁之间　　□35—45 岁之间

□45—55 岁之间　　□55 岁以上

2. 您的学历:

□高中/中专　　□大专　　□本科　　□研究生及以上

3. 您是:

□企业的工作人员　　　　　□一般事业单位的工作人员

□中介组织的工作人员　　　□自由职业者

4. 您所在的城市:

□请填写＿＿＿＿＿＿省＿＿＿＿＿＿市

## 二、电子政务应用与政务信息资源共享情况的调查

1. 您有经常上网的习惯吗(只能选择一个答案):

□有

□没有

2. 您是工作单位配备电脑还是自己购买了电脑(可以选择多个答案):

□工作单位配备了电脑

□自己购买了电脑

□没有电脑,上网一般到网吧

3. 您对政府推行的电子政务了解吗(只能选择一个答案):

□完全不了解

□基本不了解

□基本了解

□完全了解

4. 您是通过什么方式了解电子政务的(只能选择一个答案):

□政府宣传

□自己通过网络等途径了解

□到部门办事的时候,政府部门工作人员强行要求电子化

□其他(请具体列出):＿＿＿＿＿＿＿＿＿＿＿＿＿

5. 您使用电子政务方式主要用于(可以选择多个答案):

□浏览、查阅和获取政府相关信息、政策、法规

□办理行政申请

□只是一般性的网站浏览和查看新闻

□其他(请具体列出)：_____

6. 您在运用电子政务办理行政申请的时候,您的感觉是(可以选择多个答案)：

□除了提交电子化的材料外,还要提交纸质材料

□由于业务系统分散、分割,事项办理要面向多个部门重复提交材料

□系统操作不便捷,专业性太强

□方便了办事,有些事项可以在网上申请

□网上办理的业务范围太小,缺乏实用性

□电子政务需要的各类设施没有普及,服务终端少且不方便

□其他(请具体列出)：_____

7. 从您自身的实际感受出发,您认为当前影响电子政务绩效水平的因素是(可以选择多个答案)：

□相关法律制度不健全、不配套,要提交电子化的和纸质的两套材料

□政务信息资源分散、业务系统分割,要面向多个部门重复提交材料

□电子政务系统不够优化,操作不便捷,缺乏实用性

□缺乏对电子政务方式的了解

□缺乏应用电子政务的基本素质和水平

□其他(请具体列出)：_____

8. 导致电子政务应用起来不方便、应用绩效水平低下的原因,您认为最主要的是(只能选择一个答案)：

□政务信息资源分散、业务系统分割,要面向多个部门重复提交材料

□系统操作不便捷,系统实用性不强

□信息化基础设施和技术条件落后

□法律制度不健全

□其他(请具体列出):＿＿＿＿＿＿＿＿＿＿＿＿＿＿＿＿＿＿

9. 您认为政务信息资源分散、不能共享所造成的危害是(可以选择多个答案):

□需要面向多个部门重复提交材料

□需要提交附件的原件

□需要重复申请,效率低、环节多、手续繁杂

□严重影响了电子政务的绩效水平

□其他(请具体列出):＿＿＿＿＿＿＿＿＿＿＿＿＿＿＿＿

10. 提高电子政务应用的绩效水平,您的建议是:＿＿＿＿＿＿＿＿＿

＿＿＿＿＿＿＿＿＿＿＿＿＿＿＿＿＿＿＿＿＿＿＿＿＿＿＿＿

＿＿＿＿＿＿＿＿＿＿＿＿＿＿＿＿＿＿＿＿＿＿＿＿＿＿＿＿

＿＿＿＿＿＿＿＿＿＿＿＿＿＿＿＿＿＿＿＿＿＿＿＿＿＿＿。

11. 要加强政务信息资源共享,您的建议是:＿＿＿＿＿＿＿＿＿＿

＿＿＿＿＿＿＿＿＿＿＿＿＿＿＿＿＿＿＿＿＿＿＿＿＿＿＿＿

＿＿＿＿＿＿＿＿＿＿＿＿＿＿＿＿＿＿＿＿＿＿＿＿＿＿＿＿

＿＿＿＿＿＿＿＿＿＿＿＿＿＿＿＿＿＿＿＿＿＿＿＿＿＿＿。

12. 对我们进行"电子政务与政务信息资源共享机制研究"这个研究课题,您的期望和建议是:＿＿＿＿＿＿＿＿＿＿＿＿＿＿＿＿＿

＿＿＿＿＿＿＿＿＿＿＿＿＿＿＿＿＿＿＿＿＿＿＿＿＿＿＿＿

＿＿＿＿＿＿＿＿＿＿＿＿＿＿＿＿＿＿＿＿＿＿＿＿＿＿＿。

策划编辑:陈光耀
责任编辑:王淑清
版式设计:东昌文化

**图书在版编目(CIP)数据**

电子政务应用中的信息资源共享机制研究/蔡立辉 等著.
  -北京:人民出版社,2012.2
ISBN 978－7－01－010597－0

Ⅰ.①电…　Ⅱ.①蔡…　Ⅲ.①电子政务-信息资源-资源共享-研究
  Ⅳ.①D035.1－39

中国版本图书馆 CIP 数据核字(2012)第 005657 号

电子政务应用中的信息资源共享机制研究
DIANZI ZHENGWU YINGYONG ZHONG DE XINXI ZIYUAN GONGXIANG JIZHI YANJIU

蔡立辉　等著

**人民出版社** 出版发行
(100706　北京朝阳门内大街166号)

北京龙之冉印务有限公司印刷　新华书店经销

2012 年 2 月第 1 版　2012 年 2 月北京第 1 次印刷
开本:710 毫米×1000 毫米 1/16　印张:21.5
字数:280 千字　印数:0,001-3,000 册

ISBN 978－7－01－010597－0　定价:42.00 元

邮购地址 100706　北京朝阳门内大街 166 号
人民东方图书销售中心　电话 (010)65250042　65289539